润生有温度的智慧学习

——"一对一"数字化学习环境下小学生自主学习力培养的理论与实践研究

主　　编○周　英

副 主 编○杨明忠　刘　恋　陈丹丹　戴志容

顾　　问○李兴贵

编委名单○易　昆　张雪辉　张　惠　刘杜娟
　　　　　庄　英　都亚兰　陈玉珍　胡姗姗
　　　　　罗　腾　周虹汝　陈萌萌　万　琪
　　　　　周　炯　陈　丹　王　敏　刘金花
　　　　　李　霞　罗　昕

四川大学出版社

SICHUAN UNIVERSITY PRESS

项目策划：徐丹红
责任编辑：徐丹红
责任校对：周　颖
封面设计：何东琳
责任印制：王　炜

图书在版编目（CIP）数据

润生有温度的智慧学习：“一对一”数字化学习环
境下小学生自主学习力培养的理论与实践研究 / 周英主
编 . — 成都：四川大学出版社，2021.4
　　（名师教育丛书）
　　ISBN 978-7-5690-4601-4

　　Ⅰ．①润… Ⅱ．①周… Ⅲ．①小学生－学习能力－能
力培养－研究 Ⅳ．① G622.46

中国版本图书馆 CIP 数据核字（2021）第 076794 号

书名　润生有温度的智慧学习 ——“一对一”数字化学习环境下小学生
　　　自主学习力培养的理论与实践研究

主　　编　周　英
出　　版　四川大学出版社
地　　址　成都市一环路南一段 24 号（610065）
发　　行　四川大学出版社
书　　号　ISBN 978-7-5690-4601-4
印前制作　四川胜翔数码印务设计有限公司
印　　刷　四川盛图彩色印刷有限公司
成品尺寸　170mm×240mm
印　　张　21.25
字　　数　413 千字
版　　次　2021 年 5 月第 1 版
印　　次　2021 年 5 月第 1 次印刷
定　　价　52.00 元

◆ 读者邮购本书，请与本社发行科联系。
　电话：(028)85408408 / (028)85401670 /
　(028)86408023　邮政编码：610065
◆ 本社图书如有印装质量问题，请寄回出版社调换。
◆ 网址：http://press.scu.edu.cn

四川大学出版社
微信公众号

序

　　中国基础教育的未来发展，必将伴随着中国从制造业大国向创新型国家转变和由人力资源大国向人力资源强国转变的历程。关注和把握未来中国的基础教育发展十分重要，研究和思考中国基础教育未来发展的趋势、变化和规律，具有十分重要的现实意义。担负"培养人才"大任的学校教育要认清"未来已来"的现实，跟上时代发展的脚步，着眼未来社会对人的素质需求，对"学校的发展规划、空间建设、学校管理、课程建设和课堂变革"进行基于数字时代要求的结构重组和流程再造，把学校建设成一所面向未来的现代化学校，培养适应未来社会需求的人。

　　成都市泡桐树小学西区分校（简称"泡小西区"）在周英校长的带领下，立足为学生茁壮成长和未来发展奠基，扎扎实实办好小学教育；立足于互联网＋背景下探索未来教育、未来学校发展模式，立足于数字化背景下学生学习生活的变革研究，探索新的学习样态下的学习方式和培养模式变革，探索深化小学教育改革创新的方法和路径。以四川省教育科研规划课题为抓手，以数字化学习背景下学生自主学习力研究为切入点，以数字化学习背景为平台，历时近五年，已经从摸索一种自主学习的课堂范式发展到构建提升学生自主学习力的培养体系，从课堂变革聚焦到学生核心素养发展及学习能力的培养。这不仅折射了学校努力追求课改，致力于师生共同发展的教育初心，也折射了一线教师科研求真务实的精神和坚韧的品格，这些都体现在《润生有温度的智慧学习》一书中。

　　与学校两年前出版的《搭建有温度的智慧阶梯》相比，该书对教育信息化的研究有了更加明确的定位，即关注学生"自主学习力"的培养，并把"一对一"数字化环境作为研究的新视角。数字化环境主要通过记录与跟踪、分析与研判、反馈与改进三个途径来实现学生学习状态、学习过程、个人表现等的全面数据化和精准刻画，为学生自主学习力的发展提供了必要条件。书名《润生有温度的智慧学习》中，"温度"二字同样强调的是人的参与、师生的互动。智慧学习，即技术助力学习活动，助力学生的学习品质与能力的发展。该书具有一定的时代性、实践性以及前瞻性。一是时代性，数字化学习活动的探索与实践，推动了课堂教学方式的转变，自主学习力课题研究，每一个蜕变的历程都打上了时代的烙印。二是实践性，数字化环境下的教学能为每个学生提供个性化的教育，能通过应用技术帮助学生顺利地开展自主学习，能实现真正的课堂转型，能通过开放的大规模的在线学习资源让学生随时随地学习。因此，"一对一"数字化环境下的教学可以成为这个"教学支架"。三是前瞻性，学校一直致力于成为一所以学生为中心、自主学习、智慧型的品质化未来学校。自主学习作为一种学生必须具备的学习方法与能力，能为其终身学习奠定基础。书中的教学案例更是生动地体现了教师在课堂教学中对学生自主学习力培养的落实。教学研究章节是教师结合反思自主学习力培养的成效。该书适合正在用教育信息化引领学校变革的学校借鉴，适合对发展学生自主学习力有探究兴趣的一线教师阅读与参考，也适合家长阅读，进一步了解当前学校新的课堂学习样态。

李兴贵

2020 年 11 月

前　言

　　数字时代，是信息领域的数字技术向人类生活各个领域全面推进的时代。它具有"开放、兼容、共享"的特性。2019年，全球数字化迎来爆发期，全球各行各业都在进行数字化转型。为推进落实教育信息化的总体部署，教育部颁发了《教育信息化十年发展规划（2011—2020年）》，以期通过教育信息化带动教育现代化，破解教育发展中的一系列难题，促进教育的创新与变革。成都市泡桐树小学西区分校作为四川省首批"未来学校"试点单位之一，一直是从以下几个方面推进学校信息化进程的：一是将信息化作为促进学校发展的重要要素纳入学校的发展规划和计划，二是以信息化引领管理扁平化，三是重置校园现代化学习空间，四是以信息化促进课程创新，五是推动信息技术与教学的深度融合，六是为学校信息化推进提供有效保障。尤其是在技术与教学深度融合的实践过程中，我们认真思考了其意义与价值。适时、适度的将技术融入教学，以解决传统教学手段无法解决的问题，完整记录学生学习过程，及时反馈学习情况，丰富学习资源，构建学习型社区开展泛在学习，提供基于数据的评价并促进课堂改进，从而改变教师的教学方式和学习方式，促进学生主动、生动、个性化的自适应学习。

　　同时，学校通过课题研究的形式，对技术与教学的融合进行深度探究。"'一对一'数字化学习环境下小学生自主学习力培养的理论与实践研究"自2018年8月被立项为四川省教育科研课题以来，我们研究总结了"一对一"数字化环境下的自主学习力模型及其培养体系、策略，取得了丰硕的研究成果。学校被教育部评为2019年度网络学习空间应用普及活动优秀学校，被遴选为首批未来智慧校园协同创新基地校。感谢一直支持、帮助和关心学校发展的各级领导和社会各界人士。

　　本书总结了学校近几年技术与教学深度融合的研究成果，主要由课题研究成果和教师的教学案例、论文两个部分组成。第一章走进"一对一"数字化学习时代，介绍了数字化学习时代的到来，以及"一对一"数字化环境对学生自主学习的促进作用。第二章"一对一"数字化环境下的教学改革：我校构建的基于网络的教育生态系统、创建的学习型教师团队、构建的教师专业评价体系。第三章"一对一"数字化环境下小学生自主学习力培养的研究设计，包括改革愿景、具体目标、研究内容、研究历程这几个方面内容，在研究历程中回顾了我校信息化与教学融合的三个阶段。第四章"一对一"数字学习环境下的小学生自主学习力，通过理论与实践研究构建了自主学习力"1+5+15"模型，将自主学习力分为技术选择力、规划调整力、自行调控力、协同学习力、结果评价力，并分析了模型特点及水平表现。第五章"一对一"数字学习环境下的小学生自主学习力培养，阐述了自主学习课堂新样态，构建了自主学习力的培养体系，详细论述了自主学习新样态下培养小学生自主学习力的六大策略。第六、七章分别是教师在"一对一"数字化环境下自主学习力培养的课堂实践研究和课堂教学研究中的优质课例和论文，体现了教师发现真问题、研究真问题、解决真问题的教学研究思路，在实践中变革传统的课堂模式，借助信息化手段促进小学生自主学习力的提升。第八章社会对小学生自主学习力的关注及未来趋势，介绍了本研究在一定程度上转变了教师的观念及教学行为，提升了教师的研究能力，也提升了学生的自主学习力，研究成果可以为成都市多所"未来学校"乃至全国的同类研究学校提供借鉴。

"未来已来"，面向未来的教学改革，我们一直在行动。愿我们都能把握住这次"零点革命"的契机，更新理念，实践推进，突破信息化最后的"堡垒"，为未来社会培养出更多的创新人才。

成都市泡桐树小学西区分校校长　周　英
2020 年 10 月 29 日

目　录

第一章　走进"一对一"数字化学习时代

　　自 21 世纪以来，随着网络技术的迅速普及，社会的发展与信息技术的联系越来越密切，教育信息化也应运而生。教育信息化从根本上改变了传统教育的教学模式，其与传统教育有着本质的区别，并且在信息传递、质量、成本和交流方面具有明显优势。随着基础教育迈向教育现代化，推进教育信息化不仅响应了国家、地区教育现代化发展的要求，促进了学校教育教学的发展，更为学生的终身发展创造了更好的外部条件。

一、走进数字化学习时代

　　《国家中长期教育改革和发展规划纲要（2010—2020 年）》中明确提出："信息技术对教育发展具有革命性影响。"并且要"持续推动信息技术与教育深度融合，促进两个方面水平提高"①。教育信息化不仅要注重横向发展，更要注重纵向发展。《中国教育现代化 2035》要求"统筹建设一体化智能化教学、管理与服务平台。利用现代技术加快推动人才培养模式改革，实现规模化教育与个性化培养的有机结合"②。这对信息化校园也提出了要求。

　　教育信息化是实现区域教育跨越式发展的重要途径，成都市青羊区高度重视教育信息化建设，并将教育信息化工程列为实现区域教育现代化的九大工程之一。作为四川省首批义务教育示范区、四川省基础教育工作先进区，青羊区在推进教育信息化的过程中秉承着先进的教育理念，不断开拓创新，积极发展"智慧教育"，加速信息技术与教育教学深度融合，提高教育技术装备水平，以信息化手段进一步扩大优质教育资源覆盖面，实施"智慧教室"和"现代课堂"建设，逐步探索形成了具有青羊特色的"未来学校"实践模式。

　　成都市泡桐树小学西区分校以青羊区教育局"十三五"规划为指引，深入

---

　　①　中华人民共和国教育部. 国家中长期教育改革和发展规划纲要（2010—2020 年）［EB/OL］. http://www.moe.gov.cn/jyb_xwfb/s6052/moe_838/201008/t20100802_93704.html. 2010－5－5.

　　②　中华人民共和国教育部. 中共中央、国务院印发《中国教育现代化 2035》［EB/OL］. http://www.moe.gov.cn/jyb_xwfb/s6052/moe_838/201902/t20190223_370857.html. 2019－2－23.

开展"智慧课堂""新人文教育"实践研究，将"以教育信息化促进教育现代化"作为学校的办学特色之一，坚持"以用促建、以用促培、以用促研"原则，①创新以"云策略""ACTS"为手段的配置型检测，推动课堂改革，全面开启了用信息化进阶智慧课堂和未来学校的发展历程。在智慧课堂的实践与探索中，经历了构建基于交互式电子白板的互动课堂的信息化发展的 1.0 时代，教师教学行为的大数据分析的 2.0 时代，和构建"人人通"学习型社区的 3.0 时代。学校在教育信息化发展上取得了一定的进步和突破，先后荣获了四川省现代教育技术示范校、成都市现代教育技术示范校、戴尔"互联创未来"试点学校、英特尔"未来教室"旗舰校、青羊区未来学校试点单位、青羊区智慧课堂试点学校等荣誉称号，学校在教育信息化改革中的实践经验也辐射到区内外和全国各地。

二、自主学习为学生终身发展奠基

《中国教育现代化 2035》指出："加快信息化时代教育变革。利用现代技术加快推动人才培养模式改革，实现规模化教育与个性化培养的有机结合。"《教育信息化十年发展规划（2011—2020 年）》中提出要"帮助所有适龄儿童和青少年平等、有效、健康地使用信息技术，培养自主学习、终身学习能力"②。

自主学习一直是教育学和心理学共同关注的一个重要问题。在教育学领域，研究者把培养学生的自主学习能力作为一项重要的教育目标。③自主学习能力是终身学习的基础。终身学习，强调学习时间的持续性和学习内容的广泛性：在学习时间上，人的一生都需要不断地学习，主动利用正规教育和非正规教育，家庭教育、学校教育和社会教育等一切教育形式来学习；在学习内容上，社会变化对人的要求是多样的，为了应对不同的生存挑战，个体应拓宽学习内容的范围，学习终身所需的知识。

而自主学习是学生积极、主动、自觉地从事和管理自己的学习活动，通过自主学习，学生可以对自己的学习风格和策略有很好地了解，采取各种措施使自己的学习达到最优化，在整个学习过程中尽可能对学习的各个方面作出选择

————————

① 周英，石静，刘军. 基于核心素养的智慧课堂探索与实践［J］. 中国现代教育装备，2016（22）：43-45.

② 中华人民共和国教育部. 教育部关于印发《教育信息化十年发展规划（2011—2020 年）》的通知［EB/OL］. http://www.moe.gov.cn/srcsite/A16/s3342/201203/t20120313_133322.html,2012.

③ 庞国维. 基于学生的自主学习［J］. 华东师范大学学报（教育科学版），2001，20（2）：78-83.

和进行控制，独立地开展学习活动。正如《基础教育课程改革纲要（试行）》写道："转变学生的学习方式就是要转变这种单一的、他主的与被动的学习方式，提倡和发展多样化的学习方式，特别是要提倡自主、探索与合作的学习方式。"可见自主学习的重要性，这种以学生为中心的学习活动能为学生的终身学习奠基，促进其终身发展。

三、自主学习现状

成都市泡桐树小学西区分校建于 2008 年 8 月，是成都市泡桐树小学教育集团的成员学校，于 2011 年成为独立法人单位。自 2008 年建校以来，学校将教育信息化作为办学特色。从电子白板的全面使用，到未来学校智慧课堂的实践探索，再到信息化项目（scratch 创新课程、STEAM 课程、3D 打印课程、乐高教育课程、VR 虚拟技术等）引进，不断提升教师的实践性知识，以教育信息化为引领带动办学品质的全面提升。经过前期的实践和探索，学校更加明确了培养学生直面未来的数字化生存和竞争能力的目标。2017 年我校被评为"成都市未来学校示范学校"，2018 年全学科教师参与学校的龙头课题《"一对一"环境下小学生自主学习模式探究》，2019 年相关经验入选全国信息化教育典型经验案例。

自主学习作为一种学生必须具备的学习方法与能力，能为其终身学习奠定基础，但是从对学生的调查与访谈中我们发现我校自主学习存在以下问题：

（1）课堂中存在不利于自主学习的状况。一是学生不能自由地表达和阐述，少数课堂仍然是以教师为中心；二是部分学生没有在课堂上思考问题的习惯，也没有提问题的习惯；三是教师对学生的自主学习引导不足。

（2）自主性学习内容存在问题。学生可供自主选择的学习内容和作业较少，较少学生能主动制定学习目标，并根据目标进行调整。

（3）学生自主学习意识和策略存在问题。部分学生没有意识到自主学习的重要性，缺乏自主学习策略。

（4）学生自主学习评价存在问题。部分学生不能准确地对自己的学习结果进行评价，不能很好地分析成败原因，不能根据结果对学习活动进行调整。

四、"一对一"数字化环境促进小学生的自主学习

"一对一"数字化学习的概念最初是在 2002 年的无线移动泛在技术教育应用年会中，由美国北德克萨斯大学研究员凯斯·诺里斯（Cathie Norris）和密

歇根大学教授艾略特·梭罗维（Elliot Soloway）提出的，[①] 他们认为随着终端设备的进一步普及，当学生真正能一人拥有一台电脑的时候，一个新的学习时代就会到来。有研究者认为"一对一"数字化学习是指每一位老师和学生都拥有一部自己的、可移动的、通过无线联网的信息与交流技术设备来进行教与学的活动。[②] 由此可见，"一对一"数字化学习主要有两个特征：首先是移动性，"一对一"数字化学习的场所不是固定不变的，无线网络和移动设备的支持是学习的基础；其次是个性化，其硬件软件要符合个性化学习的需要，要体现个性化教育和差异化教学。

2001 年我国提出"电子书包"概念，之后随着科学技术在实际教学中渐渐产生了教学效益，"一对一"数字化学习的研究和实践也相继展开。[③]"一对一"数字化学习在我国进入正式发展阶段是在 2007 年 11 月英特尔公司开展的"一对一"数字化学习项目。

有研究表明在基础教育阶段，"一对一"数字化教学改变了教师的教育观念，落实了教师的教研活动，提高了教师的创新能力、教学反思、资源开发应用能力；"一对一"数字化学习改变了学生的学习态度、学习兴趣、学习方式，提高了学生的信息素养、思考与解决问题的能力。[④] 因为每位学生的学习起点、能力水平、个性需求是不一样的，其发展进程也是不一致的。而且研究表明，学习者有视觉型、听觉型和动觉型三种不同方式，只有适合学生本身的学习和表达方式才是最好的。"一对一"数字化学习能满足学生的个性化需求，它让每个学生拥有更多的学习自主权和参与合作权，使更多的项目学习成为可能。同时"一对一"数字化学习也能通过大数据、可视化识别等技术帮助学生顺利地开展自主学习、设定学习目标、调整学习活动、与同学合作交流；能通过开放的大规模的在线学习资源让学生随时随地学习，实现真正的课堂转型，因此"一对一"数字环境下的教学可以成为自主学习的"教学支架"。

---

① 张浩，祝智庭. 一对一环境下的学习变革 [J]. 远程教育杂志，2008 (04)：25—28.
② 雷静，赵勇，保罗·康威. 1:1 数字学习的现状、挑战及发展趋势 [J]. 中国电化教育，2007 (11)：19—24.
③ 徐乐，宋灵青，等. 一对一数字化学习研究现状与挑战 [J]. 中国电化教育，2014 (05)：58—63.
④ 杨滨. "一对一"数字化教学改革教育实践效果研究——以成都市戴尔"互联创未来"项目为例 [J]. 电化教育研究，2015 (5)：96—100, 107.

第二章　"一对一"数字化环境下的教学改革

　　随着教育走进"E时代"，一对一数字化学习趋势已成为未来课堂的发展趋势。在所有如何有效开展一对一数字化教学的喧闹辩论中，令人奇怪的是，我们忽视了众多原因中最为基本的一点是我们所教育的学生已经从根本上改变了，我们设计的教学已经不再适应当今的教育对象（胡智标，王凯编译，2009）。

　　美国北卡罗来纳大学的著名学习软件设计家 Marc Prensky 在 2001 年提出"数字原生代"（Digital Natives）和数字移民（Digital Immigrants）的概念，用以表征父辈与子辈在数字化技术方面的巨大差异。他认为经历的不同会影响人们的大脑认知机构。现在的学生，由于其生活环境和生活方式（数字化世界）与其父辈存在天壤之别，他们的思维模式已经发生了根本改变，他们是"数字原住民"，而他们的教育者则是"数字移民"。

　　家长、教师等教育者是从前数字世界被动搬迁到数字世界的移民群体，而今天的学生，是伴随着数字化新技术成长的一代，他们的生活充满了各种数字工具和应用软件，如便携式笔记本电脑、智能手机、平板电脑、数字音乐播放器、App、学习软件、微信等。他们与网络一起成长，在数字世界中如鱼得水。

　　学生在突变，基于传统思想和内容的旧的教育系统已不再适合。作为"数字移民"的教师正面临着教学理念、教学方法和教学策略等方面的转型挑战。那么在一对一数字化环境下，学校和教师应该如何更新教育理念，调整课堂教学策略和教学方法，才能适应当今数字化时代的学生呢？本章节将从以下几个方面进行探讨。

一、高起点规划——构建基于网络的教育生态系统

　　教育生态学是兴起于 20 世纪 70 年代中期的教育学分支学科，它是生态学原理与方法在教育学中渗透与应用的产物。它把教育系统看作一个复杂有机的

生态系统，将教育和生态有机结合起来，促进教育与其周围生存环境平稳、健康地成长发展。互联网与教育事业的密切融合使传统的教育行业实现了换代升级，带来了一场新的学习革命。网络教育环境成为人类所处的生存环境中不可或缺的一部分，日本学者佐藤学说："学校教育应当从知识传授向知识社会的构建转变，通过新技术构建新的学习方式、新的社会关系。"我校作为研究"一对一"数字化环境下学习的先行者，领导层在充分研讨、调研的基础上采取以下策略，高起点定位我校未来的发展规划，从而构建符合我校发展的基于网络的教育生态系统。

（一）顶层设计——未来学校的建设蓝图

未来学校是面向未来的学校，培养未来人才的学校。在这里，未来学校是指"互联网+"背景下的学校通过结构性变革，利用信息技术，实现课堂、课程和评价方式的变革，拓展学习空间、变革学习方式、整合课程资源，形成个性化的学习支持体系，为每一个学生提供个性化教育的学校。2017年，学校把信息化发展作为学校的优先发展项目，将其纳入《成都市泡桐树小学西区分校三年发展规划（2017.9—2020.9)》。同年，学校制定《成都市泡桐树小学西区分校"数字校园"建设规划》。

在通往未来学校的道路上，我们不是推倒重来，而是在传承的基础上不断完善，是在今日学校的基础上往前走一小步。如图2-1所示，未来学校建设包括硬件和软件建设，面向未来的人的发展，学校通过教师专业发展，加上领导力、团队建设与校园文化，以及管理服务构成未来学校发展的软基础，从而助推课堂、课程和评价的改革，规划数字校园。数字校园的规划符合信息时代要求的国家课程标准，信息化支撑的教育供给方式，基于开放、透明数据的现代化治理体系。教与学方面利用信息技术全面变革教学手段、教学资源、教学方法和教学理念，创设全新的教育教学环境、教学组织方式和教学形态。数字校园的建设以信息化为撬动变革和创新的支点，利用大数据技术让教育变得更加智慧，让学生站在了教育的正中央。

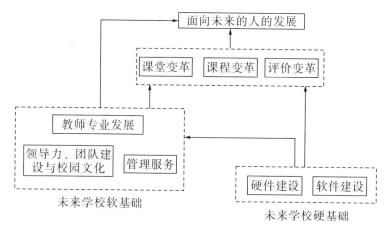

图 2-1 未来学校硬件和软件基础建构

（二）组织保障——"一把手"工程

教育信息化是"一把手"工程，也是全员工程。一把手的"一"，排在数字首位，它不仅仅是一个称呼，更是一种责任和使命。因此，该项目由周英校长牵头负责，分管信息化推进的刘恋副校长负责执行，下设党团支部、教学管理部、学生工作部、后勤服务部、安全中心和工会，涉及全校教职员工。学校的未来班级授课教师为主研人员，其余学科教师均为参研人员，从制度上保证了全校教师参与信息化研究，确保数字校园的规划自上而下的顺利开展和落实信息化项目的有效改革（如图 2-2 所示）。

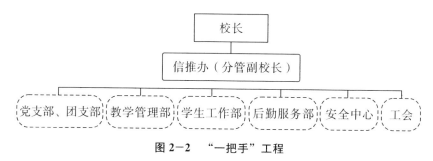

图 2-2 "一把手"工程

（三）资源建设——硬件环境的保障

从投影仪、电子白板、笔记本电脑，再到 iPad，引入课题的信息技术在不断更新。《新媒体联盟地平线报告（2013 基础教育版）》显示，学生群体越来越普遍地持有和使用数字化学习设备，如平板电脑、智能手机、便携式笔记本电脑等。"2013 教育信息化暨电子课本与电子书包标准及应用国际论坛"首次在华东师范大学举办，旨在推动学术界和产业界共同构建能满足学习者高效学习的数字化生态学习新环境，促进技术与教学的有效整合。同时，《新媒体联盟地平线报告（2013 基础教育版）》还显示，许多学校都在试行 BYOD 计划，该计划允许学生把他们的智能手机、平板电脑和电子阅读器带入教室，作为学习工具。此外，许多信息技术公司如微软、英特尔、惠普、优学派等陆续开发适合教学的数字化学习设备，并与学校合作开展"一对一"数字化学习建设项目。

"一对一"数字化学习已成为未来课堂的发展趋势，我校首先创建了数字校园的硬件环境。通过获得行政支持，采取分期租赁、校企合作以及自带设备的方式在全校园搭建无线网络技术环境，每间教室配备了电子白板，每位教师配备了笔记本电脑，给未来班级学生每人提供了一台优学派电子书包、平板电脑等，切实保证了硬件设施的供给。基础设施的建设，让学校的教室环境变成数字化的环境模式，常规教室是简易多媒体教室，未来班级教室是移动网络教室，还设置了专用教室，如数字化计算机实验教室、录播教室、多媒体教室、教师备课教室、学校主控室（校本资源建设）。在保障硬件条件的基础之上，学校创建了校本资源库，开发了学校办公系统和学校 App 应用程序等，还与优学派教育公司合作进行区域资源的建设，开发"一对一"数字化环境下的教学系统，让数字化的环境建设不断升级，构建数字化的学习型学校。

通过研究和分析，我们认为"一对一"数字化学习存在以下优势：

（1）教师和学生可以在数字化学习设备上安装学习软件或 App，如：中英文词典、地图、趣配音等。

（2）教师能充分利用"一对一"数字化学习设备为学生提供更多的学习资源，学生既是学习资源的学习者，又是创造者。

（3）教师可以利用数字化学习设备的移动功能，联合课内和课外时间，实现教学的有效整合，引导学生确定自己的学习目标和选择自己的学习内容。

（4）教师可以轻松创建测试题，即时获得学生的测验反馈，帮助教师科学调整教学方案。

（5）学生可以通过数字化学习设备建立网络共同学习圈，人人参与，即时获得帮助和评价反馈，让形成性评价成为"一对多、多对一、多对多"的立体交往互动模式。

二、构建学习型教师团队

面对新一代的"数字土著"，教师要在思考数字化对知识形态、师生关系和教学空间变革的基础上，摒弃搬运知识、束缚学生和规限教学的做法，顺应数字化时代的发展，真正肩负起知识选择、角色下移和价值引领的实践使命。

　　教师应积极探索信息技术与课程整合的途径与方法，改变传统的教学方式。但在研究初期，我们发现一个普遍现象：教师在课堂中使用了较先进的数字化设备和新技术，但更多的是聚焦于哪些教学环节可以用什么技术来应用，教学过程呈现出为了技术而用技术，而不是思考如何用这些技术辅助、支持教师的教和学生的学。教学模式和教学策略并没有发生较大的改变，有时反而因技术使用太多，而偏离了教学目标。因此，教师需要主动学习，更新自己的教育理念，才能更好地将技术与教学相融合，适应学生未来的发展。对此，我们采用了以下策略，帮助学校每位教师的发展。

　　（一）成立中心成员工作坊，每月定期开展专题学习

　　建设学习型团队的中心环节就是学习，通过学习与工作的有机结合，使学习全员化、团队化，从而提高教师团队的学习能力、思维能力和创新能力。学校成立"'一对一'数字化环境下小学生自主学习模式的探究"工作坊，每月定期开展专题活动，邀请电子科技大学陈静萍博士对项目进行跟进，对工作坊的教师做理论培训和实践指导。如：《知识建构理论下教师 TPACK 发展》专题讲座，《知识建构——未来社会成员的发展之路》专题讲座。陈静萍博士同时也在每学期期初开展面向全体教师的专题讲座。从理论上更新教师的观念，增强教师对自主学习的认识，使全体教师树立终身学习的理念，积极参与"一对一"数字化环境下的教学模式和教学策略的研究和创新。

　　（二）邀请教研员和各级专家指导教师团队磨课

　　团队学习是学习的组织基础，彼得·圣吉认为："团队的集体智慧高于个人智慧""在现代组织中，学习的基本单位是团队而不是个人"。团队学习是发展团队成员相互配合，实现共同目标和提升能力的学习活动及过程。因此，学校邀请教研员和各级专家参与指导教师团队磨课，以活动开展促进教师课例质量提升和教学方式转变。同时，学校还邀请专业技术人员对全体教师进行实操培训，通过团队学习，增强教师与教研组和学校的一体感，使教师协调自身的教育活动，与其他教师协同作战，从而深入研究技术与教学的融合，齐心协力地培养学生。

　　（三）未来班级常态课共研究

　　泡小西区现有覆盖2～6年级的十九个电子书包常态化应用班级暨"未来班级"，为了落实对"一对一"数字化环境下学生自主学习的课堂建构策略的探索，未来班级的授课教师坚持常态化、规模化、持续性地利用电子书包学习空

间进行个性化教学的实践；同时，另外五十四个班级的所有学科教师，按学校要求每人每学期完成至少两节基于电子书包的典型课例研究。从授课数量上保证每位教师都要参与电子书包的典型课例研究，同时从教学质量上要求每位教师深入教材钻研，按照"导—研—共—拓"这四个教学步骤开展智慧课堂的实践研究，全面增强学生的核心素养，为终身学习打下坚实的基础（见表2-1）。

表2-1　未来班级常态课例展示

序号	时间	教师	学科	班级	课题	自主学习看点（课前）	自主学习看点（课中）	自主学习看点（课后）
1	9:20-9:55	马凡美	语文	3.2	集市和超市	小调查：分组完成超市见闻	分享，考核，讨论	完善并提交自己的调查作业
2	9:20-9:55	许丹	语文	3.4	作文训练	拍摄一个喜欢的水果给大家分享	投票选出最喜欢的水果，说一说，小组选一个水果，用方法组内说一说	完成作文，上传分享
3	9:20-9:55	戴志容	英语	3.5	Unit 4 Pets Lesson 3	学生自主收集学习材料：拍自己家的宠物pets，上传到班级空间	自选自主学习材料、设定学习目标；学生应用不同句型描述、介绍自己或别人的宠物	深度拓展：上网搜索其他宠物，运用所学知识进行描述,录音上传到平板
4	9:20-9:55	宫雪莲	数学	3.6	蚂蚁做操	发布点子图，学生使用自己的方法 圈一圈 算一算	通过学生的交流,感知两位数乘一位数算法的多样化。再次结合竖式,沟通图与式之间的联系和区别,达到图式统一	12*5=？可以怎么算？和我们今天学的内容有什么不同？为下节课的进位乘法做铺垫准备
5	9:20-9:55	赵晓晴	语文	3.12	石榴	观察一种水果可以查资料、看图片、看视频，写一写它长大成熟的过程及颜色的变化等，要求写得清楚明白,上传平板阅读空间。把自己喜欢的一种水果拍照上传平板班	平板上勾画；投票选择自己喜欢的句子；平板完成一种水果的片段描写	每一个孩子回家观察一种水果,写一段话上传平板同学互相点评、修改
6	9:20-9:55	吴涛	英语	4.1	Unit 4 asking for help	课前测学生对新授课单词的掌握情况	学习对话,检测学生的阅读理解	小组练
7	9:20-9:55	胡姗姗	语文	4.5	地名	前测收集资料,班级空间点评,讨论	平板多功能使用,提升、学习、归类、发展	
8	9:20-9:55	欧宏	数学	5.3	组合图形的面积	前测,了解学生对组合图形面积算法的认知	利用平板再现组合图形的各种割补方法	课后拓展,对于不规则组合图形的展望
9	9:20-9:55	黄建	数学	5.9	三角形面积	前测,了解学生对面积公式的探索具备哪些经验	利用平板的图形分割,将三角形转化成已学图形,探索面积计算	课后拓展,根据探索经验,想想以后可以有怎样的应用
10	9:20-9:55	何智玉	语文	6.2	荷塘旧事	前测,通过预习,检测孩子掌握字音字词情况	利用平板勾画,找出描写荷塘景色的段落,体会其	课后拓展延伸,提高高校阅读方法

三、构建专业教师评价体系

在"一对一"数字化环境下，课堂仍然是教学的主阵地。其中，优化教师的教学行为，成了课堂改革的首要任务。2018年，我校与高校合作，引入网络听、评课系统设备，初步尝试利用网络听、评课系统进行大数据分析并开展课堂观察，最后基于网络数据科学的对教师的教学行为进行了量化评价。

网络听评课是信息化背景下的一种新的课堂观察手段，教师在授课的同时，教研员或课堂观察员用以打点的形式记录的数据来反馈师生之间、生生之间的行为表现、学习过程，支持远程的教研交流。基于平台数据反馈，可对授课过程中教学行为与教学中的问题进行再回溯和诊断。它包含四个维度：教学分析、S—T量表分析、师生问答、课程评价和课堂评论。通过数据帮助教师观察其教学中的行为习惯并进行相应指导。基于数据对课堂教学行为的评析可以帮助发现和解决课堂教学中存在的问题，促进教师教学行为的改进。

以我校应老师执教北师大版六年级上册第一单元的《圆的面积（二）》一课为例。这是北师大版新增的内容，旨在培养学生的发散性思维，让学生体验不同的方式进行知识转化，根据已有的经验将新知转化成旧知。如图2—3所示，通过收集的数据可知，对比各教学板块的时长占比，我们会发现，第一次授课教师讲授环节时间较长，自主学习较多，因而学生合作交流的时间不足。基于数据和课堂的真实反馈，我们可知学生在自主解决问题环节存在困难，有合作需求。因此，第二次授课，应老师及时调整了教学策略，将自主思考放在了课前，课上让更多有共同想法的学生现场分组，进行小组合作，这样的设计让每个学生都参与到活动中，形成一个群智建构的过程，学生的自主性得到了非常好的体现。

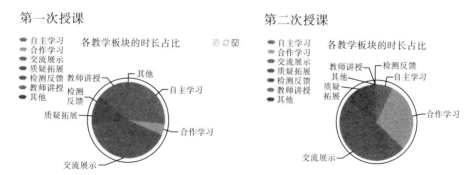

图2—3　教学行为分析中教学模块统计

根据布鲁姆的认知目标分类理论可知，认知水平分为六个层级：知道、领会、应用、分析、评价和创新。在这些水平层级中，分析、评价和创新类教育目标指向高阶思维。课堂教学中，如何提出更多高阶思维问题，扩大学生思维空间，是教学行为的重要转变之一。同样，以《圆的面积（二）》为例，见表2—2，第一次授课，应老师提的认识性问题较多，而本节课的重点是圆可以转化成其他图形来推导出圆的面积公式，需要更多推理性和创造性的问题来引导和启发孩子，推进课堂的深度。同时，指向低阶思维的问题多了，指向高阶思维的问题占比则会不高。通过课堂录像回溯，教研组对教学行为与效果进行再次的反思、讨论，在第二次授课中进行了调整，增设了更多的指向高阶思维的问题，把课堂思维更加地拓深、拓宽、拓高。第二次量表显示师生问题发生了变化，从课堂本身呈现的状况可见，孩子思维更活跃，所问答的内容更灵活。

通过课堂讨论交流，更进一步地推进了对问题探究，有的孩子甚至提出更深层次的问题，如用极限的思想来解决圆的面积推导问题。

表2-2　师生问答分析

师生问答	活动类别	第一次频数	第一次百分比	第二次频数	第二次百分比
问题类型	与教学无关	1	1.91%	0	0.00%
	认记性问题	5	9.43%	2	2.65%
	理解性问题	5	9.43%	9	12.00%
	推理性问题	5	9.43%	14	18.67%
	创造性问题	1	1.89%	8	10.67%

　　传统的评课中，教研员或观察员主要是以感性的经验或纸质的课堂观察表来反馈、评价课堂效果。而借助网络听课，观察员打点记录教师行为和学生活动的次数及时长，经相关的数据模型分析、得出量化的诊断报告，更科学、更直观地指导教师进行课堂改进。以陈老师执教的《分物游戏》一课为例，这是一节二年级上册的数学课，教学内容是通过分一分、画一画的活动，引导孩子探究物体的平均分。如图2-4所示，通过打点教师活动次数10次、学生27次、师生互动47次，显示出师生课堂活动曲线，最后分析出本节课为混合型，符合本节课的教学目标，师生互动较好，学生参与度较高。

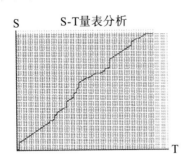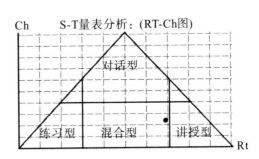

图2-4　S-T量表分析

第三章 "一对一"数字化环境下小学生自主学习力培养的研究设计

一、改革愿景

在一带一路经济、文化融合、互联网＋教育的时代背景下，成都市泡桐树小学西区分校确定了新的发展定位与发展战略，努力探求适合未来小学教育发展的规律，全面推进学校的课程建设、教学改革、教师专业发展、管理体制改革、学校文化建设等工作，使学校的整体面貌、内在元素以及实践形态都取得显著进步与提升，打造一所以学生为中心，自主学习的智慧型未来学校。

二、具体目标

（1）自上而下地推进项目改革，提高学校管理效能。

（2）引进专家理念和技术人员的实操培训，更新教师教育理念，提升教师研究能力。

（3）通过 2～6 年级十九个未来班级的常态教学实验，推动课程、课堂变革。

（4）通过本研究的实施，提升学生自主学习能力。

（5）以信息化助推学校发展，提升办学品质。

三、研究内容

（1）调查了解本校教师在"一对一"数字化环境下的教学现状与学生自主学习的现状与需求，把握研究的方向。

（2）通过对我校三千六百余名学生的自主学习现状的分析，对自主学习力培养的实验研究及理论分析，构建"一对一"数字化环境下自主学习的能力模型和提升自主学习力的培养体系。

（3）通过分析"一对一"数字化环境下的教学案例，总结自主学习力的培养策略、评价体系。

四、研究历程

"一对一"数字化教学的开展并非一蹴而就，联合国教科文组织提出了
"技术在教育中发展的阶段模型"（Modelling ICT Development in Education），
模型指出技术在教育中应用发展会经历四个阶段——接触、应用、整合和迁
移。我校"一对一"平板电脑教学结合联合国"技术在教育中发展的阶段模
型"总结出"一对一"数字化教学规模化、常态化、持续性推进工作经历了接
触与规划、应用与研究、整合与建构、创新与发展等四个阶段。

在接触与规划阶段，了解学校现状与趋势，明确规模，进行设备的配制，
对相关人员进行管理和培训；在应用与研究阶段，教师实施课例，打造示范
课，进行经验分享，从而使数字化教学向常态化过渡；在整合与建构阶段，学
科教研组进行学科资源体系、教学模式、教学评价体系的建构；在创新与发展
阶段，教师进行技术与教学的融合创新。

（一）实践探究 1.0 版——课前、课中、课后

成都市泡桐树小学西区分校于 2014 年开设了第一个"一对一"教学试点
班级，并由信息化推进办公室指导该班级教师开展基于"一对一"数字化环境
的教学实践。

为了规模化、常态化、持续性地开展教学实践研究，泡小西区分校于
2016 年成立了第一批应用平板电脑搭建"一对一"数字化环境开展教学的班
级。前期实验班级遵循教育发展的规律，在试错的过程中曲折发展。班级教师
简单地在原有的课程设计中加入基于"一对一"移动终端的课堂互动检测，却
由于在课堂上立即收到全班数据，在数据反馈后发现学习效果不佳的情况没有
及时采取教学补救措施，反而导致自己的教学节奏被扰乱。

在教师发现问题并主动寻求帮助的这个节点上，学校信息化推进办公室及
时介入，组织教师研究问题是如何产生和问题解决的办法。经过反复论证，教
师们认为原因在于该教师课前仅仅依靠教学经验和课程标准预设教学重难点，
而对教学过程中学生真正有困惑需要突破的关键问题把握不准。

在教师提出需求后，信息化推进办公室向实验班级介绍了"一对一"数字
化环境的一项特征——联通性。

有了方向的指引，实验班级在学校科研室的带领下开始着手探究问题解决
之道。实验班级发现，利用"一对一"数字化环境能够突破时空限制的特性，
可以在课前发布前测作业，教师能即时收到数据反馈，掌握学生的认知基础和
知识难点，并据此进行二次备课调整，使课堂聚焦于真实问题的解决。实验班

级更进一步发现，根据课前测定位的教学重难点，教师需要利用"一对一"教学平台布局多个有针对性的碎片化教学资源作为教学储备。当课中再次检测发现学生仍然在理解和掌握上有不足时，教师可以利用备用的教学资源开展非线性教学进行及时补救。课程结束后，教师同样可以利用"一对一"数字化环境突破时空限制的特性来布置课后测任务，了解学生通过课堂教学获得的知识增量情况。

由此，在泡小西区"一对一"教学实践探究 1.0 阶段，实验班级在"一对一"数字化环境特有的联通性特征的支持下，逐步形成联通课堂内外的教学模式：课前学生居家开展前测，教师掌握学生真实教学重难点并二次备课；课中在教学活动开展过程中设置检测及时了解学生课堂学习的收益情况，并利用碎片化教学资源开展补救教学；课后通过再次检测，巩固学生的获得。

在这一阶段，教师开始意识并认同"一对一"数字化环境对于课堂改革的意义，"学什么"不再由教师决定，并在探索的过程中开始建立各年级教师共建共享的校本教学资源库。

（二）课堂改进 2.0 版——课前、课中、课后、课外

通过第一阶段教学模式的搭建，实验班级教师认识到教学改革的意义，并积极投入教学实践的过程。经过一段时间的积累，实验班级发现有新的问题产生：课前检测定位了学生认知的难点，很多时候导致课堂教学内容在原定基础上有新的增加，如何在有限的课堂教学时间内完成所有教学任务并保证学生的学习效率？

信息化推进办公室联合科研室人员带领教师再次开展研讨，最终一致认为：只有把学习的权利放给学生，才能提高学习的效率，实现学生的真正成长。

为了系统支持实验班级开展教学实践探究，学校成立了"一对一"数字化环境下小学生自主学习力提升的实践课题组，以课题研究的科学方式开展探究。

在课题组的指导下，实验班级教师认识到"一对一"数字化环境具有个性化的特征，据此开始尝试分解课堂教学内容，将其划归为可由学生自主学习的基础内容和由教师指导进行探究的进阶内容。

针对基础内容，教师根据课型、主题等，在课前给学生发布微课，学生在"一对一"学习终端上根据微课进行自主学习，诸如"如何修改病句""怎样使用显微镜"等理论性知识；或者教师给学生提供自主学习支架，学生在支架的指引下对课程内容开展基础性探究学习，并在理论性或基础性内容学习结束

后，通过课前测反馈学习的情况。教师能够更加详细地了解学生的自主学习效果、更加精准地定位学生课程探究的重难点。

课堂上，教师不必将大量宝贵的课堂教学时间浪费在学生已知的基础知识内容的传授上，而是集中在学生真正需要解决的教学问题上。针对这些进阶内容，教师有足够的时间设置层层深入的问题，组织学生在小组合作探究学习的过程中解决问题，获得真实的学习体验。

实验班级教师还认识到，借助"一对一"数字化环境具有的开放性特征，学生除了课后完成教师布置的任务巩固学习成果外，还可以在课外利用汇聚了大量优质教育资源的学习空间，开展自主的学习拓展活动，实现主动、个性化的开放式学习。

由此，在泡小西区"一对一"教学课堂改进 2.0 版阶段，实验班级教师在"一对一"数字化环境特有的联通性、个性化、开放性特征的支持下，逐步形成引导学生自主学习的教学模式：课前居家学习阶段，教师通过微课或预习支架导学，了解学生的知识起点，定位教学重难点，提高教与学备课的针对性；课堂上教师利用问题链，组织学生全面深度互动参与、思维呈现交流、及时反馈评价、记录学习过程、互动生成反馈评价，助力课堂个性高效；课堂学习后通过再次检测，了解学生的认知增量，巩固学生的认知获得；课外教师通过学习空间向学生推荐各种优质资源，推动学生个性化学习。

在这一阶段，实验班级的课堂表现形态、教学组织模式、学生学习方式、思维参与深度等开始产生变化，课堂改革开始涉足深水区，"学多少"不再受课堂时长的限制。

（三）智慧课堂 3.0 版——导、研、共、拓四位一体

有了前两个阶段教学模式探索的积累，课题组带着实验班级进一步研究，推动课堂改革向着高交互式特征、以学生学习为中心、开放时空（突破课堂内外）、综合复合媒体（富媒体）的新课程形态发展。

综合"一对一"数字化环境联通性、个性化、开放性、适应性等特征，实验班级的教学活动贯穿课前、课中、课后及课外四个环节，形成线上线下混合式学习模式，满足学生个性化学习需求。

课前导学环节，教师通过"一对一"教学平台提供与课程同步的微课资源及特色学科工具，为学生搭建自主学习的支架，供学生主动学习，进行有针对性的简单知识储备。通过课前检测的数据反馈，教师及时了解学生知识起点，准确定位教学重难点，及时进行二次备课，真正实现"先学后教，以学定教"。

课中研学环节，教师根据学情为学生选择适当的学习资源，支持学生进行

个人、小组、自组织的自主学习探究活动，促使师生、生生间深度参与互动。借助"一对一"数字化环境，呈现学生思维，及时反馈结果，记录学习过程，生成互动评价，助力学生开展个性高效的"基于真问题，开展真探究，确保真收获"的"真学习"。

课后共学环节，教师利用班级空间指导学生针对教学重难点和个人学习进度，完成靶向练习，评估课堂教学效果，客观反馈学生学习的增量。同时，平台自适应地根据学生的练习情况给学生推送适合的学习资源，支持学生继续开展巩固或提升式学习。教师也可以按照学生的关注点，指导学生在班级空间里分小组进行学习讨论；学生将自己搜集的资源、思考的过程和学习成果在班级空间进行展示交流，也可针对自己遇到的困惑，在这里进行话题讨论。班级空间不局限于原班，学生可进行跨班级交流，同年级不同层次的学生也可以进行分层交流，形成互帮互助的学习氛围，带动学生展示共享交流自己的学习历程和学习结果，获得分享式提升。

课外拓学环节，教师通过"一对一"数字化环境向学生推荐各种与本节课主题相关的优质资源或资源获取渠道，支持学生以本节课的主题或知识点为基点，深挖知识点，拓展知识面，开阔学习视野，助力自我建构个性化。

在智慧课堂 3.0 版阶段，实验班级以教师教学指导为前提，学生利用"一对一"学习空间互联互通形成的学习型社区大环境，自主获取学习内容，在学习的过程中主动发现问题、探索问题、解决问题，使学生在学习过程中获得情感体验，产生自主学习动力，最终形成自主学习力。教师从传统课堂中"知识传递者"的角色逐渐转变为学生"认知建构帮助者"，学生从传统的"接收者"转变为"意义建构者"，教师更多地承担着学习活动的设计与组织实施，学生成了课堂的主人，"怎么学"很大程度上由学生的认知基础和学习进度决定。

第四章 "一对一"数字学习环境下的 小学生自主学习力

一、概念界定

数字化环境下小学生自主学习力是指小学生在数字化环境中，在教师适时的指导下，通过制定、执行、调控和评价自己的学习活动等使自己得到持续变化的一种学习能力。数字化环境下小学生自主学习力是学习力的一种新样态，它有别于学生的一般自主学习力，依附于特定的数字化环境。"一对一"数字化环境下小学生自主学习力适应的先决条件：一是"一对一"数字化环境的硬件、软件条件；二是基于小学生的认知、心理、身心状况。教师的指导地位不可或缺，教师主导地位主要体现在学习目标的制订和引导、过程监控与管理、学习指导与评价三方面。

二、模型结构

数字化环境下小学生自主学习力的结构模型的五大能力及其行为表现，自主学习力"1+5+15"模型见表4-1：

表4-1 自主学习力"1+5+15"模型

名称	能力结构	行为表征
"一对一"数字化环境下小学生自主学习力	技术选择力	能进行"一对一"数字化学习平台及简单软硬件的操作
		收集信息、处理、传送、存储、发布
		阅读数字化材料的能力
	规划调整力	根据教师设定的总体任务，借助平台制订分解目标与计划
		选择学习内容、学习方式
		调整学习目标、学习内容以及学习策略

续表4-1

名称	能力结构	行为表征
"一对一"数字化环境下小学生自主学习力	自行调控力	调整并保持良好的学习态度
		调控个体内部及外部因素的干扰,保持良好的学习状态,进行持续学习
		对能自主安排好学习任务有自信
	协同学习力	借助平台主动与教师互动、学习、交流
		借助平台主动与同伴学习、交流、互动
		主动与其他人或媒介互动学习
	结果评价力	判断学习材料与学习目标是否适应
		对自己学习结果评价的能力
		借助平台数据及其他反馈对后续学习进行改进

数字化环境下小学生自主学习力的"1+5+15"结构模型中,"1"指学生的自主学习力,"5"指有5个能力结构,"15"指有15个行为表征。具体能力含义包含以下五个方面。

（一）技术选择力

技术应用能力是指小学生在数字化环境下开展学习对技术的选择、使用的能力,支持学生在技术环境下顺利开展自主学习。它包括三个方面:一是能进行"一对一"数字化学习平台及简单软硬件的操作;二是收集信息、处理、传送、存储、发布;三是阅读数字化材料的能力。

（二）规划调整力

调整学习活动的能力是指在教师的指导和帮助下,小学生逐步学会根据自己的学习需要和目标达成,制订、修改、调整学习目标、实施过程、学习方法选择,以最大化提高自己学习效果的能力。它包括三个方面:制订学习活动目标、计划的能力;选择学习内容、学习方式的能力;调整、改变学习目标和内容以及学习策略的能力。

（三）自行调控力

调控学习状态其能力成分包括:调整并保持良好的学习态度;调控个体内部及外部因素的干扰,保持良好的学习状态,进行持续学习;对能自主安排好学习任务有自信。

（四）协同学习力

数字化环境下的协同学习包含师生、生生之间的沟通、交流、合作、表达的能力，分三个层次：借助平台主动与教师互动、学习、交流的能力；借助平台主动与同伴学习、交流、互动的能力；与其他人或媒介互动学习的能力。

（五）结果评价力

结果评价力包括判断学习材料与学习目标是否适应的能力，感知和评价学习时间花费与学习结果的要害的能力，对自己学习结果评价的能力；学生可以运用"一对一"数字化环境记录和分析的数据结果，进行后续学习的改进，更客观地感知、评价自己的学习结果。

这五大能力是相辅相成，相互影响的，如图4-1所示。

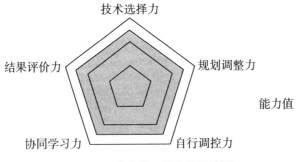

图4-1　自主学习能力值雷达图

三、自主学习力模型特点

（一）依附性

基于"数字化学习"环境、教师的指导能力及师生营造的学习氛围，这些条件会制约自主学习力的生长。

（二）进阶性

小学生自主学习力的形成具有学习成长的阶段性，针对低段、中段、高段的小学生在实施过程中具有进阶性的特征，随着学习能力、身心发展特点变化、学习习惯的逐步养成，自主学习力的培养和提升越来越明朗。

（三）奠基性

一年级到六年级的奠基性学习养成的自主学习力对后继的学习至关重要。

（四）生态性

小学生的可塑性极强，能力发展本身就是从低到高、从弱到强、从单一到综合的生态发展过程，教学中要关注学生的当前状态和水平，努力促进学生能力水平的提升。

四、自主学习力水平表现分类

研究发现，学生的自主学习力培养过程中水平表现存在差异，这种差异表现为积极能动型、机械适应型和需要帮助型三种类型，自主学习力水平如图4-2所示。

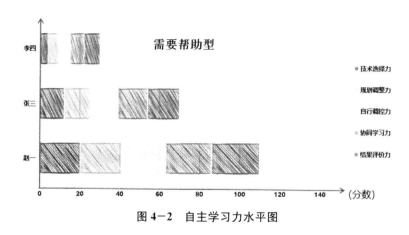

图4-2 自主学习力水平图

（一）积极能动型

学生主体能自觉的、有目标的、有筛选的学习，是具有独特性的、能进行自我监控的、具备责任感的学习。遇到困难，能主动查资料或翻阅书籍，通过自己的努力去解决问题。或是主动寻求同伴的帮助，一起思考讨论。学生是学习的主人。

（二）机械适应型

学生主体能根据教师布置的任务、按照教师讲授的方法进行学习，缺乏主动探究意识。遇到困难时，需要教师帮助才能完成学习任务。偶尔会寻求同伴帮助。

（三）需要帮助型

学生主体依赖教师教授进行学习，自己缺乏学习的方法和能力，需要依靠教师的指导与帮助，才能完成学习任务。对学习的自信心不足，且缺乏主动寻求帮助的勇气。

第五章　"一对一"数字学习环境下的小学生自主学习力培养

一、"一对一"数字化环境支持下的自主学习新样态

"一对一"数字化环境下小学生自主学习是一种新的学习方式。数字化环境下小学生自主学习是指基于"数字化环境"，在教师的指导下，以小学生为学习主体，小学生通过制定、执行、调控和评价自己的学习活动等使自己得到持续变化的一种学习方式。数字化环境下小学生自主学习的先决条件有三点：一是要有数字化环境的硬件、软件条件；二是基于小学生的认知、心理、身心状况；三是教师的指导地位不可或缺，教师的主导地位主要体现在学习目标的制订和引导、过程监控与管理、学习指导与评价三方面。当然，面对这种新的学习样态，迫切需要培养学生的自主学习力，教师并不是都具有新环境下的教学改革敏感性和迫切性，有点习惯于传统的教学方式，对学生新样态下学习的需求分析不够。本研究解决了教师的认识问题和角色发挥，充分认同迫切需要培养学生的自主学习力这一观点（如图 5-1 所示和见表 5-1）。

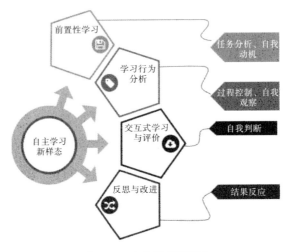

图 5-1　自主学习新样态

表 5-1 构建数字化环境下小学生自主学习结构

流程	项目	教师行为（指导者）	学生行为（主体）	手段、资源
前置性学习	任务分析：掌握基本主张（应知应会）	了解学情；设置分层教学目标	预习、提出不懂的问题；确立分解学习目标和计划	微课、前测、学案等
	自我动机：内在兴趣、结果预期	激发学生学习兴趣	自主选择要讨论的问题或中心议题（学习内容）	
学习行为分析	过程控制：策略选择、环境调控	支架式学习 任务驱动 组织交流	用资源探究任务；协同学习	教师提供任务完成的资源；教师策略引导；数字化环境的大数据与精准刻画
	自我观察：自主探究、自我记录	教师引导	学习策略的掌握；自我思考；调整学习过程与方法	
交互式学习与评价	自我判断：自我评价、结果归因	分层作业 组织评价	自评、他评、互评	教师引导；同伴交流；数字化环境的班级空间
反思与改进	结果反映：自我反思、未来改进	激励、引导	对整个学习过程的反思与改进	教师引导

自主学习阶段中，具体的教师指导路径和学生个体的学习，如图 5-2 所示。教师是自主学习结构循环良性运行的护卫者，确保自主学习活动有序、有效地开展。教师作为学习的指导者、组织者，是鹰架，为学生的学习搭建脚手架，时刻关注、管理、学习、研究和调控学习活动的动态开展。学生作为学习活动的主体，是自主学习结构循环积极运转的主要动力，在学习过程中，学生群体之间通过形式丰富、层次递进的合作探究活动主动进行思考、沟通、交流、讨论、合作、表达和反馈，促成发现问题，积极解决问题，整理有效观点，升华集体观点，从而尝试建构知识，达成自主学习生态圈下知识的动态化萃取。

图 5-2 自主学习中教师的指导路径及学生个体的学习

二、"一对一"数字化环境下学生自主学习力的培养体系

"未来学校"继承了传统学校的学习样态，融合设备、智能、大数据等元素，通过数字化环境的支撑体系，创新了自主学习新样态，从而培养学生的自主学习力。本研究通过前期的理论学习与实操培训，中期的十九个未来班级实践，达成了以数字化环境为背景，以自主学习方式的变革为支点，以学生的自主学习力培养为目标的实证研究。

本研究中，建构主义、学习共同体、联通主义等理论是支撑"一对一"数字化环境下学生自主学习可行性的理论基础（如图5—3所示）。由此，我们重新思考了自主学习力培养的三大原则：

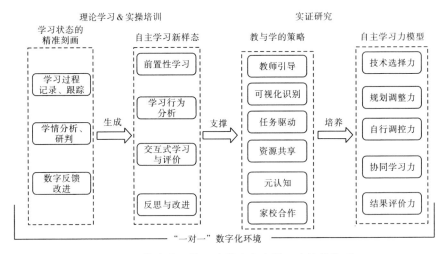

图5—3 数字化环境下小学生自主学习力培养体系

一是交互式学习原则。交互式学习是数字化环境下的学习样态，其互动方式是探究性学习，也是一种协作学习。这里的交互式包括学生与学习终端操作的交互、学生与资源的交互、学生与教师的交互以及学生与学生之间的交互。

二是差异化发展原则。立足数字化环境优势，结合各学科特色和学科素养创设尊重学生个体的学习活动，为学生提供个性化的指导与资源推送，能充分促成学生个性化学习的深入开展，有助于学生的差异化发展。

三是大数据分析原则。数字化环境支撑学生的自主学习，通过大数据分析精准刻画学生的学习过程和状态。

三、自主学习新样态下培养小学生自主学习力的策略

(一)教师角色意识觉醒及主动引导的策略

学生要进入自主学习过程,需要教师有意识地加以引导。教师需要鼓励学习者最大限度地为自己的学习负责任,制定分解目标与计划,找到适合自己的学习方式,并引导学生在学习过程中不断反思、调整,努力实现自己的目标。

在数字化环境下,教师可以通过数字化平台发布预习微课或课前测,学生进行自主预习时,可以对即将要学习的内容和目标有一个大概的了解(如图5-4所示);完成课前测后,学生可以清楚准确地知道自己知识的薄弱点,从而在课前可以科学地制定分解学习目标与计划(如图5-5所示)。

图 5-4 学生通过空间选择资源自主预习

图 5-5 课前测结果为学生制定分解学习目标提供科学依据

　　在学生制定分解目标与计划后，教师鼓励他们在课堂上陈述自己的目标与计划，使他们呈现自己的思维过程。学生通过这个过程，可以提高对自己学习计划与策略的认识，评估所采用的学习目标与计划的可行性以及学习策略的合适程度。教师对学生制定的目标与计划提出反馈，对整个过程提出建议。

　　同时教师充分利用课堂时间，结合教学，系统地介绍学习策略，引导学生思考并实践学习策略，如认知策略、元认知策略、资源管理策略等。学生应学会根据具体情况正确选择和运用不同的学习策略，与同伴互相分享借鉴，通过反复的思考与实践，找到适合自己的行之有效的学习策略。

（二）可视化识别及平台规范使用的策略

　　在自主学习新样态中，学生首先应具备一定的技术应用能力，即知道如何规范使用平台。如网页查询、录屏、摄像、回溯等。在熟练使用平台的基础上，运用技术辅助自主学习。

　　数字化环境能自动记录学生学习的历程，如图5-6所示。通过平台的回溯功能，能将学生带回到课堂教学的情境中去。学生能根据此功能还原自己学习的过程，反思、找出学习过程的优点和不足，随时调整，也可以和老师或家长一起查找问题出现的环节。这样，学生的困惑能得到有针对性地、全面地解决。此外，录屏功能、摄像功能动态地记录下思维外显的全过程，供学生随时查看，及时调整。

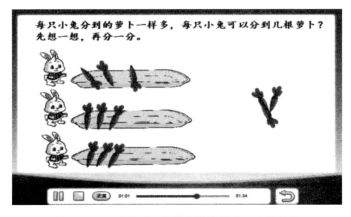

图5-6　互动题板记录学生操作轨迹，思维外显

　　此外，学生利用课中测的结果，能准确地了解自己对学习难点的掌握情况，进而随时调整学习状态，及时解决学习困惑。同时，平台能提供学情分析和学习诊断报告。学生可以随时回溯自己的学习历程，分析自己的成长报告，横向了解自己与同学的区别，纵向了解自己现在与过去的区别，自我反思，查

找不足，提升自主学习的元认知能力，如图5-7所示。

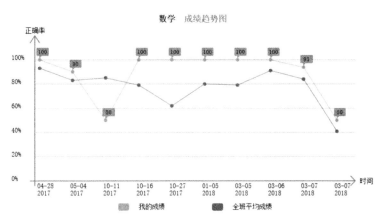

图5-7 回溯学习历程，分析成长报告

（三）任务驱动，先学先试，逐步提升的策略

任务驱动是指在学习的过程中，学生在教师的帮助下，围绕一个共同的任务活动中心，在问题驱动下，对学习资源积极主动应用，进行自主探索和互动协作。

在自主学习力的培养过程中设置任务，采取任务驱动策略，让学生在任务完成的过程中习得知识、积累经验，发展协作能力。数字化环境能提供类型不一的学习任务，如前置性学习的微课，课中的分组活动、课中测，课后的分层作业等，因为学生个体之间的认知水平和学习能力是存在差异的，数字化环境能较好地满足学生的差异化学习和个性化学习，学习能力较强的学生可以先学先试，选择较难的学习活动，根据学习的反馈进行及时调节；学习能力较弱的学生也可以参与到小组合作中，和同伴协作完成。适合学生水平和能力的学习活动更能调动其学习的主动性，促成其自主学习。

例如"神奇的莫比乌斯带"这一课，根据教师课前布置的任务（如图5—8所示），学生可以预习教材，上网查资料，了解什么是神奇的莫比乌斯带，怎样制作神奇的莫比乌斯带，然后录制"制作莫比乌斯带的过程"的小视频，上传到课前作业端。教师可以查看到每个学生的制作情况，并在课上选取作品分享，了解制作莫比乌斯带的正确方法和步骤。这样的典型示范，学生看得认真学得也快，可以把更多的时间用到后面的创作上。

图5—8　学生记录制作过程

（四）资源共享，互助互启，共同提高策略

在数字化环境中，学生可以通过平台读取教师发布的核心任务，并积极参与，任务提交后，每个学生的想法都能真实呈现——"有图有真相"。呈现出来的想法展示了个体思维的差异性，提供了学生互相剖析、理解、辩论的好机会，能较好地促进协同学习力的提升。学生的作品都可以上传至班级空间，可以作为再生资源，学生互相学习，互相评价，进而改进自己的学习活动。例如，从一篇课文到一本书，从一本书到一类书。学生利用平台，以整本书为单位，从字词掌握、信息提取、归纳推理、想象拓展、反思评价几个维度数据的反馈，了解个体的阅读效果。此外，学生在线上进行互评互动，交流讨论，使阅读走向深入，如图5—9所示。

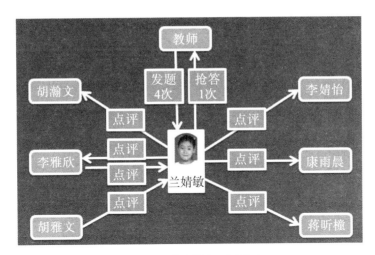

图5-9 学生线上互评互动

同时，学生也可以在班级空间里发布自己的学习困惑，同学们在老师们的指导下相互答疑解惑，实现问题及时解决与即时反馈。

数字化环境下，学生可以构建基于师生互动、生生互动的学习社交生态圈，如图5-10所示。这样的互动方式打破了传统课堂师生社交的局限，扩大了社交范围，更好地促进了师生互相交流，生生互相提高。

 李虹谷
2017-12-18 15:26

各位达人们，求指导求过程，拜托啦！

💬 回答（0）　　👁 浏览（19）

图5-10 学生课后自主提出疑问，主动求助他人

（五）打破时空，反馈跟进，提升元认知策略

利用数字化设备，学生可以突破传统课堂教学物理时空的限制，较方便地翻阅个人学习空间的记录与反馈；能重复学习，根据学习诊断报告对学习活动进行完善，或主动寻求帮助。这能帮助学生对自己的认知活动进行积极而自觉

地监视、控制和调节，有利于提升学生的自主学习元认知策略，培养学生良好的自主学习习惯，如根据数据反馈调整学习目标、积极参与学习、主动求助他人等。

图5-11反映了兰同学在数字化环境下，利用下课及课后时间，进行自主学习的过程：上网查询、回看微课、回溯课件、攻克错题、自主阅读、空间回答、空间提问、拓展应用。

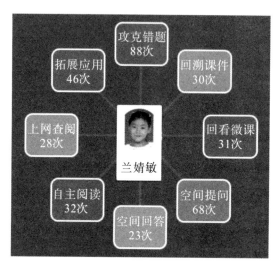

图5-11　同学自主学习过程记录

（六）家校互通，家长监控、督促，间接提升的策略

学校通过数字化环境的营造，将家长发展为课题研究的参与者和学生学习的组织者。数字化环境为每一名家长提供家校互通空间，使学生的自主学习可以在创新的家校共育方式下开展。通过家长空间，家长能够查询学生的班级公告、课程表、学习活动情况、作业完成情况、考试成绩、综合素质评价结果等，实时掌握学生情况，为学生在家期间自主学习力的发展提供有针对性的监督与指导，如图5-12、图5-13所示。

图 5-12 家长查看班级公告

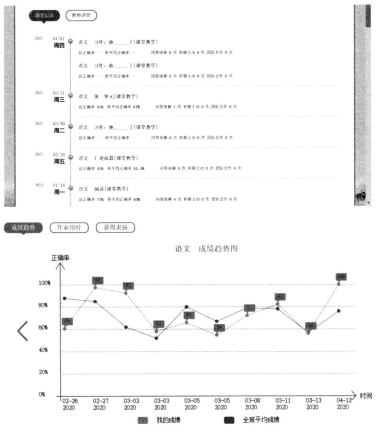

图 5-13 家长通过空间查看孩子课业情况

通过创新有效的家校互通，家长理解、支持并参与本课题研究，对学生的自主学习行为进行监控、督促，间接地提升了学生的自主学习力。

四、"一对一"数字化环境下小学生自主学习力的评价框架

（一）教师课堂教学自主学习评价

2018年，我校与高校教授合作，引入网络听评课系统设备，初步尝试利用网络听评课系统进行大数据分析开展课堂观察。基于平台数据反馈，可对授课过程中教学行为与教学中的问题进行再回溯和诊断。其包含四个维度：教学分析、S－T量表分析、师生问答、课程评价和课堂评论（如图5－14所示）。通过数据帮助教师观察和指导教学中的行为习惯。基于数据对课堂教学行为的评析可以帮助发现和解决课堂教学问题，促进教师教学行为的改进，见表5－2。

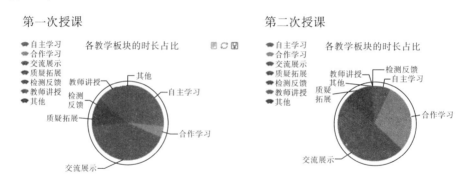

图5－14　教学行为分析中教学模块统计

表5－2　师生问答分析

师生问答	活动类别	第一次频数	第一次百分比	第二次频数	第二次百分比
	与教学无关	1	1.91%	0	0.00%
	认记性问题	5	9.43%	2	2.65%
问题类型	理解性问题	5	9.43%	9	12.00%
	推理性问题	5	9.43%	14	18.67%
	创造性问题	1	1.89%	8	10.67%

（二）学生自主学习个人评价

学生自主学习个体评价从五大能力十五项行为表现进行评价，具体指标见表5－3。此表可在学生自评的基础上再进行小组评议、班级评议和教师评议，

根据平均得分核定学生综合考核等级，并作为学生学期综合素质评价——学习能力和交流合作能力的考核依据。

表 5-3 学生自主学习力评价表

班级：_____ 姓名：_____ 时间：___年___月___日

五大能力	问题（完全不符合=1；比较不符合=2；基本符合=3；比较符合=4；完全符合=5）	自评	他评	师评	得分
技术选择力	我能熟练地操作一对一数字化平台，如连接网络、浏览网页、登录小程序、安装卸载软件等				
	我能顺畅地在一对一数字化平台上进行学习材料的阅读				
	我能通过搜索到的信息和资料帮助自己解决问题				
	我知道如何使用一对一数字化平台呈现作品或学习结果（如拍照片，录制音频或视频）				
规划调整力	我能根据教师设定的学习任务，分解目标与制定计划				
	我能够自主选择感兴趣的学习内容、选择适合自己的学习方法				
	我能够及时调整学习目标与学习方法				
	我能利用一对一数字化平台做笔记、列提纲、作小结或复习错题，帮助自己学习				
	我能合理安排好自己的时间，每天检查并完成当天的学习任务，保证学习的高效完成				
自行调控力	我认为学习是我自己的事情				
	我能够积极主动的进行课内课外学习（例如完成老师布置的作业后，还会做课外练习、阅读书籍等）				
	在学习时，我能够排除身心疲劳以及外界因素的干扰，做到持续学习				
	我能够及时调节自己的情绪，保持良好的学习状态				
协同学习力	我能通过一对一数字化平台、QQ等和老师、同学交流互动。				
	我能借助一对一数字化平台与同学合作完成学习任务				
	我能将好的资源及时共享给同学				
	我会与他人一起讨论，分享我的想法，听取他人的建议				
	在需要时，我能够积极寻求老师同学的帮助和支持				

五大能力	问题（完全不符合＝1；比较不符合＝2；基本符合＝3；比较符合＝4；完全符合＝5）	自评	他评	师评	得分
结果评价力	我能判断自己是否完成学习目标				
	如果没有按时完成学习任务，我会采取补救措施				
	学习过程中，我会及时总结进展，并做出调整				
	我会经常总结学习经验，自我反思				
	我能借助经验反思、老师同学的反馈和一对一数字化平台数据等对后续学习进行改进				
综合评价					

说明：综合评价得分栏写等级，等级评定标准90分以上为A级：积极能动型；61－89分为B级：机械适应型；60分以下为C级：需要帮助型。

除了学生个体的评价反馈外，本课题组对实验班级的学生的自主学习力进行了跟踪调查，形成了实验后的数据。如图5－15所示，通过实验研究，"一对一"数字化环境促进了小学生能力的提升，如学生具有一定的技术运用能力，整体状况较好；具有一定的合理规划并及时调整学习活动的能力；具有一定的学习主动性及及时调控自身学习状态的能力；具有主动与其他人进行交流学习的能力，且协同学习的能力较好；具有一定的感知评价自我学习结果的能力，能够及时总结经验并对学习活动进行调整。

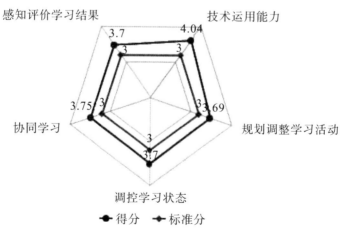

图5－15 实验班级自主学习力后测数据

34

第六章 "一对一"数字化环境下自主学习力培养的课堂实践研究

文言文起步教学——《司马光》教学设计与反思

一、教学内容分析

本文选自统编小学语文三年级上册第八单元。本单元名称是"美好品质"。单元语文要素是:带着问题默读,理解课文意思。《司马光》一文是小学阶段安排的第一篇文言文。

二、学习者分析

1. 本篇课文是学生第一次在课本中接触文言文,可能会有畏难情绪,需要教师在教学过程中,不拔高要求,讲求教学的趣味性,激发学生的学习兴趣。

2. 第一次学习文言文,学生对于学习的方法还不了解。因此,在学习过程中,教师需要调动学生已有经验,如对古诗的学习方法进行迁移运用,从而梳理出文言文学习的基本方法。

3. 《司马光》这个故事,大多数学生都听过,因此故事内容对学生来说是不难的。学习中,教师应充分利用这一优势,促进学生对文言文的学习与探索。

4. 《司马光》故事中的人物形象,学生有一定的认识基础。教学中重在通过思维的生发,深化认识。

三、学习目标

1. 认识"司、跌"等五个生字,学写"司、庭"等七个字。
2. 正确跟读课文,背诵课文。

3. 能借助注释了解课文大意，并用自己的话讲故事。

4. 能初步感受文言文的特点，简单说出文言文与现代文的区别。

四、学习重难点

1. 正确跟读课文，背诵课文。

2. 能借助注释了解课文大意，并用自己的话讲故事。

五、学习资源及技术使用说明

使用"一对一"数字化设备。

六、教学过程设计

教学过程设计如图 6-1 所示。

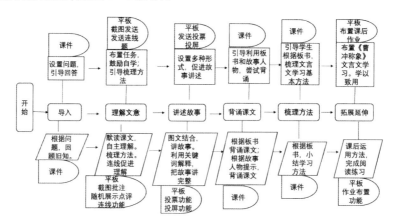

图 6-1　本课教学流程图

（一）导入

1. 回顾旧知，对比《司马光》现代文和文言文的异同。

2. 回顾"复姓"，学写"司"字。

（二）前测回顾

1. 梳理错误率较高的字词。

2. 再次认读。

（三）读通课文

1. 读课文，读准字音。

2. 读出停顿。

（四）理解文意

1. 默读课文，初步理解文意。

2. 圈出故事中人物，并思考指的是谁。

3. 全班交流，逐句梳理意思。

4. 梳理过程中，逐步引导学生运用并整理多种理解字义的方法。

（五）讲述故事

1. 图文对照，出示关键字意思。

2. 自己试着讲。

3. 小组合作完善讲故事内容。

4. 试着演一演故事，提高学习兴趣。

（六）背诵课文

1. 根据图片提示背诵。

2. 根据板书提示背诵。

3. 根据故事人物提示背诵。

（七）梳理方法

引导学生根据板书，梳理学习方法。

（八）拓展延伸

以一篇带多篇：布置《曹冲称象》文言文学习任务及相关题目。

七、教学反思与改进

《司马光》这篇课文，它作为教材中第一篇运用特殊文体文言文的课文，我们在教学中有必要梳理其学习方法。

一是利用课堂中的提问，引导学生发现多种学习方法。如如何认识"瓮"，教师通过两张图片的追问，让学生发现还有更直观的方法——看插图理解字义。

二是抓住课堂生成，促进方法梳理巩固。如图文对应的连线题。教师在点评时，充分抓住错误，让学生自主发现，并学会用方法解决错误。

三是注重课后拓展，落实方法运用。如利用课后作业功能，提供《曹冲称象》的文言文以及相关注释、图片。鼓励学生运用方法，完成阅读和习题。

四是提升和发展思维。如关于对人物司马光的认识，通过平板投票功能，发现学生的不同选择，在生成和引导中推进学生对司马光人物认识的不断深化。

五是利用多种课堂组织形式，激发兴趣，提高效率。如自主阅读、同桌交流、小组合作等。

成都市泡桐树小学西区分校　陈萌萌
（中央电教馆校长培训班展示课）

《群文阅读：舐犊情深》教学设计与反思

一、教学内容分析

部编版语文五年级上册六单元以"舐犊情深"为主题，编排了精读课文《慈母情深》《父爱之舟》和略读课文《"精彩极了"和"糟糕透了"》。这些课文有的写了无私的母爱，有的写了深沉的父爱，还有的写了父母对孩子不同的爱的方式，展现了父母与孩子之间的点点滴滴，字里行间蕴含着真挚的情感。

本单元的语文要素是"体会作者描写的场景及细节中蕴含的感情"，三篇课文对故事中的场景、人物言行举止中的细节都有具体的描述。学生通过品读，交流印象深刻的场景、细节，可以更好地体会作者的思想感情。结合这个语文要素，我以教材为依托，让学生品味交流三篇文章中印象深刻的场景、细节，使学生体会人物情感。然后运用相同的方法学习课外的两篇文章，从而实现 1+X 课内外阅读整合教学。

二、学习者分析

本堂课学的五篇文章都是描写亲情的文章，一说到"亲情"，学生的感受和认知是不同的，所以课前我设计了一个前测作业：说到亲情，你会想到哪些词语？利用词云图制作工具生成云图，以便了解学生对"亲情"的认知水平；学完文章后再次交流：谈一谈对亲情的看法。前后对比，对本单元的主题，学生在认知上会有一定提升。课中我重点引导学生品读三篇文章中作者描写的场景、细节，使学生深入体会作者的情感，学生领悟到方法后再用同样的方法学习课外的两篇文章，就容易了。课后布置小练笔，把想对父母说的话写下来，为习作教学作铺垫。

虽然本堂课容量大，但是由于五年级大部分学生已经养成了良好的阅读习惯，也学习了一定的阅读方法，学生能迅速掌握阅读方法，把握课文内容，体会人物情感。

三、学习目标

1. 通过品读交流印象深刻的场景、细节，学习阅读的方法，体会人物情感。

2. 通过三篇文章的学习，交流总结"体会作者表达的感情"的方法，并拓展阅读，提升对"亲情"的认识，感受亲情的伟大。

四、学习重难点

重点：体会作者描写的场景及细节中蕴含的感情，感受父母的爱。

难点：通过多文本阅读，品味印象深刻的场景、细节，圈出关键词，体会作者的思想感情，提升对"亲情"的认识，感受亲情的伟大。

五、学习资源及技术使用说明

在本课的教学中，我使用了优学派电子书包等新技术，有效地突破了教学重难点，激发了学生的学习兴趣，实现了教学与技术的高度融合。

1. 学前测：说到亲情，你会想到哪些词语？利用词云图制作工具生成云图，了解学生课前对"亲情"的认知水平，有助于把握学情。学完文章后再次交流：谈一谈对亲情的看法。前后对比，对本单元的主题，学生在认知上会有一定提升。

2. 课中两次使用优学派电子书包创建的互动试题，通过拍照上传功能，我能即时看到各组上传的作业，并能选择不同层次的作业进行讲评，以提高课堂教学的有效性，从而达成教学目标。

六、教学过程设计

（一）导入

1. 孩子们，这幅图上画了什么？母牛舔小牛，表现对它的爱，其实他们流露出来的就是"舐犊之情"。

2. "舐"和"犊"是什么意思？学生根据偏旁猜字义。"舐犊之情"就是父母对孩子的感情，是流淌在血液里的爱和温暖。

3. 课前，老师布置了一个前测作业（如图6-2所示）：说到亲情，你会想到哪些词语？你看，每个同学都认真完成了，老师对你们写的词语进行了统计，发现有些词语出现的频率很高（如图6-3所示），比如说责任、父爱如山、鼓励、慈祥、母爱。是啊，因为这些词语最能体现人类与生俱来，血浓于水，割舍不断的感情。

前测：说到亲情，你会想到哪些词语？

图 6－2　前测作业

图 6－3　前测作业的关键词云图

设计意图：了解学生课前对"亲情"的认知水平；学完文章后再次交流：谈一谈对亲情的看法，前后对比，对本单元的主题，学生在认知上会有一定提升。

（二）学文悟法

1. 这个单元的三篇课文，都是描写亲情的文章，有的写了无私的母爱，有的写了深沉的父爱，还有的写了父母对孩子不同的爱的方式，字里行间蕴含着真挚的情感。今天我们就要再次走进这三篇文章去深入地体会父母子女之间浓得化不开的感情。

2. 那怎么品读文章呢？老师这里有一把金钥匙，我们一起来读一读：阅读时，品味印象深刻的场景、细节，可以帮助我们更好地体会蕴含在其中的人物情感。

3. 你读懂了什么？指名说，贴词卡：场景、细节、情感。

4. 接下来我们就走进课文去找一找场景及细节描写，并体味蕴含在其中的情感。请看学习要求（PPT 出示），第一步干什么？指名说（快速浏览课文，读的时候可以跳读，提高速度，找到感触最深或印象深刻的场景、细节，圈出关键词，在旁边批注你的感受）。第二步呢？指名说（小组交流，你从圈出的关键词中体会到什么情感？填写学习单 1，拍照上传）（如图 6-4 所示）。注意：在写场景大意的时候请用短语或小标题概括，在表述情感时请填写关键词。

图 6-4 学生互动试题 1 作答展示

5. 现在我们来看看你们填写的学习单，学生汇报，老师适时引导：还可以怎么概括？谁干什么？你从圈出的关键词体会到什么情感？其他小组同学补充。

生：请同学们看到第××段，这一部分描写的场景是××，我找到的细节是××，我从××关键词体会到××情感（生汇报后上台板书）。

6. 总结：刚才我们通过小组合作的方式，品读、交流了三篇文章中印象深刻的场景、细节，这么长的文章，我们是怎么读的呢？指名说。浏览全文，找到感受最深的场景、细节，圈出关键词，边读边想象，批注感受，小组交流（板书重点词）。

设计意图：通过品读交流印象深刻的场景、细节，学习阅读的方法，体会人物情感。

（三）迁移运用

1. 其实啊，关于"舐犊之情"，关于父母之爱，还有很多文章都描写真挚感人，现在请运用刚才的学习方法来学习接下来的两篇文章，体会一下字里行间蕴含的情感。

2. 请看学习提示。运用浏览、圈点、批注、交流的方法学习《最美女孩夏蕊》和《超越血缘的母爱》两篇文章，填写学习单2，拍照上传。学生自读、批注、交流（如图6-5所示）。

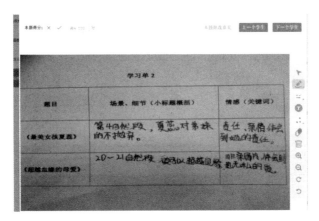

图6-5　学生互动试题2作答展示

3. 孩子们，刚才你们读的这两篇文章，知道是什么体裁吗？指名说：新闻。你是从哪儿看出来的？对，新闻是指及时报道新近发生的重要事件或生活现象的各种文章，它有真实性、简明性、及时性的特点。

4. 俗话说，真实的东西最能打动人。两篇文章中的哪些地方深深地打动了你呢？你们从中又体会到什么情感呢？我们来看看你们是怎么填写的？学生汇报，其他小组补充。

设计意图：运用浏览、圈点、批注、交流的方法学习课外的两篇文章，考查学生能否通过场景、细节描写体会作者的情感。

5. 学完了五篇课文，或许你对亲情又有了新的认识，谁来说一说？学生汇报，老师补充。

生：亲情在父母之间，亲情在兄弟姐妹之间，甚至可以超越血缘。

师根据生的回答进行提炼：亲情是付出，是责任，是无私……

小结：亲情，一个永恒的主题。正是这血浓于水的亲情，陪伴着我们走过每一个难忘的日子，谱写着我们多彩的人生。

设计意图：通过交流，升华了主题思想，感受到了亲情的伟大。

（四）拓展

1. 今天我们读的这几篇文章描写的都是人类之间最真挚的情感，其实亲情不仅存在于人类之间，还存在于动物之间，动物之间也有很多感人的故事，课后孩子们可以翻阅相关书籍读一读。读一本好书，如同交一个好朋友。说到亲情，你们有什么好书推荐给大家？为什么？学生推荐好书并阐述理由。

2. 看来，孩子们在课外读了不少的书籍，冰心就曾说："读书好，多读书，读好书。"

3. 通过这节课的学习，我们深深地感受到父母子女之间浓浓的感情，想必你也有很多话想对父母说，请你们回家后把想对他们说的话写下来，表达你对他们的爱。

设计意图：通过好书推荐，引导学生多读课外书，加强积累；通过布置课后作业，把想对父母说的话写下来，为习作教学作铺垫。

板书设计：

舐犊情深

题目	场景、细节	情感

《慈母情深》

《父爱之舟》

《"精彩极了"和"糟糕透了"》

《最美女孩夏蕊》

《超越血缘的母爱》

七、教学反思与改进

本课我使用优学派电子书包，较好地实现了教学目标，提高了课堂教学的有效性，如图 6-6 所示。

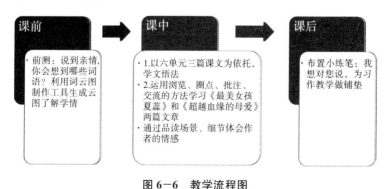

课前

·前测：说到亲情，你会想到哪些词语？利用词云图制作工具生成云图了解学情

课中

·1.以六单元三篇课文为依托，学文悟法
·2.运用浏览、圈点、批注、交流的方法学习《最美女孩夏蕊》和《超越血缘的母爱》两篇文章
·通过品读场景、细节体会作者的情感

课后

·布置小练笔：我想对您说，为习作教学做铺垫

图6-6 教学流程图

1. 课前把握学情。布置前测作业：说到亲情，你会想到哪些词语？利用词云图制作工具生成云图，了解学生课前对"亲情"的认知水平，有助于把握学情。

2. 课中使用优学派电子书包创建的互动试题（问答题两道），运用拍照上传功能，考查学生能否通过场景、细节体会作者的情感，并针对出现的问题进行讲评，实现以学定教，从而突破教学重难点。

3. 课后布置小练笔：我想对您说，把平时想对父母说的话写下来，表达对他们的爱。引导学生联系生活中的经历，表达真情实感，为习作教学作铺垫。

改进：

1. 本节课是群文阅读，容量大，使用拍照上传功能能更好地让学生掌握阅读方法，把握课文内容，体会人物情感。但是有个别小组没有填写完就拍照上传了，在小组合作学习这一环节，教师对每组的组员应该进行分工，让组员明确自己的任务，并合理分配每一部分学习活动的时间才能让合作学习落到实处。

2. 每一次的练习应该多一些互动，如师生互动、生生互动和人机互动，提高学生在课堂上的参与度；多给予评价、表扬，提高学生学习积极性。

成都市泡桐树小学西区分校　黄继霞

习作《小猫》教学设计与反思

一、教学内容分析

本次习作来自部编版语文三年级上册第五单元，本单元以"留心观察"为主题，语文要素是"体会作者是怎样留心观察事物的"。这是本套教材中第一次出现的习作单元，也是三年级习作的起步阶段，因此本单元习作教学我会通过引导学生回顾精读课文和习作例文，培养学生仔细观察的能力，引导学生从观察到说，从说到说具体、说生动，最后再落实到写，逐步落实教学目标。

二、学习者分析

三年级的学生正处于习作的起步阶段，从看图写话过渡到习作，从片段描写过渡到成篇。因此，本次习作会让学生们以段为基础，先抓小猫的总体特点，接着按顺序找出小猫玩球的动作，然后具体说一说小猫是怎样玩球的，最后加入一些好词和修辞让表达更生动、形象，并在合适的地方加入想象。联系课前小猫的外貌描写，和这节课小猫玩球的动作描写，做到写段和成篇相结合，为三年级学生的习作起步做铺垫。

三、学习目标

1. 能仔细观察小猫的样子、玩球的过程，并把观察所得按顺序写具体，写出观察中的发现。

2. 能通过联系课文、学习习作例文，回顾总结本单元所学的观察方法。

3. 借助图片（小猫）引导学生从整体到部分对小猫的外貌进行仔细的观察，并说说自己观察到的小猫样子。

4. 借助视频（小猫玩球）引导学生观察小猫玩球的过程，说出一系列连续性的动词。

四、学习重难点

1. 学习重点：引导学生说出小猫玩球过程中的连续性动词。
2. 学习难点：引导学生按一定顺序写具体、写生动小猫玩球的过程。

五、学习资源及技术使用说明

1. 一张小猫照片和一段小猫玩球的视频。
2. "一对一"数字化平板电脑。

六、教学过程设计

（一）导入

师：孩子们，上节课我们认识了一位新朋友——可爱的小猫！有同学把它的样子写得特别惹人喜爱，我们一起来看一看：

出示学生习作片段：（外貌描写）

小猫浑身长满了黑白条纹的茸毛，像个毛毛球，可爱极了。它的耳朵像两个小三角形，立在圆圆的脑袋上，一双水灵灵的大眼睛，像两颗黑宝石，它的嘴巴小小的，旁边有着许多如银丝般细长的胡须。胖乎乎的小肉掌里面藏着尖利的爪子，但从表面上看还是一个萌萌可爱的小猫咪。

师：请一位同学读一读。

师：老师仿佛已经看到一只可爱的小猫站在我们的眼前，他是如何把小猫的外貌描写得这么生动的呢？我们一起来回顾一下外貌描写的方法。

生1：从整体到局部观察，先总的写小猫的特点：可爱，再分别从小猫的耳朵、眼睛、嘴巴、胡须、小肉掌等部位来具体描写。

生2：还写了小猫的颜色和条纹。

生3：还写了小猫各个部位的形状。

生4：可以加一些形容词，如水灵灵的大眼睛。

生5：可以运用一些比喻等修辞手法。

……

师：孩子们非常善于观察和总结，今后在描写动物外貌的时候就可以使用这些方法了。

（二）观察小猫玩球

1. 动态观察。

（1）出示小猫玩球的视频。（反复地看视频）

师：同学们，这只可爱的小猫特别爱玩球，你们想不想看一看小猫是怎么玩球的？

生：想！

（看视频……）

师：小猫玩球给你留下了怎样的印象？用一两个词简单概括一下。

生：调皮、可爱。

师：那怎样才可以描写出小猫玩球时的调皮和可爱呢？老师这里有个好方法，请看！

（2）出示翠鸟捕鱼的片段（动作描写）。

我正想着，它一下子冲进水里，不见了。可是，没一会儿，它飞起来了，红色的长嘴衔着一条小鱼。它站在船头，一口把小鱼吞了下去。

师：《搭船的鸟》一课，翠鸟捕鱼时用了哪两个词说明翠鸟捕鱼非常快，时间短？

生：一下子、没一会儿。

师：翠鸟捕鱼时有哪些连续性的动作？

生：冲、飞、衔、站、吞。

师：这些动词有没有先后顺序？

生：有。

师小结：作者为了体现翠鸟捕鱼时动作敏捷，用了表示时间短的词"一下子""没一会儿"和一系列的连续性动词来体现它捕鱼动作快，这种动作描写方法也可以运用到你们的写作当中，这就是老师说的好方法，你学会了吗？

（3）出示小猫玩球的视频。

师：我们想要写出小猫玩球时的调皮和可爱，也要仔细观察小猫玩球时的动作，请看平板电脑：

（看视频……）

师：现在，请你把刚刚观察到的动词填写在你学习单的横线上。

学习单如图6-7所示：

习作《小猫玩球》学习单

班级：_____ 姓名：_____

小猫玩球	
动作	
排序	（　）→（　）→（　）→（　）→（　）→（　）
好词	_____ _____ ……

图6-7 学习单

师：请一名同学给大家汇报你找到的动词。

（如：推、抱、躺、追、看/盯、挠、踢……）

（相互交流、分享、补充）

师：刚刚你们都找到了小猫玩球的动作，现在请你把找到的动词按先后顺序排一排。

（看视频……）

师：现在我们通过再次观看视频核对自己的动词顺序。

（利用"一对一"环境下数字化学习终端将视频发给学生，供学生反复观看填写学习单。）

2．定格观察。

（1）课堂练习。

师：老师这里也选取了六个小猫玩球时特别可爱的动作，我们一起来看一看。（出示小猫玩球时的六个动作图片）请你给这六个动作配上最准确的动词。

（利用"一对一"数字化环境下学习终端给学生发布学习任务，让学生完成课堂练习。）

小猫玩球时的六个动作：推—抱—挠—咬—躺—盯。

（2）说一说。

师：从以上六个动作中挑选一个你最喜欢的动作说一说小猫是怎样具体玩球的？

（相互交流讨论）

预设1：推。

师：小猫是怎么推球的？

生：小猫慢悠悠地推着球散步呢。

生：小猫抱着这个球推来推去，在比谁的力气大呢。

预设2：抱。

师：小猫是怎样抱球的？

生：小猫用两只萌萌的小爪子紧紧地抱着球滚来滚去，不愿撒手。

预设3：躺。

师：小猫是怎样躺下去的？

生：小猫抱着球软绵绵地躺下去了，感觉球是它的枕头。

预设4：咬。

师：小猫是怎么样咬球的？

生：小猫津津有味地咬着球，好像在吃一颗大蓝莓。

（3）好词积累。

师：刚刚你们都说得非常好，还说了许多好词，现在请你挑选几个好词写在你的学习单上，或者把自己现在想到的好词写下来也可以。

（如：摇头晃脑、专心致志、目不转睛、津津有味……）

（4）联想。

师：请同学们看到小猫玩球的最后一幅图，想象小猫盯着这个球可能会想些什么呢？（联想）

生：小猫目不转睛地盯着这个球，想：你真调皮，害得我老是抓不到你。

师：非常棒，这就是我们今天要学习的另一种动作描写的好方法：联想，通过联想来突出小猫的心理活动，会让你的表达更生动。

（三）小组合作讨论

师：通过小组合作讨论，按顺序完整地说一说小猫玩球的过程（出示小组合作的要求）。

（1~2个小组代表发言）

师小结：同学们，刚刚你们都说得非常好，但是由于时间关系，还有的同学来不及说，现在就请你们写下来，在写小猫玩球的动作时，要按照一定的顺序写，在合适的地方加入合理的想象。待会儿我会抽选两位同学进行交流展示，开始吧！

（四）习作动笔

写一写小猫玩球的过程，要求如下。

1. 按顺序写出小猫玩球过程中的动作。
2. 可以加入自己的想法，让表达更生动、具体。
3. 可以加入平时积累的好词。

（五）评讲（围绕观察是否细致）

1. 分别抽一学生进行片段展示，说一说该生哪些地方写得好？
2. 指出不足：哪些地方没写清楚？请你帮帮他。
3. 还可以观察什么？

（六）总结

师：刚刚我们通过用眼睛看、用脑袋想的方式，仔细观察了小猫玩球的过程，用上了一系列的连续性动词，并且加上了自己积累的好词，在合适的地方加入了自己的想法，让我们的表达更加生动形象，这就是我们常常会运用到的动作描写。

（七）作业

请同学们把上节课小猫的外貌描写和这节课小猫玩球的动作描写整合、完善成一篇结构完整的习作。

（八）板书

小猫玩球

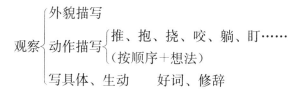

七、教学反思与改进

对于学生生成性问题的回答，引导还不够，今后对于学生问题的回答应更注意个性化的引导方式。

成都市泡桐树小学西区分校　谢海霞

如歌母语之《江南春》吟诵教学设计与反思

一、教材分析

《江南春》是统编教材六年级上册的诗歌,《江南春》是唐代著名诗人杜牧的名篇,诗人描写了秀丽的江南景色,同时也讽刺了封建统治阶级的所作所为。

这首七言绝句共四行诗句,写得有声有色,有静有动,有景有情。诗歌先扬后抑,前两句描绘了江南莺歌燕舞、万紫千红的春景,对江南充满了欣赏和赞美。第三、四句一变为"抑",江南一带还有大批寺庙建筑,在这春天迷蒙的烟雨中若隐若现。唐朝的帝王好佛,为此大兴寺院,弄得百姓不堪重负。诗人对这些不顾人民疾苦、伤财劳民之举持反对态度,忧国忧民之心溢于言表。

自古汉诗文皆吟咏。吟诵是中国传统的读书法,用这种方式来读书,每一篇古诗文都是一首入情入心的歌。借助母语的声音,我们可以情通古人,与古圣先贤对话。

《江南春》是一首七言绝句,按照唐诗产生时代的中古音来读,平声低沉,仄声高短,入声最短,每一个高低长短的读音都饱含着意义。

二、学情分析

本班学生五十五人,用吟诵的方法学习古诗文,至今已经四年了,孩子们已经拥有见到诗歌就能按照吟诵规则判断文体并吟唱的能力。

在国学经典方面,学生吟诵并学习过《三字经》《幼学琼林》《声律启蒙》等蒙学经典,也学习过《孝经》《大学》等儒家经典,目前正在学习《论语》;在诗词方面,学生们从一年级学习精选的古代歌谣,到后来学习短小的《诗经》篇目,随着二十四节气走过了一轮诗词课程,每个节气平均学习了八首诗词,有一定的量的积累。

同时,学生们也有一定的吟诵基础,能在理清文意的基础上,按照吟诵理解诗歌声音意义的原则,如高是强调,长是延展,开是开朗,闭是抒情来充分地理解诗歌声音的含义。

三、教学目标

1. 认识本课生字，能正确读写词语，背记诗歌。

2. 借助注释了解诗歌字面意思，借助吟诵，入情入境，体会作者表达的思想感情。

四、教学重点

1. 通过吟诵符号帮助诵读古诗，理解诗意。

2. 借助吟诵体会诗歌描绘的画面，感悟体会作者想表达的思想感情。

五、教学难点

理解诗歌对统治阶级的鞭挞。

六、教学准备

多媒体课件。

七、教学环节

（一）复习导入

1. 孩子们，今天，我们来学习一首六年级的诗歌——《江南春》。请读课题。

2. 让我们一起回顾学过的诗词中江南的美景吧。

（1）两千多年前，摇着木铎的采诗官看到的江南是——课件出示：江南可采莲，莲叶何田田，鱼戏莲叶间。学生吟诵。

（2）一千多年前，宋朝诗人杨万里看到的江南是——课件出示：毕竟西湖六月中，风光不与四时同。接天莲叶无穷碧，映日荷花别样红。学生吟诵。

（3）在诗人杜牧的眼里，江南又是怎样的呢？今天让我们走进他的诗歌《江南春》，去感受他笔下别样的江南美景。

（二）初读课文（一读字音正、节奏明）

1. 标平仄，自读诗歌，读准每个字的字音。

（1）过渡：今天，我们继续用汉诗文传统的读书方式——吟诵来学习这首诗歌。

（2）这是一首绝句，属于格律诗，非常讲究平仄格律，请孩子们按照"入短韵长，一三五不管，二四六分明"的吟诵规则标出这首诗歌的平仄符号。

（3）请看，老师把这首诗的入声字都标出来了，请你在语文书上标出平仄符号。

（4）请对照老师的标注，修改一下你自己的标注，再自己诵读一下，读准诗歌的字音，读出诗歌平长仄短的节奏。

2. 反馈，指生读诗歌，集体正音，感受诗歌的节奏。

（1）指名读。

师：有没有小朋友主动来尝试诵读一下？我们大家听听看，他是不是读准了字音，读出了节奏？

师生正音，正节奏。

（2）集体读。

师：让我们一起来，用手划出平长仄短，用声音表达这首诗歌的正确节奏吧。

（三）再读诗歌（二读解文意）

1. 过渡：孩子们诵读得真好，长短高低起伏，这首诗歌真正的节奏就读出来啦。

2. 现在，请孩子们结合注释，和同桌一起，用自己的话来说一说这首诗歌文字的意思吧。

（1）出示注释，学生同桌说诗意。

（2）指名说：哪些孩子愿意来分享一下你的理解？

（3）理解了诗歌的字面意思，我们能读得更好了。

（四）细读课文（三吟悟画意感诗情）

1. 过渡：孩子们，学习了吟诵，我们都知道，我们汉语的诗歌，除了文字字面的意思，它的声音也在表达着诗情画意。现在，让我们随着吟诵的声音走进诗歌。

2. 回顾品评声音意义的原则。

师：诗歌的声音不是随便来理解的，按照唐诗产生时代的读音叫中古音，平声低沉，仄声高短，入声最短，每一个高低长短的读音都饱含着意义。

3. 请孩子们听老师吟诵，也可以自己吟唱反复品味，看看你能通过吟诵看到什么样的画面，体会到什么样的情感，把你的体会批注在旁边（课件出示：高是强调，长是延展，开是开朗，闭是抒情）。

4. 反馈。

第一句：千里莺啼绿映红。

（1）谁来交流一下，通过吟诵声音的描绘，你看到了哪些画面？感受到了作者什么样的情感呢？

以下仅供参考，学生能理解到哪种程度就是哪种程度。

莺啼：长音，到处都是黄莺的啼鸣声啊！黄莺怎么叫啊？回忆一下：滴哩哩哩哩哩哩，还有那会唱歌的小黄鹂！这个闭口的 i 韵也在模仿黄鹂的啼鸣声呢。

（师评：孩子你是杜牧的小知音啊，通过吟诵，你已经体悟到了长音延展的意义，在这里表示的是极多（板书：多）啊！你能吟诵出自己的收获吗？）

绿映红：一个高而短促的入声字和一个由极高到极低的去声字，声音很高，好像在说绿少红多啊！

（师评：亲爱的宝贝，鲜花是这个世界上最灿烂、最美好的生命啊，你感受到了好一片明丽鲜艳、万紫千红、生机勃勃的春色啊！请吟诵一下，尽可能把你的理解表达出来。）

（2）杜牧来到了江南，耳朵里听到的是——（板书：莺啼），眼里看到的是——（板书：绿映红）。所以，这句话是从（板书：听觉和视觉）两个角度来描绘了美丽的江南春景。

（3）请孩子们自己吟诵，你认为怎样能表达你的理解，你就怎样吟诵。

第二句：水村山郭酒旗风。

（1）过渡：杜牧不仅看到了江南的春色，还看到了江南独具特色的景象。请孩子们自己吟诵一下第二句诗歌，检验一下自己刚才感悟到的画面，愿意来分享的欢迎来分享。

（2）谁来分享一下，通过吟诵的声音，你看到了什么画面？

以下仅供参考，学生能理解到哪种程度就是哪种程度。

水村：到处都是水村啊，范围很广阔啊（师评：你真聪明啊，从延展的长音中感受到了水村的广阔。板书：广。把你的感觉读出来吧）。

酒旗—风：酒旗一直在风中飘扬啊（师评：你有一双慧眼，从延展的长音里看到了招展的酒旗飘得很久，是呀，长音可以表示长久的时间。板书：久。把你的感觉读出来吧）。

（3）孩子们一起来吟诵这两句吧，让我们一起来感受一下江南美丽独特的春天吧。

第三、四句：南朝四百八十寺，多少楼台烟雨中。

（1）过渡：来到江南的杜牧，听到了黄莺婉转清脆的啼叫，看到了绿少红多的美丽春色，看到了水乡处处酒旗飘扬，他还看到了什么呢？请孩子们再吟诵一下三四句，找一找。

指名说。

学生找到长音的"南朝"，说明时间比较长。"楼台"比较多。

（2）请再读一下第三句："南朝四百八十寺"，你感觉读起来怎么样？指名说：别扭，不舒服。

（3）是什么造成的这种感觉呢？是呀，在这里，我们发现诗人用了很多的入声字，入声字平常表达哪些情感呢？复习吟诵一下《古朗月行》。这里的入声字表达的是轻快的、活泼的感觉。再复习一下《江雪》，这首诗的入声韵又表达的是什么情感呢？痛苦、压抑、愤怒的感觉。

（4）这么多的入声字，在这里表达的究竟是什么情感呢？孩子们可以再吟诵感受一下，和小伙伴们讨论一下。

指名说，如有争议，暂时不做评论。

（5）让我们来回顾一下南朝的社会背景和作者当时所处的环境。

（出示背景：公元420至589年，东晋以后隋代以前的宋、齐、梁、陈四个朝代，总称南朝。南朝历代都盛行佛教，兴建的寺院很多，人们把希望都寄托在神灵的身上，耗费了国家和人民大量的财物。）

据传，南朝的宋朝有寺院一千九百十三所，齐朝有寺院二千零十五所，梁朝有寺院二千八百四十六所，陈朝有寺院一百零八所。京城南京市，据说有五百多座佛寺。

杜牧生活的晚唐时代，唐王朝藩镇割据、宦官专权、牛李党争……一点点地侵蚀着这个大唐巨人的身体。比杜牧早一些的唐宪宗时期，为迎接据说是一段佛祖的骨头，劳民伤财，韩愈上《谏佛骨表》劝阻，被贬到潮州，险些丢了性命。孩子们还记得韩愈的诗歌《左迁至蓝关示侄孙湘》吗？一起来吟诵一下吧。

宪宗后来依然没有采纳韩愈的意见，一心礼佛，后来被太监杀死，后继的文宗、宣宗照例提倡佛教，战乱不断，民不聊生。

（6）杜牧就生活在这样的年代。他现在看到南朝兴建的这些寺庙，想到的会是什么呢？（大兴土木建寺庙，劳民伤财，那都是百姓的血泪。）

这里的入声字，诗人表达的是什么样的感情呢？指名说（板书：愤懑）。

（7）让我们一起来吟诵一下，感受诗人内心的痛苦和愤怒吧。

（8）这么多的寺庙，又有什么意义呢？看，都如过往云烟，消失在朦胧的江南烟雨中了。孩子们，让我们一起吟诵最后两句诗歌吧。

（五）总结

1. 吟诵背记。

孩子们，让我们把杜牧这首饱含深情的诗歌背记下来吧。能背的起立，不能背的看大屏幕吟诵。

2. 总结。

亲爱的孩子们，一切景语皆情语。吟诵让我们借助母语的声音，与一千多年前的诗人对话，体悟诗歌描绘的画面和表达的深情。让我们一起继续歌吟学习美妙的诗歌吧。

八、板书设计

九、教学反思

《江南春》原是六年级上册的一首诗歌，我们吟诵教学课题组老师打算以此诗为基础，探寻语文古诗吟诵教学的范式。

在大家都比较困惑的情况下，我尝试在本人所教的四年级班级来教学这首诗歌。

在教学设计中，我首先考虑到课题组新进教师对吟诵教学还比较生疏，需要展示吟诵教学的各个训练点，而这在平时是需要一课一得，用一定的时间来训练的。

再结合学生古诗文吟诵学习已经第四年了，有了比较充分的积淀的学情，我设计了教案。

正式教学时，在课题组老师的见证下，我比较流畅地执行了教案。孩子们在注释、声音理解诗意方面有许多可圈可点的地方。我所有的预设都让学生表现出来了并且有所升华。

最让我记忆犹新的是孩子们对"南朝四百八十寺"这句诗歌中入声字的领悟。这句诗是一个拗句，而且拗而不救。另外，三个仄声字收尾，完全不符合绝句的规则。跟孩子们不能说拗救、三仄尾这些名词，但孩子们从声音里就感觉到七个字里有连续的三个入声字"百""八""十",非常不协调,读起来也非常拗口。那为什么大诗人杜牧居然写出这样的诗歌来呢?孩子们展开了辩论。但大家都肯定是杜牧有意为之。原因何在?最后大家都聚焦在入声字的理解上了。

我引导孩子们先复习《古朗月行》(节选)里的入声字,孩子们体会到了"轻快、活泼"的感觉,接着复习了《江雪》,孩子们感受到了入声字带来的"痛苦、压抑"。可是在《江南春》里的这句"南朝四百八十寺",到底该是哪种情绪呢?

孩子们依然有分歧,各执己见。有的认为,结合前两句花红柳绿、莺歌燕舞的景象来说,这里似乎还是在描绘美景,所以应该是轻快的感觉。有的孩子说,读起来一点都不轻快啊,可是也讲不清楚道理,场面陷入僵局。我提醒孩子们:"有的寺庙不就是与佛教有关的吗?还记得韩愈反对迎佛骨被贬谪到广东的事吗?"我出示学生们已经学过的韩愈诗歌《左迁至蓝关示侄孙湘》,很多孩子一边吟诵复习,一边点头。我又趁机出示了南朝和唐朝佛教的背景情况介绍,再问孩子们:杜牧就生活在这样的年代。他现在看到南朝兴建的这些寺庙,想到的会是什么?孩子们顺着思路,自然就想到了"劳民伤财",这里的入声字,诗人表达的是什么样的感情呢?孩子们说,百姓痛苦,杜牧也痛苦,百姓难受,杜牧很气愤。所以,这两句诗饱含了杜牧忧国忧民的愤懑情绪。于是板书水到渠成:愤懑。教学难点顺利突破。

但教学过程还是有不足之处,教学时间超出了五分钟。主要是标平仄的环节,对我们班的孩子来说完全是多余的,因为孩子们早在预习的时候就标好了,根本没有必要为了给老师们展示流程进行这一步。以后即使是教学范式的研讨,也一定基于学生的情况来设定,没有必要浪费孩子们的时间。

成都市泡桐树小学西区分校　马凡美

《阅读策略建模——走进神话故事》
单元教学建模教学设计与反思

一、教学内容分析

1. 本节课选自统编教材语文四年级下册第四单元。

2. 第四单元整体目标解读(如图6-8所示,见表6-1)。

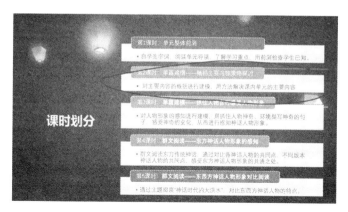

图 6-8　内容的单位作用、联系

表 6-1　单元各内容对学生建构知识结构与体系的影响

	语文素养积累	方法技能学习		思维能力情感培养	达成效果
字	认识三十一个字 会写三十二个字 学习三个多音字	课前：有意识　主动归类识字			独立学习 正确率高 交流积极 兴趣很高 方法多样 节奏很快
		归类学习	"三点水""心字底" "提手旁"的字	故事多与环境、人物心情 和动作有关，这是学习时 需要重点关注的地方	
		形近字辨析：	街—街　缓—暖 竭—渴　曰—日 黑—竖		
		易错字识记	劈下面是刀 茂最后一笔有点		
词	积累词语 四十个以上 常见神话衍生出 的成语六个以上	课前：主动勾画　整理积累 课中：随文赏析　对比思考 课后：拓展阅读积累			课前先学 分享交流 侧重总结 方法 铺垫故事 要素 鼓励发现规 律进行再造
		归类学习	与环境有关的词语 与人物心情有关的 词语 与人物动作有关的 词语	对于讲故事文章，着重关 注哪些词语？（人物、环境） 还可以搜集哪些词语呢？ （情节精神）	
		近义词辨析：	随文比较感受	这个词语可以换成别 的吗？ 还可以怎么说？	
		成语积累	调动已知 互相推荐补充 发现规律进行创造	你还知道哪些神话故事？ 这些神话故事的词语有什 么共同点（谁做什么）？ 给《普》换个题目——天 神盗火	

续表6－1

		语文素养积累	方法技能学习	思维能力情感培养	达成效果
句		学习环境、人物描写的句子	课前：勾画喜欢的句子，自己感受	句子的内容和表达方法有什么特点，值得喜欢？	课前先学批注课中交流整理批注
			课中：交流感受，进行归类	同样是描写环境/人物的句子，更喜欢哪一个？为什么？	
			课后：抄写、仿写、补写		
段		不同文章中对重点的处理手法	课前：读通读顺	三种文体有什么不一样的地方？	课前自学找出最打动你或者最神奇的段落进行批注
			读读		
篇		把握要素复述课文主要内容关注重点情节，感受人物形象，对比人物形象，感知东方神话文学中人物精神内核	课前：填写表格 找到要素进行复述 自读文本，找到触动点，想想哪里触动了你，你想到了什么 针对触动点进行提问	讲一讲故事哪里最打动你？为什么？你从中感受到什么？你有什么想问的？	课中交流，联系生活想象画面对比写法，感受变化的神奇 单一人物形象对比，感受多角度评价人物 同类人物类比，揭示"英雄"的含义 不同类的人物对比，感受神话流传中各种版本的编写意图
			课中：交流触动点，认可的补充，不认可的表达自己的观点 交流提问，互相解答 渐渐感受人物形象 再阅读同类文本，找到人物形象的共同点	静静地听，你也有相同的感受吗？或者不太一样的想法？ 这些问题，我们整理后，你可以帮助他吗？ 整理后，本单元的这些神话人物给你印象最深的是谁？他是什么样的人？ 对比两个版本的哪吒，人物形象发生了很大变化，有什么是没有变的？ 哪吒和文中这些人物又有什么不同的地方？	

3. 第四单元神话单元群文阅读课时划分（如图6－9所示）

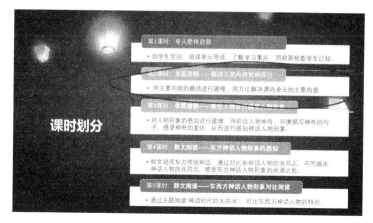

图6-9 本单元课时划分及本课所在位置和关系

二、学习者分析

（一）媒体技术操作方面

本课的受众是四年级的学生，从一年级开始，他们每个人都配备了平板电脑，通过智慧教育互动平台进行学习。经过一段时间的学习，学生已经体验了一段时间"一对一"环境下的学习，有一定的倾听习惯和能力，能够主动积极地从他人的收获中获得启发，产生新的疑问，善于使用平板电脑进行引入、互动、探究、展示、新生资源。本课堂着重展示"一对一"教学环境中中段学生的课堂资源的生成、核心问题的讨论、他人收获的评价和回应，从而推进课堂解决重点、突破难点的过程。

（二）单元整体学习方面

学生从二年级上册起，便由本课的授课老师带着以单元为整体对文本进行解读，通过两年多的学习，逐步形成"解读单元主题——明确单元重点——自学单元基础知识——建立单元学法模型——突破课内重点问题——拓展课外类型资源——总结自我感受"这样的一种单元整体学习的模式。从2018年以"丁丁冬冬学识字"单元整体参加新媒体新技术大赛并获奖到现在，学生在学习上保持了较高的积极性，基础知识自学效果较好，目标明确清晰，善于运用观察、类比、总结、概括、推理等探讨学法，本课着重展示学生通过观察、类比，总结课题概括法的规律并且实践运用的过程，通过对比发现课题法使用的局限性，通过提取信息推演出多事件拼接法从而解决重点、突破难点，探究第四单元所有课内文章主要内容的过程。

学生从二年级上册起，本课老师便尝试采用前测——中测——后测的方式对其进行教学，仅前后三测的任务题单，就有近四个容量的任务题单。本课老师也凭借这些研究成果获得区级科研课题一等奖并被推送到成都市市级课题进行甄选，这种学习模式也引起了很多老师的关注，因此本课老师同时还接待了前来观摩的全国各地老师。

互动平板电脑上有大量各种类型的整体学习任务。学生非常善于通过这样的学习方式进行探究式学习，形成了环环相扣、互为生长的智慧学习云课堂，组建了多层次、多方位的学习共同体，如图6-10所示。

图6-10　学生在课堂内外形成的共同学习模式

三、学习目标

（一）课时划分

单元一共5~6课时，本课是第二课时（如图6-11所示）。

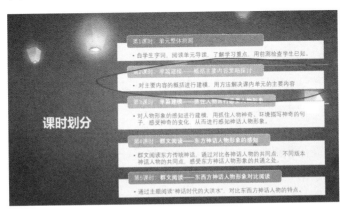

图6　11　单元课时划分，本课在单元的位置（二）

（二）核心目标——单篇建模

在三年级的基础上巩固用六要素复述主要内容的方法，学习用课题法归纳主要内容的办法，学习用多件事情拼接归纳主要内容的方法，并将这几种方法进行比较，探讨什么类型的文本采用什么方法归纳主要内容的优选方案。

（三）学习目标

第二课时，群文阅读策略建模——走进神话故事（主要内容）。

教学目标：

通过回顾《盘古开天地》的主要内容，获得复习巩固因果法概括主要内容的体验，提高概括主要内容的能力。

通过分析四单元课题，能感受神话故事题目的结构特点，体会学习使用课题法概括文章主要内容。

通过阅读《普罗米修斯》的内容，尝试使用多事件拼接法概括文章主要内容。

通过对比四单元课题，探讨哪种概括法适用于哪种类型的文章，发展合作学习的能力。

通过拓展神话阅读，感受神话世界的博大精深，激发学生阅读神话的兴趣和动力。

四、教学重难点分析及解决措施

（一）教学重点

1. 复习巩固因果法概括主要内容。

2. 用解构课题的方式，探究课题法概括主要内容的方法，用类比的方式感受课题法的局限性。

（二）教学难点

1. 通过整理发现《普罗米修斯》一文与其他神话故事不同的文本特点。

2. 通过讨论探讨《普罗米修斯》此类多事件文章概括主要内容的方法。

3. 通过对比探究不同概括法适用的文章类型。

五、学习资源及技术使用说明

（一）教学过程设计

1. 教学策略设计（见表6-2）。

表 6-2　教学策略设计

课时	环节目标	课前	课中	课后
第一课时	整体导入,扫清字词障碍,读通、读顺课文,理清课文六要素	1. 自读课文 2. 自学生字词 3. 完成整体预习单4-1	1. 整理单元主题 2. 确定单元主要学习任务:讲故事,谈人物 3. 整理信息六要素	完成预习单4-2 1. 试讲《盘古开天地》主要内容 2. 自读文章,谈谈初步印象 3. 观看79版哪吒
第二课时	单篇建模,在三年级的基础上巩固用六要素复述主要内容的方法,学习用课题法归纳主要内容的办法,学习用多件事情拼接归纳主要内容的方法,并将这几种方法进行比较,探讨什么类型的文本采用什么方法归纳主要内容的优选方案	完成第一课时课后预习单4-2(见资料集)整理本单元四篇课文的六要素并且尝试自己说说《盘古开天地》的主要内容	以学生前测的数据中的高频词形成云图,通过整理云图的信息复习"因果法"概括主要内容,通过观察课题发现课题法概括主要内容,并用学生事先自学阅读的神话故事进行课中测,通过阅读探讨多事件拼接法并进行对比,探讨各概括法适用的文章类型	自行学习练习用多种方法概括主要内容在理解课文主要内容的基础上,谈谈《盘古开天地》中你觉得最神奇的地方
第三课时	单篇建模:提取关键词联系生活或者已知,展开想象。感受神奇之处,并且进一步感知人物的精神和神话故事的特点,学习阅读神话的方法:抓人和事的神化过程感受人物精神	1. 完成预习单4-2试讲《盘古开天地》主要内容 2. 自读文章,谈谈初步印象 3. 观看79版哪吒	学习单篇神话故事的阅读方法:《盘古开天地》 1. 在重点段落中提取关键词,联系生活想象画面 2. 将人物行为和事情变化合起来感受神化过程中凸显的人物精神	完成预习单4-3 1. 自读课内三篇神话 2. 关注最打动自己的段落,想象画面 3. 从人物的行为和事情的发展变化中谈谈对人物的认识和感受
第四课时	群文建模,用第二课时的阅读方法阅读课内三篇文章,汇报感受后进行比对。学习群文阅读神话的方法:比对同类人物形象——感受人物精神"英雄"的意义比对不同人物形象、比对不同时期的故事版本——感受加入心理补白后对人物形象的提升学习阅读多篇神话	完成预习单4-3 1. 自读课内三篇神话 2. 关注最打动自己的段落,想象画面 3. 从人物的行为和事情的发展变化中谈谈对人物的认识和感受	1. 交流阅读后的感受 2. 单一人物感受对比:以《普》为例,综合人物形象,用句式说话 3. 同类人物对比感受:对比《普》《女》人物形象的共同点,感受英雄神话中英雄的精神意义 4. 不同类人物对比感受:讨论精卫是英雄吗?对比不同版本的《精卫填海》,感受内心补白对人物形象的作用	完成预习单4-4 1. 总结学法 2. 主题研读《神话中的大洪水》

续表6-2

课时	环节目标	课前	课中	课后
第五课时	群文阅读实践,用二三节课学到的方法进行主题式神话故事的研读活动——各民族神话中的"大洪水"。感受东西方神话故事和人物形象的异同	完成预习单4-4 1. 总结学法 2. 主题研读《神话中的大洪水》	小组展示汇报主题阅读的成果 感受东西方神话的异同 把自己加入故事情节里进行想象	完成预习单4-5

2. 教学流程设计(见表6-3)。

表6-3　教学流程设计

教学环节	起止时间	环节目标	教学内容	学生活动	媒体作用及分析
1	4'11—6'27	引入课题:解构单元主题	板书神话,哪一个字能概括出这些文章的精髓?	举手发言:神 神组词,神仙——故事中的人物 神奇——故事中的事情	
2	6'27—10'47	出示前测:通过类比复习巩固因果法概括主要内容	出示前测: 哪一位同学的主要内容概括得更好一些?	选择你觉得好的主要内容并说说理由	1. 出示前测:展示课前也就是第一课时的学习效果 2. 截图发送单选,用学生资源进行对比选择
3	10'48—13'12	出示云图:通过整理高频词对照检查因果法的六要素	出示云图:图上是学生常用的一些词语,对照检查一下,信息完整了吗?	检查并勾画:六要素是否完整	1. 出示云图,展示学生自行学习的成果,并利用成果形成课内资源 2. 通过勾画检查对高频词进行分类整理
4	13'13—16'22	利用云图整理信息连词成句说说《盘古开天地的主要内容》	出示云图整理信息:学生能把这些要素连起来说一说吗?	观看云图,说说主要内容并进行评价。总结因果法	出示云图分类整理的结果,让学生连词成句,并且根据要素总结学法
5	16'23—18'45	利用本单元的课内课文课题发现课题规律	出示课题:这些课题有什么共同点?(规律)	观察课题并进行勾画,寻找共同点:谁做了什么?涵盖了人物和做的事	1. 勾画:结构题目发现规律 2. 抢答:激发探讨的热度

续表6-3

教学环节	起止时间	环节目标	教学内容	学生活动	媒体作用及分析
6	18'46—23'49	尝试用课题说说主要内容	出示课题:你能用课题说说这些文章的主要内容吗?	1. 用课题说一说内容,发现一头一尾要加时间和结果,总结出课题法的公式 2. 用公式说说本单元其他课文的主要内容	1. 出示课题:进行比对,从而推导出课题法的公式 2. 出示公式,马上实践用其他课题概括主要内容
7	23'50—25'25	拓展用课题法说说其他课文的主要内容,选择哪些课文适用课题法	挑战升级:这些是你们之前读过的神话故事,哪些可以用课题法概括	讨论并勾画:可以用课题法概括的神话故事	1. 出示学生前测资源,利用前测进行课中测 2. 勾画并进行分类整理
8	25'26—28'17	读书判断《普罗米修斯》能不能用课题法概括	读一读,思考《普罗米修斯》能不能用课题法概括	讨论《普罗米修斯》不适用课题法的原因,发现该课文写了多件事情的特点	1. 读书,对比异同 2. 用手机拍照展示
9	28'18—39'20	探讨用拼接法概括《普罗米修斯》的主要内容	整理《普罗米修斯》一文写了哪些事,可以怎么连起来说说主要内容呢?	1. 读文整理事件取小标题 2. 用互动题板拼一拼整理出主要内容 3. 交流自己拼接的过程中的发现和感受	1. 出示事件,帮助学生整理事件成小标题 2. 发布互动题板,让学生自己动手拼一拼 3. 用屏幕广播请同学交流感受
10	39'20—42'10	总结探讨各种方法适用的文章总结	今天我们学习了三种方法,哪些课文适用什么方法呢?	总结发表自己的感受	

六、作业设计

1. 用课堂中学到的方法,概括本单元其他课文的主要内容。

2. 对比这些故事中的人物,说说谁给你留下了深刻的印象,为什么?

七、板书设计

阅读策略建模——走进神话故事(第二课时)板书设计,如图 6-12 所示。

图6-12 阅读策略建模——走进神话故事(第二课时)板书设计

语文教学中，随着年段的提高，如何用新技术支撑学生的学习活动，将他们抽象的思维轨迹具象出来成为重要的课题，这里我们采用云图事先收集，和互动题板当堂展示的方式，接下来如何能够看出学生思维的流动和碰撞带来的变化，如何即时、全面展现思维延展碰撞变化的过程，并且可以不断加入新元素，这一点是我们新技术运用中接下来需要思考的方向。

成都市泡桐树小学西区分校　许丹

该课例于2019年获得新媒体新技术赛课二等奖

专注当下，保持思考

前言：突如其来的疫情教会我们一件事情，无论身处何处，思想都需要不受枉梏！面对今年突如其来的疫情，教育不由自主地面临着必须要调整的改变。我们作为一线的教师在疫情防控面前，由最开始的不适应到逐步地开始面对和专注于当下的思考，再到后来借助新技术、新媒体的支撑来展开教学。在这样的疫情倒逼形势下，我们开始静静地思考和实践其实早就应该着手的面向未来的教育反思和改变：如何借助在线的形式做好充足的准备？如何抓住学生？如何让课堂有效率又能够落实？如何让师生、生生之间达成互评共享的学习空间？这对于我们已经习惯线下教育的老师来说，无疑是一件极具挑战性的事情。而我们做了这样的一些思考和尝试。

一、专注当下——用平板电脑与学生们对话

（一）对学生——平板电脑三"SHI"

1. 实

之所以选择优学派，是希望和学生进行真实的对话，学生接受到任务，完成后提交，没有求助于家长帮忙转达，这也就是基于学生真实阅读理解水平下的学习，如图6-13所示。

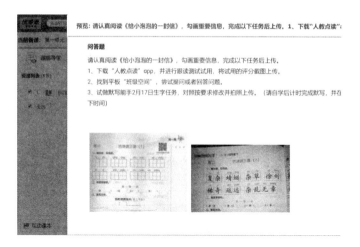

图 6-13　初期通过平板电脑发布的作业说明

　　我们可以看到，作业的最初，我们班上还有学生读题读不完整，无法理解作业要求，如图 6-14 所示。

图 6-14　作业达成率

　　于是在后面，我专门设计了读的作业："认真读一遍下面作业的要求，然后说一说今天的作业有几个任务，分别做什么，把读题和说题的录音上传。"希望用读的作业来促进学生理解。经过一周左右的训练，大部分同学都能够较为完整地读题，理解题意后按要求上交作业，学习的正确率也在不断提升。这个时候又利用平板电脑进行分组，进行单独帮扶，如图 6-15 所示。

图 6-15 平板电脑分组式合作学习

2. 时

学习应该有一个独立的区域，如果在 QQ 上进行讲解，还需要由家长转达给学生。而很多家长已经奔波在工作单位，回家再次传达已经很晚了。我利用退回功能，首先针对读题或者操作有误的学生进行及时反馈，学生马上重新检查，重新提交，后来也有学生提交后有了新想法，主动联系老师撤回，如图 6-16 所示。

图 6-16 退回功能的时效性

平板电脑成了我和学生们交流联系的工具。设定交作业的时间，老师通过批改作业会发现学生学习的问题，及时调整教学进度。

3. 什

作业的开放性，让学生可以上传自己的学习成果。学生的表达丰富多彩，不仅仅只有作业，有的学生每天还上传详细记录的课堂笔记，有的学生展示自己的工整作业，有的学生交流自己的反思发现。学习的丰富性充分展现，如图6-17所示。

图6-17　平台互动中学生的学习丰富性展示

二、保持思考——用平板电脑与自己对话

（一）对自己——平板电脑两"si"

1. 私

这个时候的学习，模式化能让学生在规律中更简洁高效地完成学习任务，但是每个学生和每个家庭是完全不一样的，学习环境和学习力的生长也是完全不一样的，即便是同一家庭里面的姐妹，呈现出的作业也迥异不同。我们隔着屏幕，还能感知到学生们学习的需要，观察到学生们思维规矩吗？

利用学生上传的作业的内容和时长了解学生的学习需求。

在第一周的学习中，发现学生朗读的时候出现字音不准的问题，于是及时用班级空间进行交流指导，并且把下一周读第二单元的任务，调整成读第三单元的诗歌，继续纠正学生的发音，利用评语和班级空间和学生进行交流，如图6-18所示。

图 6-18　平板电脑反馈、统计数据下更客观的任务调整

在学习过程中，学生们提出了一个问题，到底是"树上花落"还是"树上新绿"，我们利用班级空间展开了讨论。

不仅如此，学生们也在主动提问，我们引导学生互相解答，这样能够及时解决问题。让每个学生的需求得到解答的同时，学习资源不断生长，学习不断延伸，如图 6-19 所示。

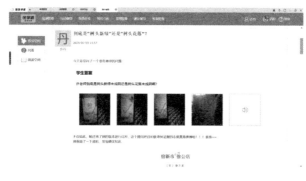

图 6-19　技术支撑下的学习延展

2. 思

选择平板电脑，正是由于它能够以结构化的视角，让我站在宏观的角度，每一段就审视目的，不断地优化程序，建立模块。

第一阶段——平稳期，选择的是朗读和默写基础任务，我在这个时候重点强调对学生字音和字形的指导，强调的细，如图6-20所示。

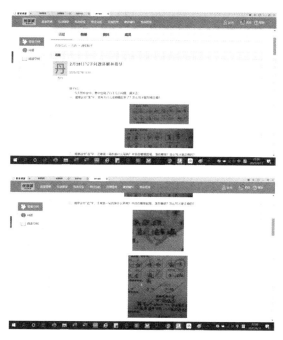

图6-20 初期学习问题的细致指导

第二阶段——过渡期，选择的是日常任务和主题任务搭配，这个时候我的重点在对文本的自学和课后改错上，强调对学生自学方法的巩固，如图6-21所示。

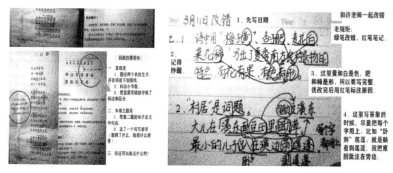

图6-21 过渡期自学引导和示范

第三阶段——现行期，选择的是预习和网课笔记加作业检查改错搭配，我在这个时候重点对听网课记笔记的学习方法进行了强调，如图 6-22 所示。

图 6-22　指导学生如何听、记网课笔记

三、对未来的思考

在这个时代，知识是一种熵增，思考就是将这种不断增加混乱的过程逐渐整理，保持干净和整洁的过程。利用平板电脑，很好地帮助了我在无比多的信息中发现规律，将无序转变为有序，甚至可以做出预测性的规划。

这样的过程不仅仅是让形式、媒介、内容、载体……这些外在发生变化，更是立足于学生观，着眼于发展前瞻的教育理念、教育思维上的冲击和新的认知、调整。就像技术虽然是在线教学中的基础之一，但只有与教学融合在一起，为学生的发展和共享发挥作用时，它的价值才得以体现，那这何尝不是这场疫情带给我们的不一样的珍贵的教育成长经验呢，也让我们开始学习无论在何种环境中，都能不慌乱，专注当下，保持思考。

面对未来，面对瞬息万变的环境，也许我们更重要的是必须开始更深入地去思考学生能怎样利用最为广泛的学习资源、工具、应用程序、外部专家的指导、同侪互助等更为丰富和广阔的资源空间，从而创造个性化的学习体验，积累个性化的经验。这一切可能是发生在课堂上，也有可能发生在课堂之外的任何时空，这就是我们需要不断努力的方向。

成都市泡桐树小学西区分校　许丹　梁娜

"一对一"平板电脑教学环境下的小学语文低段识字教学研究

——以《丁丁冬冬学识字》为例

摘　要：《小学语文课程标准》指出："识字写字是阅读和写作的基础，是1~2年级的教学重点。"识字教学是低年级语文教学的重要内容，也是教学的难点。随着"互联网+"时代的到来，在"一对一"平板电脑教学背景下，本课根据低段语文识字教学实例，探讨如何遵循教学的直观性原则，综合运用交互式电子白板和电子书包两类新兴信息技术，恰当地运用平板电脑功能，使复杂、抽象的识字教学内容显得比较简单、明确、具体。

关键词："一对一"平板电脑教学环境　小学低段　语文识字

一、引言

识字是教学的重点也是难点，小学二年级的识字量是小学各年段中最高的，并且学生识字速度的快慢、识字方法的优劣直接关系到他们读写开始的早晚和阅读能力的强弱。因此，教师对学生识字能力的培养就显得尤为重要。在语文教学中使用优学派电子书包开展"一对一"数字化环境下的个性化教与学，教师"可以根据学生的认知水平设置不同的教学目标，利用课堂上人手一机的优势，让每一个学生都积极地参与整个教学的过程之中，实现师生、生生、人机之间一对一、完全个性化的教学互动，每个学生都能够得到更多被关注的机会"[1]，从而带给课堂全新的教学模式。

在识字教学中语文老师都会遇到的难题是学生记得快，忘得也快，所以教师要在教学中通过有效教学活动把学生对生字的瞬间记忆、短时记忆转换成长时记忆。以北师大教材《丁丁冬冬学识字》为例，探讨如何合理利用电子书包平台，让生字变得不再难记。

二、教学前测

教师发布课前导学作业：通过投票了解去北京旅游过的学生比例，并让学生投票选择比较了解的北京景点。让学生利用周末时间，通过多途径查找、了解首都北京的代表性景点，拍照上传或下载上传印象最深的一个景点图片，并配上简单文字说明，如图6-23所示。

图 6-23　课前导学

三、课堂教学

环节一：新课导入。

调用学生课前作业提供的去北京旅游的照片，利用学生真实照片从而导入新课，如图 6-24 所示。

图 6-24　导入新课

环节二：生字词初识。

通过课前作业投票题了解学生比较感兴趣的北京景点，并准备好相应景点文字卡片，让去过的学生代表选择文字卡片介绍参观过的景点，如图 6-25 所示，由学生利用自己的真实经历带领全班学生进入新生字词学习。

图 6-25 学生交流展示

环节三：生字词初练。

功能组件——互动题板。

教师在互动题板中设计好景点图片与文字（如图 6-26 所示），让学生把正确的景点名称与图片一一对应，让学生发现汉字的规律，唤起学生主动识字的情感，加深对词语的理解和运用。变识字教学为学生与生字交朋友，把识字教学与情感教育融为一体，让学生和生字交朋友，这样能有效地激发学生的情感。交朋友是小学生最乐意的事，在课堂上"交朋友"学生更是喜欢，所学的生字就是"朋友"，每一节课都有新的"朋友"，而这些"朋友"又将是他们今后学习、生活中的帮手，学生都会想方设法识记字形。一个个抽象的书面符号在学生面前活了起来，一一进入了学生的知识仓库。

图 6-26 互动题板

让学生通过一个简单的拖动图片小游戏活动，简单检测学生对本节课新生字词的初识情况。

学生活动：教师事先准备好本节课的主要难点字卡片，通过开火车的小游戏，再次加深学生对难点生字的印象。低年级学生识字学得快，忘得也快。如何解决这个问题？通过实践，我发现在识字教学中，最佳方法是让学生进入"游戏乐园"，使学生在轻松的氛围中，记住汉字，能有效地防止生字回生。例如"开火车"识字游戏。将同学们分成若干组，组成小火车，教师出示生字卡片，让一组同学按顺序认识汉字。哪个学生读错了，这列火车就不能开下去，发令停下来，修理好后才能继续往下开。这样既认识了生字，又培养了学生们的集体观念。

环节四：生字词检测。

功能组件——小熊射手（组词）。

教师创设小熊射手互动教学软件，检测学生对本节课重难点词语的掌握情况。一个个生字只是代表着一个个抽象的书面符号，教学时，如果不增加趣味性，学起来就枯燥无味。根据低年级学生顽皮、好动、活泼、好游戏的特点，我把游戏引进课堂，引导学生在丰富多彩的游戏中识字，寓教于乐，让学生真正喜欢汉字，对识字产生浓厚的兴趣。平时注意收集学生喜欢的游戏，精心设计运用于识字教学，根据课文要求，设计不同的游戏活动。

检测结束后，教师当即从平台自动统计结果中找出学生出错较多的词语（如图6-27所示），教师再带领学生共同攻克有问题的难点字词。

正确率：**97.4%** 平均用时：**32秒**

题号	题目	正确率
1	世 纪[航,朝]	86.7%
2	城 长[厂,阁]	97.8%
3	圆 公[城,商]	95.6%
4	雄 英[店,门]	97.8%
5	宫 故[纯,宁]	97.8%
6	央 中[金,帝]	95.6%
7	塔 电梯[阅,厅]	95.6%

图6-27 班级作业反馈

环节五：深化识字练习。

功能组件——互动题板。

教师把本节课带"土"的生字拆开，制作成互动题板，下发互动任务让学生通过拖动，自由组字，加强学生对本节课生字结构的训练，加深学生对生字的认识。识字教学中，通过简笔画、动作、语言等，创设情境，使汉字与事物形象地联系起来，能有效地提高识字效率。

四、拓展练习

功能组件——互动题板。

教师下发互动题板，给出一些四川有代表性的景点，让学生找一找，圈一圈带"土"偏旁的四川著名景点名称。在我们的生活中，汉字随处可见。商场、影剧院、医院、公园、汽车上、街道旁、电视上等，无处不是汉字，这就为学生营造了一个良好的识字环境。教师鼓励学生在生活实践中主动识字，学生借助已掌握的汉语拼音，并通过不断地看，不断地听，不断地问，在不知不觉中认识了不少汉字。结合平板电脑教学上传分享，拿到班里与同学交流，有的还能用学到的字组词、造句，并在写话、写日记中用上这些字词。这样，学生在自学、自悟的基础上，通过互相交流、互相启发，感受到成功的乐趣。随课文识字的特点让课文生字的出现和讲解都结合了具体的语言环境，做到字不离词、词不离句、句不离文。这样，学生对生字、生词就更容易理解，也更容易记忆。

通过简单小练习巩固加深学生对本节课生字的理解和掌握，并锻炼学生灵活运用字词的能力，同时也使本节课情感价值观目标得以实现，培养了学生热爱家乡的自豪感。

五、案例效果评价

总结本课，教学首先从学生的生活情境出发，让学生先自主学习简单的生字，再通过课堂活动突破难点。在电子书包的帮助下，学生在课堂中有更多时间对生字的结构、意义进行巩固，课堂气氛活跃，教学效率大大提高。"教是为了不教"，教学识字最终是让学生能独立识字。因此，最重要的是让学生掌握学习生字的方法。在教学中，我积极引导学生发现、总结识字方法。教学每课生字时，我先让学生凭借已有的知识经验，自主选择方法自学、讨论、交流等。在教学过程中体现了以学生为主的教学思想，在引导学生认识偏旁的过程中，让学生通过自主操作、循序渐进的方式来认识生字，将教的过程变为导的过程。并结合本课需要通过偏旁来识字的特点，让学生查字典来认识生字，培养了学生的识字能力、查字典能力。

参考文献：

朱晓芳. "一对一数字化学习"在小学英语教学中的实践探索——以《敏特英语天天学》Lesson 16 为例［J］. 数字教育，2015，1（04）：76−81.

成都市泡桐树小学西区分校　胡姗姗

《以爱之名，稳步起航》
——未来班级疫情期间线上线下衔接教学设计与反思

一、教学内容分析

2020 年，突如其来的新冠肺炎疫情使在线教学成了"停课不停学"的不二选择。非常时期的在线学习，由于居家学习环境的影响，学生对知识的接受和掌握程度参差不齐，学习效果也呈现出一定差距，这无疑给复课后的教学带来了一定程度的挑战。如何让新学期的教学不留遗憾，行稳致远？这是值得广大一线教师思考的问题。

二、学习者分析

为确保复课后学校教学有序开展，我们以四川省成都市为样本，利用互联网对二十二个区（市）县各小学语文教研组长和备课组长进行了问卷调查，对区（市）县教研员进行了访谈，梳理分析了小学语文线上教学情况，为复课后语文教学衔接工作的开展提供了基础和依据（如图 6-28 所示）。

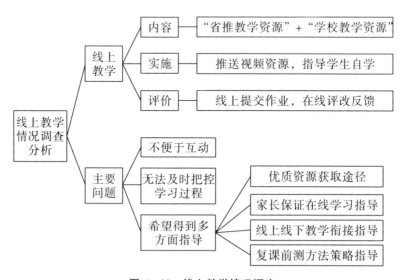

图 6-28　线上教学情况调查

通过以上调查分析，我们不难发现，对大多数学校和教师来说，线上教学是个新课题，线上教学也带来了新的教育挑战。那么，在开学复课后，如何采取恰当的措施帮助学生实现线上线下平稳过渡，整合优化学习资源，提高教学有效性呢？

三、学习目标

1. 调适心理，养成习惯。
2. 摸清学情，把握起点。
3. 把控进度，规划内容。
4. 找出问题，集中突破。
5. 家校携手，相辅相成。

四、学习重难点

1. 学习重点：找出问题，集中突破。
2. 学习难点：家校携手，相辅相成。

五、学习资源及技术使用说明

电子书包"一对一"数字化设备。

六、教学过程设计

（一）调适心理，养成习惯

在这个超长假期中，学生学习习惯存在滑坡的可能，需要高度重视对学生学习习惯的养成教育。复课后学生相聚，或兴奋激动无法抑制，或不适应校园准时准点的规律性学习生活。因此，从开学第一天起，伴随教学活动的开展，我们同步启动了校园学习生活的常规习惯训练，设置了校园学习常规演练环节，规范言行，调整状态，培养良好的学习习惯，确保教育教学高效、有序运转。

（二）摸清学情，把握起点

开学后，我们在班级范围内组织了形式多样的摸底，掌握学生的学习情况。

一是通过复课前测，了解学生普遍存在的问题；二是将复课前测与上学期期末考试进行比对，掌握学情分布走势；三是根据线上作业完成的情况，有针对性地对学生进行辅导；四是通过听说读写等分组互动办法，帮助学生找出自己学习的薄弱或疏漏环节。根据学生掌握知识能力的情况，对教学内容进行统筹谋划，调整安排。（如图 6－29、图 6－30、图 6－31 所示）

三单元综合检测

正确率: 80.6% 平均用时: 33分34秒

按试题查看 按学生查看

题号	题目	正确率
1	(选择填空)给下列句子中的加点字选择正确的读音。方便() 大腹便便() 便利()鲜为人知(...	88.6%
2	(选择填空)选字组词。白() ()脱 料() ()落沙() 苏(	92.3%
3	(选择填空)巧选关联词语，填入括号内。( )明天有雨，( )我们不能去郊游了。()这座...	96.9%
4	(连线题)词语巧搭配。	95.3%
5	(连线题)连一连。	98.8%
6	(客观填空)根据意思填写恰当的诗句。请问附近哪里有酒馆？放牛的孩子用手指着远处的杏花村。...	82.2%

图 6－29　综合检测，了解学情

第四单元素质测评试卷（一）-单元测试

正确率: 83.2% 平均用时: 44分58秒

按试题查看 按学生查看

题号	题目	正确率
1	(客观填空)读拼音，写词语。听说(mì)(fēng)有(biàn)(rèn)方向的能力。鲜花朵朵，(zhēng)	96.5%
2	(选择填空)给下列句子中的加点字选择正确的读音。灼伤() 合适()包括() 鱼缸()缝隙() 比较(	93.7%
3	(选择填空)给加点字选择正确的解释。 “强”在字典里的意思：①力量大，势力大(跟“弱”相对)。...	68.1%
4	(选择填空)给加点字选择正确的解释。 “跨”在字典里的意思：①抬起一只脚向前或向后迈(一大...	85.2%
5	(选择填空)选择合适的关联词填空。它们( )逆风而飞，沿途都是一些陌生的景物，(...	97.8%
6	(客观填空)根据意思写出本单元相应的词语。竞相展示形貌、色彩的奇异、艳丽，以比高下。()根据...	66.7%

图 6－30　综合检测，把握学情

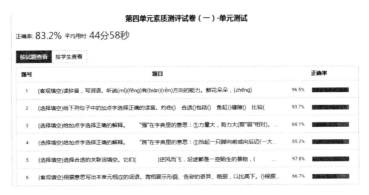

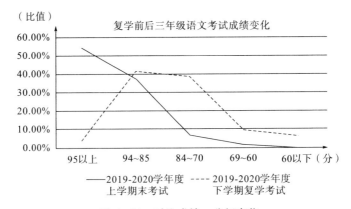

图 6－31　对比成绩，分析变化

（三）把控进度，规划内容

本学期，线上教学期间，语文教学更多侧重于对教材知识的掌握，缺乏对全册或单元整体的"双线结构"上的教材内容的把握；线上教学因受学习情境的限制，往往采用短视频、录播课等形式安排学习任务，导致内容不具有连贯性，碎片化教学的现象比较突出。复课后，我在日常教学中对前期的碎片化教学进行了梳理，针对居家学习期间所学内容编排了专项检测，查漏补缺（如图6-32、图6-33、图6-34所示）。同时认真研读教材，整体把握教材重难点，系统连贯地规划了教学内容。

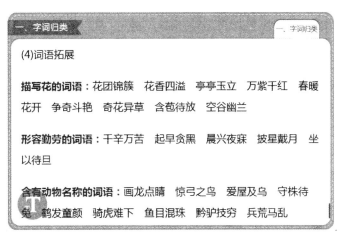

图6-32 词语专项，巩固拓展

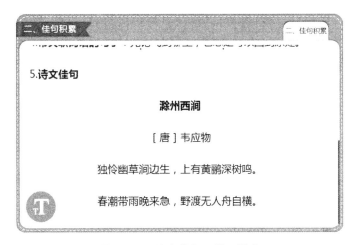

图6-33 诗文佳句，学习提升

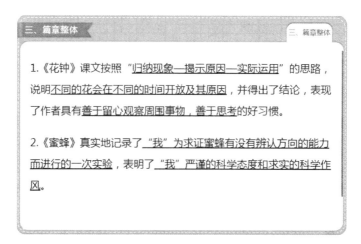

图6-34 专项复习,查漏补缺

(四)找出问题,集中突破

返校复习回顾,班级内以单元为学习单位布置任务单。通过交流分享、检测练习、分层谈话等形式了解学生学习中存在的问题(如图6-35,6-36所示)。针对问题采用集中指导、分层教学、分层作业等形式。对学习困难的学生进行单独辅学,尽量保证每一个学生都能跟上学习进度。

图6-35 背诵专项,检测过关

题目内容	学生答案(单击文字可以添加或取消错误标记)	答题结果
姿势	姿势	✓
修建	修建	✓
偶尔	偶尔	✓
懦弱	懦弱	✓
仿佛	仿佛	✓
创举	创举	✓
陌生	陌生	✓
苏醒	苏醒	✓
没精打采	没精打采	✓
争奇斗艳	争奇斗艳	✓

图 6－36 基础专项，修改订正

（五）家校携手，相辅相成

复课后，家庭教育如何跟进，也是值得教师们考量的问题，因此需从家校配合项目、方法指导等方面思考讨论，沟通交流，形成新形势下的"家校教育共同体"。

七、教学反思与改进

综上所述，对教育信息化来说，疫情使危机变成了一次为学生居家期间量身打造学习计划的良好契机。对个人教学而言，教师的"关爱"，承认并接受学生的个性化起点，与存在不同问题的学生积极沟通，减轻学生复课后的焦虑情绪；教师的"宠爱"，适当调整授课节奏，在新旧知识链接时把宠爱让给学困生，充分给予他们消化吸收知识的时间；同学间的"友爱"，组建学习联盟小组，发挥优秀学生的群体优势，利用课间时间辅导、督促学困生，让同学之间的友爱成为班级内互助成长的汩汩清泉；教师的"偏爱"，录制重点题、难点题的微视频，按照教学需求为学生发送 2～3 个知识点，做到精讲精练把握要点精准提升，使教师理性的偏爱成为学生快速生长的助力器。师生携手，以爱之名，实现居家学习与返校学习的良好过渡衔接，帮助学生稳步起航。

成都市泡桐树小学西区分校　都亚兰

83

《轴对称（一）》教学设计与反思

一、教学内容分析

本课是新北师大版小学数学三年级下册第二单元《图形的运动》中的一课。本课是在学生认识简单的平面图形的基础上进行的，教材从学生熟悉的事物入手，通过形式多样的活动，让学生初步感知生活中的对称现象，进而认识简单的轴对称图形和对称轴，为学生今后进一步探索简单图形的轴对称特性，把握简单图形之间的轴对称关系打好基础。

二、学情分析

自然界中具有轴对称性质的事物很多，学生在平时生活中已有一些感性的认识；在学习图形的运动这一单元前，学生已学过一些平面图形的特征，也已形成一定的空间观念。

三、学习目标

知识目标：通过观察和操作活动初步认识轴对称图形，能直观判断出轴对称图形并找出对称轴。

能力目标：培养学生自主探究、观察、比较和概括的能力，以及小组合作意识。

情感目标：让学生在认识、制作和欣赏轴对称图形的过程中，感受到物体或图形的对称美，激发对数学学习的积极情感。

四、学习重难点

本课的学习重点是认识轴对称图形的本质特征，学习难点是如何利用这些本质特征判断轴对称图形并找出对称轴。

五、学习资源及技术使用说明

本课主要利用了"一对一"电子书包，课前在学生端发布前测，了解学情、收集疑问；课中发布互动题板，针对学生易混淆的点进行针对性练习，同时，通过展示、对比这些课堂生成，进一步促进学生的深度学习。

六、教学过程设计

本课主要设计了这样以下四个大环节。

环节一：课前测与课前引入。通过课前利用"一对一"电子书包搜集学生关于"轴对称"的理解以及有了这些理解与认识后还能继续研究些什么，了解学生现有的知识水平，以及学生真正容易混淆的点在哪里。通过总结筛选从而确定课堂目标与重难点。课前展示具有代表性的学生前测，以学生的疑惑作为新知识的起点，真正做到课堂"以学生为主体""立足于学生发展""促进学生的深度学习"。

环节二：初步总结出轴对称图形的特点。让学生通过对折和观察两种研究方法，初步感知、总结出轴对称图形"两边一样""完全重合"等特点。本环节意在让学生自主寻求和总结图形的研究方法，并用自己的语言对轴对称图形的特点进行概括。不要求学生对轴对称图形的特点的理解有多么透彻、总结有多么到位。这里学生不严谨的地方，恰恰是学生在下一个环节中需要深度学习的地方。

环节三：更准确地理解轴对称图形的特点。在上一个环节中学生通过"折""看"初步总结出轴对称图形的特点，但对于"两边一样"与"完全重合"的差异其实并没有理解到位。本环节利用电子书包，让学生在"一对一"平板电脑设备上"分割""拼凑""画一画"，将"两边一样"的非轴对称图形变成轴对称图形。由于每位学生的想法都各不相同，"一对一"的平板电脑正好能满足每位学生的个性化需求，每位学生在平板电脑上最终成型的"轴对称图形"各不相同。再利用这些课堂上随机生成的各式各样的资源总结出轴对称图形的本质特征，让学生深刻体会到"完全一样"不等于"完全重合"。

环节四：认识特殊的轴对称图形"圆"以及欣赏生活中轴对称的美。

七、教学反思与改进

（一）教学过程的设计

本课共分四大环节：第一根据前测中学生的疑惑引入，第二初步总结出轴对称图形的特点，第三更准确地理解轴对称图形的特点，第四认识特殊的轴对称图形"圆"以及欣赏生活中轴对称的美。在第三环节中，虽然着力于对轴对称图形本质特点的理解与把握，但对于如何在不对折的情况下只通过观察来判断一个图形是否为轴对称图形的方法探索、交流的还不够。尤其对于本身就有角度的图形，没有引导学生去总结合适的观察方法，很难判断。

第三环节中，我们可以尝试再利用"一对一"电子书包，让学生用不同的颜色标出轴对称图形中对应的点，使得学生能够直观认识到轴对称图形上的每组对应点到对称轴的距离是相等的。使得学生可以利用相对应的对称点来对轴对称图形作出更加准确的判断。

（二）教学实施的效果

经过本课的学习，大部分同学能通过观察来判断一个图形是否为轴对称图形，但对于本身就有角度的图形或一些中心对称图形，学生容易搞混淆。课后还需要再在练习中引导学生学会主动利用轴对称图形的本质特点来进行判断，而不是习惯性依靠直觉。

（三）教学经验的积累

俗话说教学相长。通过本课的执教，我更清楚地认识到学生不是空着脑袋进教室的。要让学生对学习内容有深度思考，关键在于从他们的"已知"出发，过程中对比分析，最后得出本质特点。就像本课，学生对轴对称的认识从"两边一样——对折后两边完全重合——每组对称点到对称轴的距离相等"层层深入，教师的作用就是引导他们层层深入深度思考。

成都市泡桐树小学西区分校　陈莞滢

本课荣获 2019 年度成都市教师教育教学信息化大赛二等奖，以及 2019 年度成都市青羊区教师教育教学信息化大赛二等奖。

《包装的学问》教学设计与反思

一、教学内容分析

教材在《包装的学问》中主要设计了两个探索活动：一是包糖果——包装两个相同的长方体，二是包磁带——包装四个相同的长方体。意在探索包装后表面积最小的最优策略；体验解决问题的基本过程和方法，提高解决问题的能力；体验策略的多样化，发展优化的思想。基于我校正在开展"一对一"数字化环境下学生自主学习的课堂研究，我们决定在这节课中，抓住课题中"学问"二字来引导学生的深度思考。

二、学习者分析

学生在本节课之前已经对长方体和正方体有了初步认识，会计算长正方体的表面积。在五年级多个班级学生中，我们都进行了前测：你认为包装中有什么学问？几乎所有学生都能谈道：尽可能让接触的面积越大，剩下的表面积就越少。也就是说学生已经有了一定的生活和学习经验，而且凭借这些已有的经验，学生完全可以解决教材中的问题，鉴于我校整体较好的学情基础，我们在本课的原有教学目标不变的基础上，加强了"模型思想"的渗透与体验。相应地，在教学环节上也做了一些调整，增加了学生课前自主探究环节，为学生在课堂上能充分探究，加深对"学问"的探究，提供了更多的思考和交流时间。

三、学习目标

1. 利用表面积等有关知识，探索多个相同长方体叠放后使其表面积最小的最优策略，并在探索过程中培养学生的空间观念。
2. 体验解决问题的基本过程和方法，提高解决问题的能力。
3. 通过解决包装问题，体验策略的多样化，发展优化的思想。
4. 在两个探索活动中，加强模型思想的渗透。
5. 在"回头看"中延续深度思考。

四、学习重难点

1. 学习重点：通过解决包装问题，体验策略的多样化，发展优化思想。
2. 学习难点：模型思想的渗透。

五、学习资源及技术使用说明

"一对一"数字化教学，微课。

六、教学过程设计

（一）前测导入

首先，执教《包装的学问》一课，课前教师布置了初步探究的任务。课上教师出示视频，要求学生结合自己课前探究，边看边思考：包装的学问与什么数学知识和方法有关？学生的作品中大部分提到了三个词——大面、中面、小面。因此，教师与学生约定把面积最大的面叫作大面，面积第二大的面叫作中面，面积最小的这个面叫作小面。

其次，教师要求学生通过课前的尝试的过程，摆出了几种不同的方案。在摆的过程中引导学生发现，虽然方案不同，表面积也不同，但有一个是始终没变的，即体积不变。小结：所以我们今天研究的包装的学问都是在体积相等的前提下进行探究的。

最后，教师引导学生深入探究，用哪种方法寻找到了最节约包装纸的方案呢。学生通过实践操作，讨论出两种方案既可以算，又可以不算，视情况而定。学生通过课前探究以及分享交流发现包装中的学问是不简单的，它里面蕴藏着关于表面积大小的数学知识，学生还提到了要寻找最节约的包装方案，还有不同的策略。

（二）研究四个盒子包装中的学问

在探究了两个盒子的包装之后，教师增加点难度，激发学生挑战的兴趣。引导学生研究包装四个盒子，五个呢？

出示要求：

1. 你们小组能不能把所有方案都寻找完？

2. 小组合作，摆出所有方案的小组请举手示意。（师按表面积从小到大的顺序排列出来，在优学派互动展台上传）

3. 小组内动手操作。

4. 师巡视拍照。

教师在巡视的过程中，发现最多的小组摆出了六种方案，教师将这六种方案抽象出的图形贴在黑板上。（师随机贴出六种方案）引导学生找到这些图形的原型。（抽生上台）教师点击放大第一个图片，学生上台找一找，能不能用刚才我们约定的大面、中面、小面来表述。

四个长方体盒子能摆出六种方案，方案研究完了。教师引导学生研究哪种方案最节约包装纸。学生通过观察、比较，能直接排除某些方案。教师在平板电脑上发送任务，要求学生完成并提交。学生通过不算的策略可以直接排除这四种方法。

（三）拓展延伸

研究了六种方案后，教师启发学生思考还有没有我们没发现的规律呢？给学生一个资料（PPT展示表格）。要求学生，静静地观察、比较、思考，看有什么发现。通过小组活动合作探究，明确活动要求：独立思考后进行组内讨论，形成小组综合意见，选好小组代表交流分享，抽小组代表上台交流。

从数据的变化看出来"体积相等的情况下，越接近正方体，表面积越小"。

（四）全课总结

在我们目前所学的范围内，正方体是表面积最小的情况。再把范围扩大，在体积相等的前提下，应该是什么更小，给你一个提示，看能不能对你有所启发：生活在地球上纬度越高的地方的动物，它们是什么样的体型，和这节课所学的包装的学问有没有关系呢？

七、教学反思与改进

本节课一共进行了三次针对"学问"的"回头看"。

1. 开课交流：两个盒子的包装（第一次"回头看"）。

通过学生在"回头看"时的发言，可以看出学生能将旧的知识、方法重新灵活运用，解决很多新问题。更让人欣喜的是，学生学习心态的变化：两个盒子的包装方案很简单，学生在家探究基本无障碍，因而刚开始上课的时候，他们觉得没有什么可交流的，没想到继续深挖下去，还有这么多自己没想到的知识，越研究越觉得有意思，思考在不知不觉中开始走向深入。

2. 课中探索：四个盒子的包装（第二次"回头看"）。

第二次"回头看"让学生明确，刚刚找到的关系式也能运用到四个盒子的包装中去，也就是包装两个盒子与包装更多数量的盒子，最节约的方案本质是相同的，问题解决的范围拓宽了。从学生的发言中我们还可以看到，学生在回顾探究过程中，不但梳理了各种方法，而且还能根据包装物品的具体情况，分别采取看形状或算数据来选取最佳包装方案，问题解决的灵活性增强了，借着"回头看"的机会，学生的思考不断向纵深发展。

3. 拓展延伸，全课总结（第三次"回头看"）。

课末的"回头看"，是想听听对于包装的学问，学生在原有认识基础上，有哪些新的生长点。从学生的发言中，能看到他们对字母表达式优势的认可，对解决问题方法灵活性的领悟，对字母式模型的初步感受。学生还能跳出包装类问题，体会到数量之间的关系不但来源于生活，还能回到生活中去解决其他现象，发挥更广泛的作用，这就是数学的奇妙之处。

此外，在五年级多个班级学生中，我们都进行了前测：你认为包装中有什么学问？几乎所有学生都能说出：尽可能让接触的面积越大，剩下的表面积就越少。当我们比较用不同设计对比教学效果时发现，常规教学的班级，学生在整个学习过程比较平稳，在全课小结中，学生主要能谈道：通过计算验证了课前的猜想是对的；而加入"一对一"数字化环境下自主学习的环节的课堂，学生对"学问"的探究层层递进、越来越深刻、越来越灵活，上完这节课后仍意犹未尽。《包装的学问》既然出现在"数学好玩"板块中，它就不仅仅是追求一个结论，而是让学生感受到这是一个鲜活的、能体验的、有深刻感悟的一种过程。

成都市泡桐树小学西区分校　李华俊　梁远翠

成都市教育科学研究院调研"未来学校"项目执教现场课；成都市青羊区科研管理入校评估执教现场课。

梳理中建模，变式中提升
——《多边形面积的复习》教学设计

一、教学内容

北师大版五年级上册第四单元《多边形面积的复习》。

二、学习者分析

学生已经经历了长（正）方形、平行四边形、三角形和梯形的面积公式推导过程，并能应用这些公式解决相应的问题；已经初步掌握了复习整理的方法，有了一定的复习整理的经验，但对于这些图形之间的联系，了解得还不够透彻，融会贯通地整理串联知识点的能力还有待提高。

三、学习目标

通过回顾多边形面积公式的推导过程，梳理出推导方法。

沟通长（正）方形、平行四边形、三角形、梯形之间的联系，关联成网，充分体会转化的数学思想。

培养学生将知识进行串联整理的能力、善于归纳分析的能力、学以致用的能力。

四、学习重难点

怎样把这些知识点整理串联成一条线，理清他们之间的关系，并在此过程中梳理出一些数学思想和方法为后续学习所用。

五、学习资源及技术使用说明

首先运用优学派电子书包进行课前测，便于收集整理学生的作品并展示；其次在课中用平板电脑画出与已知梯形等高等面积的图形，通过观察分析这些图形之间的关系，形象直观地帮助学生突破本课的难点；最后运用电子书包的选择题功能，快速反馈出学生的学习情况，并进行指导。

六、教学过程设计

(一)回顾过程,提炼方法

进行课前测:让学生在课前用自己喜欢的方式回顾整理多边形的面积公式推导过程。学生可以用思维导图进行整理,用画图的方式来展示推导过程,通过录制视频的方式进行回顾,老师收集学生作品,选择有代表性的在课上分享(如图6-37所示),并引导学生一边欣赏同学们的作品,一边梳理出我们在推导面积公式的过程中运用的方法:割、补、割补、拼接、割+拼……

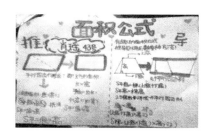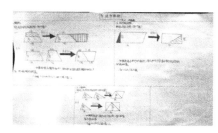
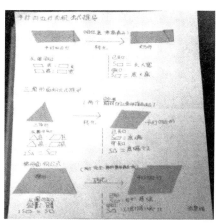

图6-37 学生作品

(二)有序梳理,关联成网

沟通长(正)方形、平行四边形、三角形、梯形的面积之间的关系。通过回顾这些图形的面积推导过程,我们发现最先推导的是长方形的面积公式,紧接着推导了平行四边形的面积公式……纵观这些图形的推导顺序:从下往上看,它们是由长方形逐步生长出来的一棵大树,长方形是树根,平行四边形是树干,三角形和梯形是树枝,学习的知识在不断生长;从上往下看,它们之间又是可以互相转化的,你中有我,我中有你,而且在推导面积公式时,我们就是通过转化的思想来进行推导的，都是把新图形转化成了已经学习过的图形来进行推导，从而深刻感受转化这一重要的数学思想，为以后的学习所用。在这个过程中，学生不仅被引导着建构了有关图形面积的知识框架，还形成了一定的知识网络。（如图 6-38 所示）

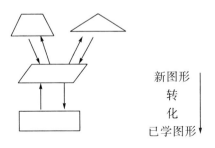

图 6-38　知识框架

（三）深入探究，变式提升

既然这些图形之间都是可以互相转化的，那它们之间有没有更深的联系呢？在这个环节，充分利用电子书包，以习题为载体进一步深入探究：

习题 1：一个梯形的高是 4 厘米，上底是 4 厘米，下底是 6 厘米，它的面积是多少平方厘米？你能画出几个和它等高等面积的图形吗？观察比较这些图形，你有什么发现？

（1）学生在平板上画图，老师利用电子书包的投屏功能，选择一些学生画图的过程适时投到屏幕上，其他学生边画边观察，从中受到启发，拓宽思维，画出更多的等高等面积的图形。

（2）引导全班一起来观察大家提交的作业，这些图形都是正确的吗？（如图 6-39 所示）

你能画出和它等高等面积的图形吗？（一格表示1cm）

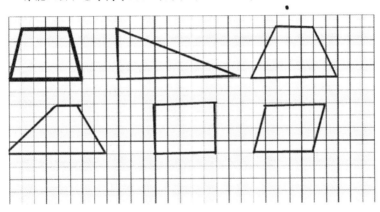

你能画出和它等高等面积的图形吗？（一格表示1cm）

图6-39 部分学生提交的作业

学生通过观察，发现这些图形都是正确的。

为什么呢？三角形、平行四边形、长方形都可以吗？老师选择一幅有代表性的作品截屏发给学生，再次研究。学生通过讨论，进一步深入研究发现：这些图形等高，只要它们的上、下底之和是10厘米，它们的面积就都和题中的梯形面积相等，其中三角形可以看成上底是0的梯形，平行四边形可以看成上下底相等的梯形。学生能悟到这个层次，就很好地突破了这节课的难点，以这道习题为载体，很好地引导学生深刻地感受了这几种图形面积之间的联系，很好地体会了等积变形的本质，不仅相同形状的图形之间可以等积变形，不同形状的图形之间也可以等积变形，因此，这些图形的面积都可以用梯形的面积公式来计算。

习题2：下面的圆木一共有多少根？下面哪些算法是正确，请选择。（多

选)

A、3+4+5+6+7+8

B、3×8

C、(3+8)×6÷2

D、3×8÷2

利用电子书包的选择题功能，让学生做出选择。根据学生选择的结果进行分析，发现 A 和 C 均正确。我们比较这两种算法，发现 3+4+5+6+7+8 与 (3+8)×6÷2，其实就是等差数列求和公式的运用。看来，梯形面积公式真是一把万能钥匙，不仅可以用来求长（正）方形、平行四边形、三角形、梯形的面积，还可以用来求等差数列的和，从而体现几何与代数之间的沟通，让学生体会知识间的联系无处不在，体会数学的神奇。

（四）易错练习，落到实处

通过前面的整理复习，让学生再练习容易出错的习题。

习题 3：下图中平行四边形的高是 8 厘米，它的面积是多少平方厘米？正确的是（　　）平方厘米。

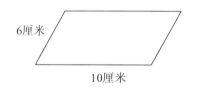

A、6×10

B、6×8

C、10×8

学生在平板电脑上选择并提交，根据统计结果，引导学生分析错因：求这个图形的面积，必须要底乘以对应的高，而 8 厘米只可能是 6 厘米这条底边的高，不可能是 10 厘米这条底的高，所以要选 B；如果学生全部选择正确，则提问：为什么不选 A 和 C？分析错因要到位，而且要知其然并知其所以然。

习题 4：一个三角形和一个平行四边形等底等面积，平行四边形的高是 12 厘米，三角形的高是（　　）厘米。学生在电子书包上选择并提交。

A、12　　　　　　　　B、24　　　　　　　　C、6

结合刚才回顾的过程，分析平行四边形的底、高与三角形的底、高之间的关系，当平行四边形与三角形等底等面积时，三角形的高是平行四边形的两倍。

（五）反思小结，形成能力

引导学生回头看，回顾本课的学习过程，把本课的思想方法内化成自己的能力，为后续学习所用。

板书设计： 多边形的面积的复习

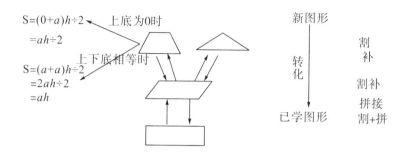

七、教学反思与改进

自古有人云：人生要在适当的时候回头看看，反思反思，总结总结，以后才能走得更好。学习亦是如此，课堂教学更该如此。在很多时候，我们都会在课末带着学生这样反思：这节课你有什么收获？有什么疑惑？……如果每节课仅仅只是在课末回头看看，是远远不够的，我们还应该在每个单元完了之后，每个知识板块完了之后，引导学生回头看看本单元都学了什么？这一板块和之前学的哪些内容有联系？有什么联系？看看知识的生长点在哪里？推导一下它的延伸点在哪里？而整理复习课，正好可以很好地带领学生回头看，往前看，把握住这一点，才能让复习课更有内涵，更有深度，更有宽度，更有实效。本课正是基于这样的思想，在回顾图形的面积推导过程的同时，引导学生感受知识与知识之间的联系，并帮助他们在脑海中织出一张网，并完成知识的框架建构。但在本课中，学生主动进行梳理的意识不够强，方法还不够到位，知识网络的建构还不够全面，课堂的实际效果和预设还有一定差距，而且画图时用平板，精确度不够，此处应该改成在纸上作图，再拍照上传，既精确又能规范作图。

通过这节课，我还深刻感悟到，数学教学，需要深潜。数学教学不在快，而在远；而要远，就要有深度和广度，只有深潜，才有深度和广度，才能让知识性与思想性相统一，才能将宽窄度、高低度、纵深度有机地结合起来，更好地形成知识的网络结构。因此，在我们的数学教学中，可以让有价值的复习课多来一些，在整理复习的过程中，真正让学生的学习能力得到发展。

成都市泡桐树小学西区分校 杨涛

《认识小数》教学设计与反思

一、课前慎思

(一)教材分析

小数是整数十进制计数法向相反方向的延伸,实质上是十进分数的另一种表示形式。作为小学阶段一个重要的"认数"内容,"小数的认识"在各个版本的教材中均是分为两段进行编排,其中北师大版第一阶段安排在三年级上册第八单元,整个单元,教材都是将小数认识与人民币(元、角、分)和长度(米、分米、厘米)这些常见的生活情境紧密联系在一起,借助于具体的、生活中的"量"来初步感知小数的意义,感受到小数的"单位"更小、更精准。

本节课不仅是本单元的起始课,更是整个小学阶段认识小数的起始课,在学生还未接触分数这一概念的情况下,教材创设了"文具店"的购物情境,以"元、角、分"为载体,通过货币单位元、角、分之间的十进关系,学生能直观感悟小数也是一种对数量关系的表达,然后再逐步抽象出小数,抽象出十进关系,进而直观感受小数的基本概念。

(二)学习者分析

课前,通过给学生发放纸质前测题单以及利用互动平板电脑发布课前微课的方式进行了学情调查与分析。从最终的平台的反馈结果来看:学生在生活中对小数的读写并不陌生,学生在商场、超市、体检时都见过小数,但是对小数的认识也仅仅是停留在"形式模仿"的阶段,并不清楚小数为什么表示这个意思,对小数这个核心概念的理解还处在较低层次。

(三)学习目标

通过认、读、写简单的小数,感受可以用不同的形式表示同样的量,理解整数与小数之间的关系,培养数感。

结合"文具店"的具体情境,借助元、角、分的直观模型经历探索小数意义,初步理解小数的意义,培养抽象能力。

通过实际问题让学生感受小数在日常生活中的广泛应用,体会数学与日常生活的密切联系。

（四）学习重难点

"认数"教学的核心任务是帮助学生建立数的概念，并能深刻理解。认识小数最核心的问题时要理清楚"为什么"的问题，这将有助于整体开展有效的教学设计。基于此，本节课的教学重点是在元、角、分背景下初步理解小数的意义。

教学难点是帮助学生建立元、角、分与小数之间的联系，从具体情境中抽象出小数，理解小数的意义。

（五）学习资源及技术使用说明

课前：通过纸质前测题单了解学生学情。通过优学派智慧教育平台发送课前微课自学小数的读法。

课中：通过优学派智慧教育平台发送互动题板探究与巩固小数意义。通过播放微课了解小数的历史。

二、教学实践

（一）认读小数，初步建立数感

课前学生已经通过看微课自学了小数的读法，课上利用随机抽人的方式再次使学生认读小数（如图6-40所示）：

| 每本3.15元 | 每支0.50元 | 每把1.06元 | 每支6.66元 | 每支12.21元 |

图6-40 认读小数图

师：小数和以前学的整数相比，在读法上有什么区别？

生1：多了一个"点"。

师：这个点我们把它叫作小数点。

生2：小数点前面和以前一样，后面依次读。

师：后面依次读是什么意思，谁能在上面来指着说一说？

生3：小数点后面数字挨着读就可以了，比如毛笔的单价小数点后面读作"二一"。

小结：原来，小数点前面和以前一样，小数点后面依次读，就像我们读电话号码、车牌号一样。

【设计意图】关于小数各部分的名称和读写方法属于知识领域中的所谓"陈述性知识",无法也没有必要进行探究式学习,适时采用有意义接受学习的方式,让学生通过微课的讲解、对应习题的练习,符合知识的类型特点和学生的认知规律。此环节通过情境中商品的价格,让学生再次认读小数,通过对比感受小数与整数读法的区别与联系,初步建立数感。

(二)写小数,理解小数意义

1. 探究"角"与小数之间的关系。

展示前测题单习题(如图 6-41 所示),对比正误,引入核心问题——小数和元、角、分之间到底有什么关系?

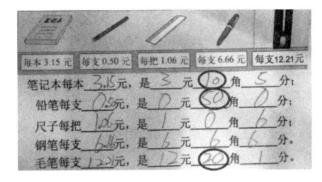

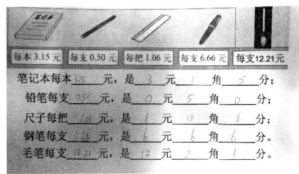

图 6-41　前测题单

师:元、角、分之间有什么关系呢?

生:1 元=10 角=100 分。

师:老师现在有 1 元,可以换成多少角?

生:10 角。

师:那其中的 1 角,我想用元来做单位,该怎么表示呢?(如图 6-42 所示)

1角=_____元

图6—42 角和元单位的转换图

生：1角＝0.1元。

师：那谁能结合图来说一说，为什么呢？

生1：不到1元，肯定比1还要小。

生2：1角其实就是从10角里面拿出1角。

师：10角是哪来的？

生3：把1元平均分成了10份，其中的1份。

师：说得真好，谁再来指着说一说？

生4：1角就是把1元平均分成10份，其中的1份。

师：我们就把1角记作0.1元。

师：5角呢？谁能结合图来说一说？

生1：5角就是把1元平均分成10份，其中的5份，所以是0.5元。

师：完整的表达，谁还想再说一说？

生2：5角就是把1元平均分成10份，圈了其中的5份，记作0.5元。

师板书：5角＝0.5元。

师：谁想来圈一圈，大家来猜？

生1：圈出了其中的8份。

生2：8角＝0.8元。

生3：8角就是把1元平均分成10份，其中的8份，所以是0.8元。

师板书：8角＝0.8元。

师：几角用小数表示的时候，这些小数有什么特点？

生1：不满1元，都是"零点几"。

生2：它们都是10份中的几份。

生3：小数点后面第一位都表示的是几角。

师再次带领全班同学把刚才那位同学的发现一起理一理。

2. 探究"分"与小数之间的关系（如图6－43所示）。

借助刚才的活动经验，通过互动题板学生自主探究"分"与小数之间的关系：

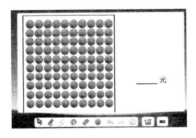

图6－43　互动题板探究"分"与小数之间的关系

（互动题板发送作业，5分钟后展示作品，如图6－44所示。）

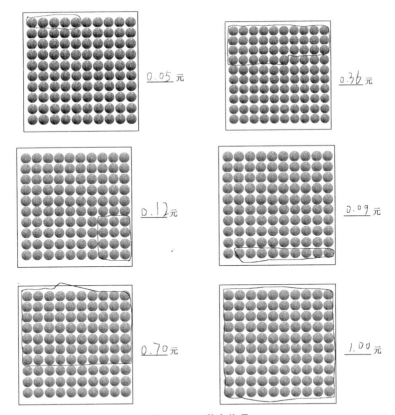

图6－44　学生作品

展示学生作品，随机选择作品班级交流分享想法。

生1：我圈了5分，5分表示把1元平均分成100份，其中的5份是

0.05 元。

生 2：我圈了 36 分，36 分表示把 1 元平均分成 100 份，其中的 36 份，因为 30 满了"十"要进位，所以是 0.36 元。

生 3：我圈了 12 分，12 分表示把 1 元平均分成 100 份，其中的 12 份，因为 10 满了"十"要进位，所以是 0.12 元。

······

师：通过刚才的学习，指读板书，和前面的小数相比，你又有什么新的发现？

生 1：它们都是 100 份中的几份？

生 2：小数点后面第二位是分。

生 3：我来补充一下，小数点后面第一位是角，第二位是分。

生 4：现在都是两位小数了。

师：那现在有没有理解到小数和元、角、分之间到底有什么关系呢？谁来帮老师贴一下"元""角""分"该在哪里呢？

生 1：元、角、分。

【教学思考】前测题单大部分学生都能正确写出商品价签上的小数表示几元几角几分，这似乎是约定俗成的事实，但是几乎没有一个学生能说清楚为什么表示这个意思。正如奥苏泊尔所言："让新知之舟泊在旧知的锚桩上。"我把学生已经积累的经验作为进一步学习的资源，结合直观模型，学生亲身经历，反复感受，帮助学生建立"元、角、分"与小数之间的联系。使学生将表示价格的小数各个数位上的数与元、角、分一一对应。初步感受同一个数在不同数位上表示的意义不同，明确表示商品单价的小数与元、角、分之间的内在联系，真正做到"知其然，更知其所以然"。

（三）拨小数，感知十进关系

师：说到"满十进一"，在我们的整数计数和加法里面好像也是"满十进一"，大家想到了什么？

生：计数器。

师：但是有点不一样，如果这里是元，那角和分该在哪里呢？

（学生上台指出"角""分"的位置如图 6-45 所示。）

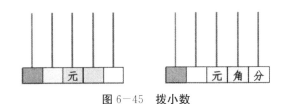

图 6－45　拨小数

师：现在我请同学上来拨珠子，其他同学来猜他想表示是多少元？（如图 6－46 所示）

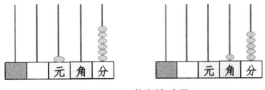

图 6－46　学生拨珠子

师板书学生所拨小数（如图 6－47 所示）。

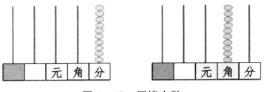

图 6－47　师拨小数

师：现在我来拨，能这样拨吗？

生：不行，要满十进一了。应该是向"角"进一。

师：能这样吗？

生：不行，满十进一，应该向"元"进一。

师：看来，我们的元、角、分之间是满十进一，我们的小数也是满十进一，看来我们的小数背后也藏着十进制。（板书：十进制）那现在我们回头来看一看课前做的题单（如图 6－48 所示），这些小数除了表示这样的意思，你还有没有什么新的收获？

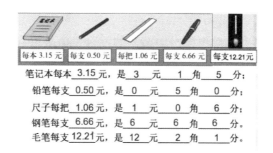

每本 3.15 元
每支 0.50 元
每把 1.06 元
每支 6.66 元
每支12.21元
笔记本每本 3.15 元，是 3 元 1 角 5 分；
铅笔每支 0.50 元，是 0 元 5 角 0 分；
尺子每把 1.06 元，是 1 元 0 角 6 分；
钢笔每支 6.66 元，是 6 元 6 角 6 分。
毛笔每支 12.21 元，是 12 元 2 角 1 分。

图 6－48　课前题单

生 1：笔记本，应该是 3 元 1 角 5 分，不能写成 3 元 10 角 5 分。

生 2：每道题第一空要写完整，不能写成 3 元、0 元、1 元这样。

生 3：钢笔的价格 6.66 元，3 个 6 表示的意思是不一样的。

师：那对于 3.15 元的理解，你觉得不能用下面哪种说法？如图 6－49 所示。

(单选投票)3.15元不能表示下面哪个意思?

○1. 3元15分
○2. 3元15角
○3. 3元1角5分

图 6－49　3.15 元的意思

【教学思考】利用多媒体互动课件，巧妙地将硬币变成计数器，让学生通过画珠子的形式再次把几元几角几分改写成以元为单位的小数，理解整数部分表示元，小数点右边第一位表示角，小数点右边第二位表示分，渗透位值原理及十进关系，感受一个数字在不同的数位上表示的意义不同，并通过“回头看”加深理解。

（四）课堂练习，巩固新知

通过互动题板，完成下面各题：

1. 填空，如图 6－50 所示。
2. 投票选择，如图 6－51 所示。

元 角 分
元
元 角 分
元
元 角 分
元

图 6－50　填空题

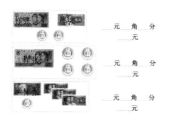

(单选投票)0元8角1分可以用下面哪个小数表示?

○1. 8.10元
○2. 0.81元

图 6－51　选择题

3. 判断，如图 6-52 所示。

7.15元是
7元15角。

3元2分就是
3.20元。

4角5分就是
4.5元。

图 6-52　判断题

【教学思考：把教学内容设计成有趣的互动答题，符合学生的年龄特点，学生们人人参与，互相监督，互相评价，在类似游戏的过程中加深学生对小数意义的理解，明白元、角、分与小数的对应关系，能正确把几元几角改写成以元为单位的小数】

（五）拓展提升，总结收获

1. 通过展示生活中的小数，如图 6-53 所示，说说它们分别表示什么意思？

2. 再通过观看微课了解小数的历史。

3. 引导学生从知识本身、活动经验、学习方法等不同角度来谈谈本节课的收获以及还有什么新的疑惑？

我的身高是1.41米　　　　　桥下限高3.5米

图 6-53　生活中的小数

【教学思考：让学生了解数学发展的历史，感受古代人民的聪明智慧。通过总结所学，在交流反思中，意识到学习方式的重要性和数学内容的延续性，激发学生进一步探究知识的欲望】

三、教学流程图

教学流程图，如图 6-54 所示。

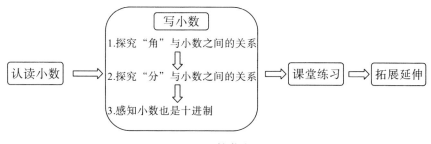

图 6-54　教学流程图

四、板书设计

认识小数

1元=10角=100分

元.角分
1.06
0.15
0.10
1.00

1角=0.1元　　1分=0.01元
5角=0.5元　　5分=0.05元
8角=0.8元　　36分=0.36元
　　　　　　　12分=0.12元

五、课后反思

我在执教这节课之前，心里一直有个困惑：三年级的学生大部分已经能够轻松地认读小数，他们依靠平时购物的经验或是家长告知也能说出小数表示几元几角几分，既然学生已经"会了"，那么这节课我们到底要教给学生什么？我觉得真正的"会了"，应该是可以解决好"是什么""为什么""怎么用"的问题，而学生所谓的"会了"，也只是解决了"是什么"的问题，在本节课的教学中，重点需要落在解决"为什么""怎么用"的问题上。

著名数学家华罗庚曾说过："数缺形时少直观，形少数时难入微；数形结合百般好，隔离分家万事休。"数学中数和形是两个最主要的研究对象，它们之间有着十分密切的联系，尤其是对于小数这种比较抽象的数学概念，要去深刻理解"为什么"，就更需要通过数形结合，帮助学生搭建抽象出小数的脚手架。而本节课通过"一对一"数字环境下的教学实践，巧妙地把抽象的小数变成了学生常见的"元、角、分"、计数器等直观模型，教师带着学生自己动手操作，从这些直观模型中一步步抽象出"小数"，让学生在整个学习活动中不断体验、感悟小数的意义，即"为什么"。虽然整节课并未提及数位、计数单位、十进分数，但每个活动的目标都是指向学生对这些概念的初步感知以及准确理解的，在帮助学生解决了"为什么"的问题的同时，也帮助学生初步构建了小数概念。

本节课是小学阶段认识小数的起始课，掌握探究方法、理解小数意义对于今后小数的更进一步学习以及认识分数都有着重要的意义和作用。总之，小数的初步认识虽然在知识层面的要求是"初步"，但在学生核心素养的发展方面并不简单，"初步"也可以学得很深刻，学得很丰富。

成都市泡桐树小学西区分校　姚智文

《角的度量（一）》教学设计及反思

一、教学内容分析

《角的度量（一）》属于"图形与几何"中测量的一部分内容，而角的度量又是测量中难度特别大的。在日常生活中，人们往往利用角的空间感觉来估计角的大小，很少用到专业的工具去测量一个角的精确度数，本课需要认识测量角大小的工具——量角器，并对角的大小进行测量。

二、学习者分析

关于角的认识：学生在二年级上册的时候，已经初步认识了角，同时在这个单元的第 1，2 课时，学生也知道了角的分类及 1 度角的大小。

关于度量：学生在学习本课之前已经具备度量的经验，度量过长度。虽然学生在日常生活中接触了很多的大小不同的角，但对角的度量的经验几乎为零，操作量角器的经验也几乎为零。

所以如何让量角器上的角，与需要测量的角进行重叠并进行读数，是这节课的重点和难点。

三、学习目标

1. 认识量角器和角的度量单位。（课前翻转）

2. 掌握量角的一般步骤和方法。（电子书包）

3. 通过观察、操作等学习活动，使学生经历和体验角的过程，并立即反馈学习结果，落实测量方法。（电子书包）

4. 寻找并测量生活中的角的大小，使学生感受到数学的价值。（电子书包）

四、学习重难点

1. 掌握量角的一般步骤和方法。

难点：重点理解将量角器上的角与已知角重叠。

利用电子书包突破难点：

怎么摆量角器，怎么读量角器？（读内圈还是外圈？）

2. 通过观察、操作等学习活动，使学生经历和体验量角的过程，并立即反馈结果，落实测量方法。（电子书包）

五、学习资源及技术使用说明

本课采用课前翻转+课堂"一对一"终端模式。

六、教学过程设计

（一）课前翻转

课前给学生们分享了三个微课（如图6-55、图6-56所示），内容主要是认识量角器和角的度量的基本方法，让学生通过自学首先认识量角器，并让大部分学生知道用量角器和已知角重叠的方法（点对点，边对边，度数就看另一边）。从前测题单中可以看出，学生们基本能够达成以上目标，但是对量角器为什么有两圈？什么时候读内圈？什么时候读外圈？有比较大的疑问。这也是老师上课的重难点。

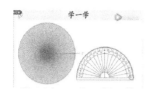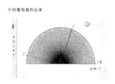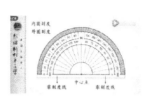

图6-55 微课节选

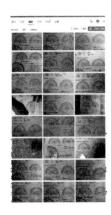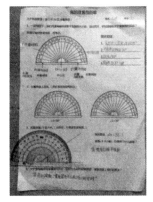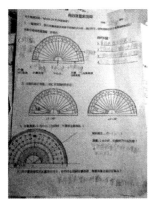

图 6-56　学生在群相册里上传前测情况

(二) 移动终端教学

1. 全班交流：量角器的各部分名称。

2. 全班交流：寻找量角器上 1°的角和 30°的角，再次深入认识量角器，如图 6-57 所示。

仔细观察，这个量角器上有什么？

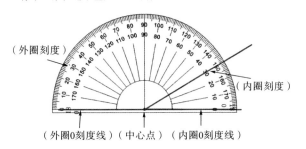

图 6-57　量角器测量

3. 移动终端：测量∠2（整十度数）和∠3（非整十度数）的度数，图 6-58所示。

方法交流重点：怎么摆放量角器？读数时怎么区别内外圈？不是整十度数的怎么读数？

图 6－58　移动终端测量

4．移动终端：测量三角尺三个角的大小。加大测量难度，测量不同方向的角，让学生感受量角器内外圈的作用，利用电子书包判断正误，快速检测学生掌握量角的情况并立即交流评讲，加强落实测量角的方法，如图 6－59 所示。

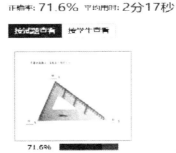

图 6－59　学生作业正确率

发现三类问题：

（1）量角的方法还未掌握。（极少数同学）

（2）量角的方法掌握了。（做题较慢）

（3）量角的方法掌握了，但没听到老师说，每个角都是整十度（听课习惯有待提高）。如图 6－60 所示。

图 6－60　角的度数不是写的整数

5．移动终端进行靶向练习：利用电子书包进行靶向练习，更清晰，更明确，更直观，也更容易吸引学生的注意力。

（1）读各种角的读数。

重点强化读内圈还是外圈，从 0 度开始，延角旋转的方向开始读数，如图 6－61 所示。

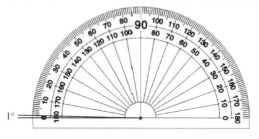

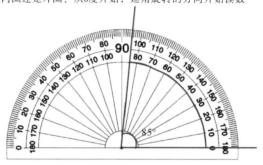

图 6－61　出示各种方向不同、大小不同的角

（2）观察与思考：角的大小与角的两边画出的长短有关吗？角的边线不够长怎么办？如图 6－62 所示。

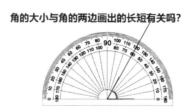

图 6－62　角的大小与角的两边长短无关

（3）量角器 0 刻度线没有了，还能测出角的大小吗？如图 6－63 所示。

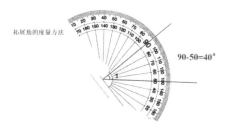

拓展角的度量方法

$90-50=40°$

图 6-63 出示没有 "0" 刻度线的量角器量角

（4）诊断：四种测量角的方法正确吗？出示最容易出现的四种量角器摆放错误或者读数方法错误的例子（如图 6-64 所示），请学生判断，考察学生是否掌握该知识点。利用电子书包，立即反馈学生做题情况，及时总结，再次给理解模糊的同学掌握正确测量方法的机会。

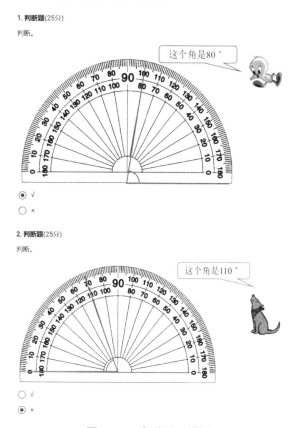

图 6-64 部分作品错例

6. **联系生活**：介绍一些生活中角的应用，发现并测量生活中的角。

观察一：平板电脑屏幕与桌面的夹角大约 $120°$ 看起来最舒服，学生感受屏幕可视角度。如图6-65所示。

图6-65　平板电脑可视角度

观察二：屋顶的坡度。如图6-66所示。

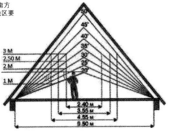

图6-66　屋顶的坡度秘密

观察三：生活中的角。如图6-67所示。

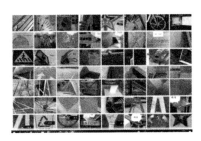

图6-67　学生发现并测量生活中的角

七、教学反思与改进

本节课使用课前预习翻转＋课堂"一对一"终端教学，通过对具体数据的分析，发现课堂效率高，很多同学达到100%掌握，对于个别掌握较差的学生，可以采取生生互助的模式。

为了突破教学重难点，在课前，我让学生把简单的量角器的介绍基本掌握,而课中重难点就是如何量角。利用电子书包及时反馈的功能,层层深入展开研究:量整数角→量非整度数角→量各个方向的角(三角板)→读各种度数的角→判断度量正确吗→生活中的应用,越来越多的学生,通过课堂学习懂得如何摆放量角器,如何正确地认读内外圈。这样的学习安排还是比较合理的,便于突破重难点。

整体学习情况较好,对于学习有困难的学生,可以适当安排时间提问,学生或者老师帮助他们解答。

本次资源应用比较合理,感觉最大限度地解决了教学重难点。

成都市泡桐树小学西区分校 赵欣

本课获《四川省信息技术与教学融合创新展示与学术交流培训活动研讨课二等奖》

顺"学"而建

——《角的认识》教学设计与反思

一、教学内容分析

空间观念是数学课程改革的一个核心概念,其主要表现包括"能够由几何图形联想出实物的形状,由实物的形状抽象出几何图形"。结合新课标,并不断在教学实践中探索、学习和反思,我们体会到低段学生空间观念的建立有以下四个重要方面:观察、操作、想象、应用。

下面借助案例《角的认识》,具体谈一谈在教学实践中如何从学情出发,建立低段学生的空间观念。

二、学习者分析

一方面,学生已经认识了一些立体图形——长方体、正方体、球、三棱柱等,还认识了一些平面图形——长方形、正方形、三角形等,而今天这节课,学生正是在这些知识的基础上,进一步来学习平面图形中由点和线组成的"角"。另一方面,学生对于"角"还有一些生活经验。他们在生活中形成的关于"角"的印象包括:"墙角""桌子角""手机的四个角"甚至"牛角""羊角",等等。学生的这些生活经验与本课将要学习的数学中的"角"有一定的联系,但是也存在着很大的差别。

三、学习目标

（1）经历从实物中逐步抽象出角的过程，认识角的特点，建立角的正确表象。

（2）在操作、对比中感受角的大小，体会角的大小与角两边张口的大小有关，与边的长短无关，并能初步比较角的大小。

（3）发展观察能力、操作能力、空间想象能力、抽象概括能力，促进空间观念发展。

四、学习重点

经历"角"图形的抽象过程，完成对"角"的意义构建，建立"角"的空间形象。

学习难点：体会角的大小的变化，感悟角的大小与两边张口有关，与边的长短无关。

五、学习资源及技术使用说明

"一对一"平板电脑课前调查、课中判断及时反馈、互动题板知识过手。

【设计意图】

在本课学习之前，学生已经初步认识了一些三维立体图形——长方体、正方体、三棱柱、球等，还认识了一些二维平面图形——长方形、正方形、三角形等，具有了初步的空间观念，能够从"体"和"面"的角度去感知空间。"角"是一个看似简单的平面图形，然而由点和线组成的"角"，相对于"体"和"面"来说，却更为抽象，感知起来更为困难。

本课的设计在充分理解教材编排意图的基础上，结合本班学生的情况，适当增添了一些小环节，力图让学生充分感受和经历"角"的几何形象建立的过程：由观察、感知具体事物，到动手操作，抽象出几何图形，再到想象几何图形运动变化，发现图形之间的联系，最后又带着所建立的几何认知回到生活中，用几何的眼光再去发现和探索世界。通过这个过程，不仅让学生认识"角"，建立对"角"的正确数学认知，更让学生的空间观念得到了发展。

六、教学过程设计

（一）用心观察——空间观念的"孕育"

1. 课前测——看到"角"你会想到什么？请你写一写、画一画或拍照

上传

师：看到"角"大家会想到什么？

学生答案：墙角、桌子的角、图书角（指一指）、牛角（比一比）、元角分的"角"……

师：学生联想得真多啊！

师：老师这儿有个手机，这个手机上有角吗？有几个角？

生：4个，6个……

师：有分歧看来值得我们好好研究，到底大家的认识对不对呢？

【环节分析】：学生每天对生活环境和客观事物的观察和感知，让他们对"角"积累了一些生活经验。通过前测我们发现这些经验五花八门，有些与本课将要学习的"角"有一定的联系，也有些认识与今天的学习存在着很大的差别。这些生活观察经验以及认知冲突为本课的学习提供了鲜活的原型，也激发了学生的学习兴趣和动机。

2. 游戏导入，想象摸物

（1）摸球。

（课件出示：三棱柱、长方体、正方体、球）

师：想象一下，如果将这些物体装进一个袋子里，闭上眼睛要很快地从中摸出"球"来，容易吗？为什么？

生1：容易！因为球是圆的，摸起来很光滑。

生2：因为球可以滚动！而其他几个都有平平的面，不能滚动。

生3：摸到尖尖的、有棱角的都不是球！

师：看来根据球与其他三个物体的不同特点，我们能很容易地摸出球来。

（2）摸三棱柱。

师：球被摸走了，剩下的三个物体中，我们要摸出三棱柱，如果只摸一个面，想一想，你会摸哪个面？为什么？

生：只要摸出三角形的面，就能摸出三棱柱！因为长方体和正方体上的面是长方形或正方形，它们都有四个角，三棱柱上有三角形的面，三角形只有三个角。

（课件出示：长方形、正方形、三角形）

师：原来大家根据长方体、正方体、三棱柱的每个面上角的个数，就能摸出三棱柱。看来在一些物体的某些面上，我们能找到角。

师：角是什么样的呢？这节课我们一起来了解一下我们的新朋友——角。

【环节分析】："角"不是孤立存在的，它与我们之前认识过的一些物体和图形存在密切的联系。因此，从简单而熟悉的立体图形入手，展开"想象摸物"游戏，激活学生在空间观念"体"和"面"方面的旧知，进而引出"角"这一新知，建立新旧知识联系，在联系中学习和发展空间观念。

（二）动手操作——空间观念的"萌芽"

1. 在实物中找角、画角

（每个学生一个学具，可以是长方体、正方体或者三角板。）

师：在你的学具的一些面上也能找到角吗？找一找，并给同桌指一指，说一说。

学生找角，指角，和同桌讨论。

师：谁愿意上来给大家说一说你在学具的哪一面找到了角？能用手把其中的一个角比画出来吗？

学生上来展示交流，把自己找的角指给大家看，老师指导比画角的正确方法。

师：看来大家都能找到角！你能再把其中的一个角描下来吗？可以先小声地和同桌商量。开始活动！

学生同桌交流，并画角。

（每个同学画角后用平板电脑自行拍照上传，集体浏览全班同学画的角。）

2. 感悟角的特点

师：请大家仔细观察，这些画出来的角和他们在实物上找的角一样吗？哪些地方一样？

生1：都是尖尖的。

生2：有两条直直的线。

生3：两条线合在一起（用手比比怎么合在一起的）。

生4：有一个点。

……

师：大家发现的可真多！我们一起来整理：角都有两条直直的线；而小朋友说的"靠在一起""合在一起"这个意思在数学中就叫两条线"相交"；大家还发现这两条直直的线相交于一个点！

师：现在老师也来画一个角，请大家看仔细了！（师示范画角，并介绍角的组成及角的标示方法。）

师：这儿还有一些小朋友画的角，一起来看看这些角画对了吗？请快速判断并想想你的依据是什么。

平板电脑上出示题目，学生快速判断：①两条边不直（或有弧线边）；②

两条线不相交的；③顶点处描成了圆弧；④正确的角。

师：从大家提交的答案中可以看得出大家已经认识了角的特点，并能根据角的特点准确地判断哪些是角？同学们可真会学习啊！

师：现在让我们再来看看刚才的那个手机，上面有角吗？为什么？

生：手机上没有角。因为两条线连接的地方是弯弯的圆弧，不是一个点。

【环节分析】：利用实物操作，引导学生开展找角、画角、比画角、辨析角的活动，经历和体验图形"角"的抽象过程，探索角的特点，构建角的几何形象。这一环节将空间与平面相结合，将物体与图形相联系，是空间观念建立的重要过程。同时通过平板电脑每个学生参与判断，及时反馈，教师准确地了解了每个学生的学习情况。

（三）展开想象——空间观念的"生长"

1. 手势变角，感受大小

师：你能用手比出一个角吗？

生：两手的食指指尖靠在一起，比出一个角。

师：角娃娃很调皮，它还会变呢，想象一下，它会怎么变？用你的手指变变看！

学生一边想象一边用手势比画动作。

可能出现：①旋转角的方向；②将角变大；③将角变小；……

师：我看到有的学生是这样变的（手势比画角变大），角发生了什么变化？

生：角变大了！

师：哪变大了呀？

生1：张开的口子变大了。

生2：两条边之间的距离变大了。

生3：缝隙变大了。

师：看来，角的大小与两条边的张口有关，只要把张口变大，角就变大了。

（板书：张口大，角就大。）

师：既然角可以变大，那么它可以变小吗？试试看！

生：角的张口变小，角就变小了。（板书：张口小，角就小。）

2. 图上变角，比较大小

师：大家的操作启发了老师！我也想把这个画好的角变一变，请大家看看我是怎么变的。（教师把刚才画的角向外旋转一条边，形成一个新的角。）

师：看一看，这两个角，哪个大，哪个小？你是怎么判断的呢？

生1：角2大，因为角2的张口大，角1的张口小。

生2：因为角1在角2里面。

生3：因为角1和角2有一条边相同，但是角2的另一条边落在了角1的外面……

师：大家很会观察和比较！

3. 想象变角，分析关系

（课件出示角1）

师：角1想把自己变大，于是它将自己的两条边使劲延长。大家想象一下它的两条边不断延伸下去，能变大吗？为什么？

生：把两边伸长了，但角的张口根本没有发生变化，所以角还是没变大。

师：猜想是这样，我们都来验证一下吧！请你在互动题板上自己延长角1的两条边看看和我们的猜想是否一样呢？

（互动题板自行操作角1的两条边延长的过程。）

师：是啊，角的边变长了，可是角并没有变大，这说明什么呢？

生：说明角的大小与边的长短无关。

师：透过放大镜去看一个角，放大镜能放大角吗？（课件出示放大镜显示下的角。）

生：我认为不能，因为放大镜只是把我们看到的东西放大了，但是它无法改变角两条边的张口啊！

【环节分析】：学生通过角两条边的运动变化，进行对比、分析，从而发现角的大小与两边张口的大小有关，与边的长短无关。这一过程中，既有动手操作体会，又有观察图形、比较图形，还有想象图形的运动变化过程，从而发现图形的内部联系，是空间观念的进一步提升。

（四）实际应用——空间观念的"归宿"

1. 回头看一看——总结"角"

师：这节课我们学习了角，大家有哪些收获？

生1：角有一个顶点和两条边。

生2：两条直直的线相交于1点，就成了1个角。

生3：1条线旋转也能成1个角。

生4：角的大小与张口有关。

生5：角的大小与边的长短无关。

……

2. 回到生活中——应用"角"

师："角"在生活中的应用非常广泛，我们来欣赏一些生活中的照片，一起来找找"角"吧。

课件出示教材中的剪刀、钟表、红领巾、金字塔等图片，以及以下一些图片。

（截屏发送互动题板）

请把从这些图形中找到的角在图上画出来，如图6-68所示。

集体展示。

图6-68　生活中有角的图片

师：通过这节课的学习，我们初步认识了角的组成和特点，也会比较角的大小。在以后的学习中我们还会进一步学习角，还有许多奥秘等着我们去探索。

【环节分析】本环节在总结回顾本课学习的知识的基础上拓展生活情境，在生活中找角。当已经建立起"角"的空间观念时，学生再用新眼光观察周围环境和客观事物，他们将会感受到几何图形与生活的紧密联系。把我们的所学应用到生活中去，带着空间观念去探索世界是我们发展空间观念的最终目的。

七、教学反思与改进

数学来源于生活，空间观念的建立离不开生活观察和经验的积累。我们要学习的几何图形在生活中往往能见到它们最初的实体原型，唤醒学生的生活观察经验，空间观念的建立才会是"有源之水，有本之木"。可以说日常观察经验为空间观念的建立提供了基础和土壤，我们的空间观念将在这些土壤上生根发芽。

本节课我们通过平板电脑课前测了解学生学情，顺应学情帮助学生初步建立空间观念，课中运用客观判断、互动题板尝试方式让每个学生都动起来，让老师精准掌握每个学生的学习过程。再通过在实物中画角的方式，让学生从抽象回到实物中去，真正感悟角的本质。

空间观念的建立离不开动手操作，无论是从实物抽象出图形，还是在实物和图形中去探索、发现其内在结构及联系，都需要经历动手操作的过程。因此本课让学生亲自动手操作，通过"描一描、画一画""指一指、说一说""用手势比画比画"等活动，经历从几何体的表面中抽象出"角"的过程，体会角的大小变化过程。

空间想象是空间观念能力提升的体现，如果不能展开空间想象，仅仅是观察和操作，我们的空间观念将永远无法形成。本课让学生在"想象摸物""想象角的变化""想象边的延长"等活动的基础上进行对比、分析、感悟角的特点，体会"角"在不同的运动过程中，什么变了？什么没变？从而发现角的大小与两边张口有关，与边的长短无关。学生在想象、分析、思考的过程中，理解图形的运动变化，理解图形的内部联系，进一步提升了空间观念的层次。

当我们对"角"的空间观念建立起来之后，我们再回到生活中去，用几何的眼光去观察和探索世界，我们看到的与最初我们所看到的将会有所不同。空间观念来源于我们生活的周围环境又将应用于生活，将来我们会应用空间观念更好地去创造和改变世界，这是我们最终的目的。

学生的任何一个发展目标都不是一蹴而就的，需要我们每一堂课的点滴积累才能真正实现，空间观念亦是如此。一堂课无法让学生完全建立起空间观念，他们需要在教师的陪伴和引领下，在学习和生活中不断探索、尝试、反思和改进，才能实现最大可能地提高和发展。

成都市泡桐树小学西区分校　代阳兰　陈丹
指导教师：易昆

《Unit 5　Safety Lesson 1》教学设计与反思

一、教材分析

本课是人教版小学英语（一起）四年级（上）第五单元的第一课。本课时的教学内容主要围绕话题"Safety"展开，通过在家里和在街上的人物对话情景，呈现本课的目标功能句型，同时在 A 部分精听精学本课时的核心词汇，帮助学生进行精准表达，并在 B 部分练习中通过图片游戏操练 A 部分中出现的功能句型，从而帮助学生理解和学习在不同场景的不同安全规则。

本课是第一课时，通过创设情境引入本单元主题"Safety"并渗透关键词汇的学习，它在本单元的学习中占据着至关重要的作用，为后面核心句型和语篇学习做铺垫。教师不应只把孤立的单词、句型灌输给学生，让他们死记硬背，而应通过调动学生关于本单元主题的已知知识，从学生熟悉的学校规则入手，导入到本课主情境图（在家里和在街上）关于安全规则的学习。先充分调动学生的已知，然后通过主情境图来核查学生们已知的安全规则，最后详细学习本课时在家里的安全规则，并帮助学生进行精准表达。本课将以任务为驱动，勾连学生生活实际，结合图文情境，借图学文，以图促思，引导学生在特定的语境中大胆思考、分析、判断、归纳；以此来催化学生的建构能力、提升学生的思维品质和语言素养。

二、学情分析

本课的教学对象是四年级的学生。他们从一年级开始学习英语，具备一定的英语听说能力，对同一事物有自己不同的想法，也愿意分享自己的想法。本课是关于学生非常熟悉的话题"safety"，学生们特别熟悉在学校的安全规则，这会大大提高学生的兴趣，增大学生们的课堂参与度。但对于在家里和在街上的一些安全规则，学生们能理解但是还不能做到准确表达，因此需要教师精心分层设计，充分调动学生们的已有认识，帮助他们进行知识的梳理和归类，并在精学部分帮助学生进行精准表达。

充分借助"一对一"数字化环境的优势，通过优学派课前导学，创设问答题：What actions are not safe at school? 学生们通过思考在学校的不安全行为，上传自己的想法，进行课前预习，学生们会带着问题进入课堂，这会大大提高学生的学习兴趣，增大学生们的课堂参与度，充分调动学生们的已知知识，为新课的学习做准备。

三、学习目标

借助图片、音频、文字及教师的讲解，听懂会说重点词汇：climb on the window ledge，run down the stairs，play with fire.

通过不断地猜测、模仿人物对话内化语言，并运用核心语言"Be careful! Don't…It's dangerous."来说一说不同场景的安全规则。

借助读图答问，发展自身的观察、预测、分析、推理、归纳总结等思维品质能力。

在不同场景下关注安全规则并遵守，看到他人正在做危险的事情时，能劝阻并告知危险性。

四、学习重难点

(一) 教学重点

能够借助图片及已有生活经验来猜测单词或话语的意义。

能够理解、认读重点词汇和句子。

(二) 教学难点

根据情境准确表达核心词汇：climb on the window ledge，run down the stairs，play with fire.

根据特定场景，运用 Be careful! Don't…It's dangerous. 阻止他人正在做危险的事情并告知其危险性。

在课中，通过优学派连线题和复合题的练习，及时检测学生们对于本课重点词汇和句型的掌握情况。教师结合反馈信息，及时发现学生在学习过程中遇到的困难，以学促教，以学定教，并提供有针对性的指导。

五、学习资源及技术使用说明

优学派智慧教育平台、多媒体课件、单词卡片、音频、视频。

六、教学过程设计

(一) Step1：Greetings and Lead-in

1. Greetings

T：Hello，boys and girls !

Ss：Say "Hello" to the teacher.

(设计意图：教师和学生打招呼，拉近与学生的距离，做好上课准备。)

2. Lead-in

T：(Free talk) What can't we do at school?

Ss：学生分享课前导学问题的不同想法 (如图 6-69 所示)，说出在学校里不能做什么。

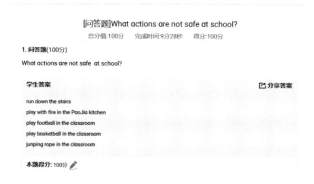

图 6-69　导学思考

（设计意图：通过优学派课前导学，创设问答题 What actions are not safe at school? 学生们通过思考在学校的不安全行为，上传自己的想法，进行课前预习，教师在课前了解学生们对本课 Safety 的知晓情况。这会大大提高学生的学习兴趣，增大学生们的课堂参与度，鼓励学生调动以往所学知识参与话题的讨论，为新课的学习做准备。）

（二）Step2：Presentation

1. At home

（1）T：What actions are not safe at home? Ss：Think and discuss.

（设计意图：激活学生关于家里安全规则的已知，师生互动共同建构关于本课安全规则的知识。）

（2）T：截图发送 At home 的情景图给学生，Can you find out "What actions are not safe?" Ss：在平板电脑上接收教师发送 At home 的情景图，并勾画出危险的行为（如图 6-70 所示）。（设计意图：借图学文，引导学生观察图片，调动自己的已知，找出主情境图 At home 中的危险行为。通过优学派平板电脑的截图发送功能，回传给老师，师生交流分享，教师根据学生的反馈了解不同学生对家里安全规则的已知情况，更好地以学促教。）

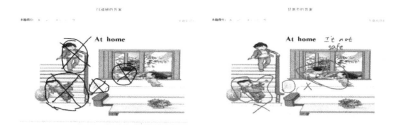

图 6-70　动脑判断

(3) 教师呈现 At home 的主情境图。

T：通过提问①Where are they? ②What can't they do? 引导学生观察 Bill 和 Baby 的行为，并讨论①Why can't they do that? ②What may happen? 启发学生思考，并猜测他们的妈妈在情境中会说什么，最后听音验证 What will their Moms say?

Ss：①Look and guess. ②Listen and check. 观察主情境图并回答问题，并根据自己的已知，大胆猜测会发生什么。根据情境猜测他们的妈妈会说什么。

（设计意图：借图学文，引导学生观察图片，调动自己的已知，并通过预测、听音、验证、模仿等方式调动学生思维，师生共同建构对话。训练学生听音的能力，并在情境中检测自己的已知是否和主情境图一致。）

2. On the Street

(1) T：（Discuss）What can't we do on the street?

Ss：思考在街上的安全规则，四人一组讨论分享。

（设计意图：四人讨论分享，激活学生关于街上安全规则的已知，师生互动共同建构关于本课安全规则的知识。）

(2) T 截图发送 On the street 的情景图给学生。

T：Can you find out "What actions are not safe?"

Ss：在平板电脑上接收教师发送的 On the street 的情景图，并勾画出危险的行为。（如图 6-71 所示）

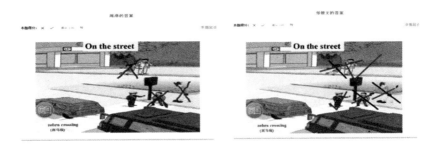

图 6-71 同问异答

（设计意图：借图学文，引导学生观察图片，调动自己的已知，找出主情境图 On the street 中的危险行为，并通过优学派平板电脑的截图发送功能回传给老师，师生交流分享，教师根据学生的反馈了解不同学生对街上安全规则的已知情况，更好地调整教学。）

（3）教师呈现 On the Street 主情境图。

T：通过提问①What actions are not right on the street?

②Why can't they do that?

③What may happen?

引导学生观察 the girl 和 the man 的行为，并启发学生猜测：What will the girl's dad say? /What will the policeman say?

Ss：①Look and guess. ②Listen and check. 观察在街上的主情境图并回答问题，并根据自己的已知，大胆猜测会发生什么，并猜测女孩的爸爸和警察会说什么。

（设计意图：借图学文，引导学生观察图片，调动自己的已知，并通过预测、听音、验证、模仿等方式调动学生思维，师生共同建构对话。同时训练学生听音的能力，并在情境中检测自己的已知是否和主情境图一致。）

3. Part A

（1）T 引导学生聚焦并精学在家里不同房间的安全规则.

T：出示 living room/ kitchen 的图片引导学生借图学文，并尝试精准表达。

Ss：看图并思考在 living room/ kitchen 的安全规则，聚焦情景中人物的危险行为并①Look and guess. ②Listen and check. ③ Role-play.

（设计意图：引导学生观察图片，调动自己的已知，并通过预测、听音、验证、模仿等方式调动学生思维，并通过角色扮演的形式继续练习，精学目标语言。）

（2）Match and choose.

Ss：平板电脑上练习：①Look and match（如图 6－72 所示）. ②Listen and choose.

（设计意图：教师通过优学派发送连线题和复合题的练习，及时检测学生们对于本课重点词汇和句型的掌握情况。教师利用优学派及时反馈功能，测试学生阶段学习效果，反馈学生知识内容掌握情况，及时发现学生在学习过程中遇到的困难，发现教学新难点，教师再通过讲解、演示等形式加以总结，并提供有针对性的指导。）

[复合题]Listen and choose.

总分值:100分　完成时间:1分5秒　得分:100分

查看原文

1-1. 单选题(20分)

○ A． It's dangerous!

○ B． play with fire

◉ C． climb on the window ledge

○ D． run down the stairs

✓ 回答正确。　　　　+20分

正确答案：C

1-2. 单选题(20分)

○ A． climb on the window ledge

○ B． play with fire

◉ C． It's dangerous.

○ D． Be careful!

图 6-72　课中精练

（三）Step 3：Consolidation

1．Teamwork（Make the Safety Poster.）

T：讲解四人合作的活动要求，并给予帮助。

Ss：Work in four. Take the photo of the poster and send it back to the teacher（如图 6-73 所示）。

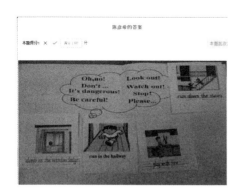

图 6-73　合作海报

（设计意图：通过优学派拍照上传的功能，学生及时上传他们的小组讨论作品，学生之间可以相互分享图片，交流讨论，生生互评，延伸学生理解，学以致用，形成巨大的学习空间。四人合作，学生在情境中练习巩固目标语言，除了运用本课的核心词汇和单词，更鼓励学生们联想发散出更多的安全规则。）

2．Video Education

T：Play the Safety video. Ss：Watch the video.

（设计意图：安全视频再次帮助学生明白安全的重要性。）

（四）Step 4：Homework

T：Send Homework to Ss.

Ss：完成作业，将读的作业录音上传（如图6-74所示），将书写的作业拍照上传。

（设计意图：课后练习可操作可检测，进一步巩固知识。通过优学派拍照和录音上传功能，学生发布自己的作业，由教师与同学互评，交流学习经验。同时教师可以进行个别辅导，学生可以进行随时随地的学习，极大拓展学习空间。）

图6-74 云端作业

板书设计：

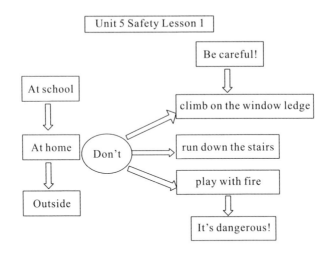

七、教学反思与改进

本课充分借助诺亚舟优学派电子书包"一对一"平台，在课前导学：突破了空间限制、组织形式限制，将传统"先教后学"的课堂结构转变成"先学后教"，让学生在课前将学校里发现的危险行为拍照并上传，突出了以学生为中心，让学生成为学习的主人，掌握主动性，以自己的视角出发，带着问题进入新课的学习。老师作为学习的指导者，改变了传统的老师单向灌输，学生单向接受的学习模式。这是教育革新的核心与关键。在课中学习：通过优学派平板电脑的截图发送功能，学生在平板电脑上的思考痕迹也能通过优学派平板电脑的发送功能回传给老师，这给学生最大的发展空间，让学生充分表达自己的意见，实现了学习个体与知识、学习个体之间的互动探究，可为学生提供互动、多维度的学习资源，做到从书本走向学生的实际生活。同时通过优学派连线题和复合题的练习能够及时检测学生对本课重难点知识的掌握情况，并根据学生们的反馈在教学过程中适当更改教学环节和内容，发布新的学习资料和任务。真正做到以学生实际出发，以学生自己的学习步骤，优化课堂教学设计。在课后延伸：通过优学派拍照和录音的功能，学生可以在共享区发布自己的作业，由教师与同学互评，交流学习经验，同时教师可以进行个别辅导，让学生可以随时随地地进行学习，交流发现，学生很喜欢这样的形式，他们觉得录音交作业更有挑战性，都想做好，促进了课后的高效个性化学习。

课后，首先，教师发现在课前导学部分，学生上传资料中是否有不安全的照片，其次还可以给他们更多时间，分享交流讨论，并小组合作，在课前汇报分享。这样更能从学生的视角了解他们对于本课新知识的知晓情况，更能有针对性地设计本课的教学内容。在课中，教师能结合反馈信息，及时发现学生在学习过程中遇到的困难，比如在听音选择时，孩子们第一遍没做完，可以反复多练习几遍，并根据情况及时反馈，查出学生的具体掌握情况，找出难点，进行有针对性的突破，实现以学促教，以学定教，并提供有针对性的指导。在合作活动时，如果能实现以小组为单位接收相同的图片，学生们通过平板电脑的互动题板功能制作自己的安全海报，并以小组形式汇总成一本电子书，根据电子书的内容，综合运用本课的核心词汇和句型，进行电子书的配音，制作成有声电子书，供大家共同分享，相互交流，课堂的生成会更加丰富多彩。

成都市泡桐树小学西区分校　杨三斯

本课获得"成都市 2019 年小学英语课堂教学展评活动一等奖"

《声音的传播》教学设计及反思

一、教材分析

《声音的传播》选自教科版小学科学四年级上册第三单元《声音》的第五课，属于物质科学领域下"声音"部分中声音传播方面的内容。本节课是在学生已经学习了发声物体的振动、音高由频率决定和音量由振幅决定等知识的基础上去探究声音传播的特点。

在教材内容的编排上，本节课涵盖的知识点有：声音以波的形式传播以及其路线图的绘制；声音通过各种物质进行传播；声波具有能量，遇到物体使物体振动（图 6-75）。

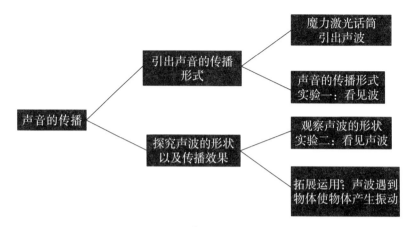

图 6-75 《声音的传播》知识点

二、学情分析

学生年龄特点分析：四年级的学生正处于具体思维向抽象思维形成的阶段，学习积极性高，实验兴趣浓厚，基本具有动手操作的能力，但是基础知识薄弱，科学探究习惯尚未养成。

学生课前概念认识分析：学生在日常生活中已经对声音有了初步的认识，但是仍不知道声音的路线图、传播过程以及原理，通过本节课学习能够形象直观地通过"看见声波"等实验知道声音传播过程的知识，并且解释"锡纸录音机"的工作原理。

三、教学设计思路

（一）设计理念和思路

本节课的设计采用探究性实验的教学理念，整节课围绕声音的传播来展开，一步一步带领同学进入声音的世界，根据本节课的特点，进行了以下处理（图 6-76）：

图 6-76 设计思路

（二）创新点

教学环节新颖：自制教具"魔力激光话筒"引入课题，增加学生兴趣，

"看见声波"的实验探究声音传播的图像，激发学生好奇心，引出声波；然后让学生听各种地方的声音，证明声音通过各种物质传播；最后一个视频展示"锡纸录音机"论证声波遇到物体使物体振动，声波具有能量，激发学生对声音的深度探索。

教材处理创新：教材中并没有让学生清晰地知道声音的传播形状，仅是以水波类比声波，并不直观。让学生清晰地探索且看见声波的形状，探究影响波动的因素是我的设计创新点。

以游戏"看看谁的声音多"的方式让学生听不同物质发出的声音，增加了同学们学习的积极性和探索性，在游戏中探索学习，进而理解到声音在不同物体中的传播效果。

声波遇到物体使物体振动的现象，书中本无实验验证。我利用锡纸录音机的视频，不仅能够看到声波遇到物体使物体振动，还能知道声波具有能量，声音大能量高物体振动更加明显。

自制材料：魔力激光话筒，声音显形器，锡纸录音机。（如图6-77所示）

磨力激光话筒　　　　　　　　　　　声音显形器

锡纸录音机

图6-77　自制材料

四、教学目标

科学知识目标：理解声音是以波的形式通过各种物质进行传播，声波遇到物体使物体振动。

科学探究目标：能够正确地进行"看见水波""看见声波"的实验操作，学会绘制声波波动的路线图，知道声音在不同物体中传播效果不同。

科学态度目标：打破学生对声波形状的模糊概念，培养学生探究出真知的科学精神。科学技术、社会环境目标：了解声音的传播在生活中的应用，意识到古人智慧以及科学技术的应用对现代社会的发展有着深远的影响。

五、教学重点、难点

重点：声音路径图的绘制，振动快声波波动大，振动慢波动小。
难点：声音在不同物质中传播效果不同。

六、教学过程

（一）引入

1. 演示实验引入

用自制的教具"魔力激光话筒"（图6-78）进行引入。

图6-78 魔力激光话筒

2. 课堂引导，集体探索

请同学们思考这个问题：红点之所以随着我的声音跳动，是因为声音的振动吗？（引导学生回答）

3. 提出问题，引出课题

提出问题：声音是以什么样的形式传播的呢？就让我们带着问题开启今天的"声之旅"。

（二）实验一：类比水波

让学生用发声音叉接触水面，水面产生涟漪（图6-79）。运用类比法，把水波类比成声波。得出结论：声波像水波一样一个接一个传递，声音以波的形式传播。

图 6-79　类比水波

提出问题：波是什么样的形式呢？

（三）实验二：看见声波

1. 画一画

声波到底是什么样子的呢？让学生在电子白板上猜想并画出声波的样子。

2. 领取器材，进行实验

（1）实验步骤：

通过播放微课展示自制教具"声音显形器"的使用方法。各小组进行分组实验，并将实验结果画在实验记录单上（图 6-80）。

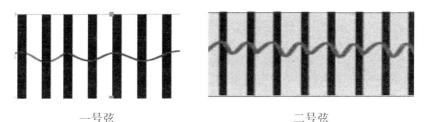

一号弦　　　　　　　　　　　二号弦

图 6-80　看见声波（学生绘制声波）

小组汇报实验结果，绘制声音传播路线。组长将实验记录单用平板电脑拍照后上传，各小组汇报实验结果并绘制声音的传播路线。

（2）得出结论（图 6-81）。

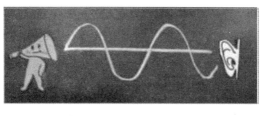
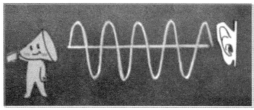

图6−81　波的形状

声音以波的形式进行传播。

声波呈现波浪形。

振动快，波动大；振动慢，波动小。

（四）听一听

学生用平板电脑倾听各种不同的声音，并在平板电脑上用老师所给出的物体模拟发声。

思考：声音通过哪些物质可以进行传播？效果一样吗？

结论：声音通过物质进行传播，在不同物质中传播效果不同。

（五）拓展

根据声波的频率不同，声音振动的快慢也就不一样，我们可以把声音记录在锡纸录音机上（如图6−82所示）。（视频播放锡纸录音机的效果）

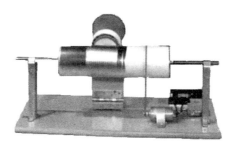

图6−82　锡纸录音机记录声音

（六）课堂小结，布置作业

1. 你还可以设计哪些实验证明声波使物体振动呢？

2. 查阅资料，看看生活中还有哪些地方用到了声音的传播？

七、教学反思

教学过程中，我采用实验加视频的方式进行，以演示实验魔力激光话筒引出声音的传播形式，展开对声音是如何产生的研究。此教学过程的优点是让学生自己思考、实验得出结论，不足之处是在研究液体以及气体也能产生声音时只是一带而过，风的声音比较抽象，学生难以理解；总结出"声音是由物体的振动产生的"后，没有再对风声做具体解释。另外，在讲到"声以声波的形式传播"时以水波为例展开解释。学生对于"波"这种现象是很难理解的，但是水波学生比较常见，这节课后学生掌握住了声以波的形式传播，却依旧不明白"声波"是一个什么形式，所以紧接着让学生使用自制的教具"声音显形器"观察声波的样子，从而达到预期的效果。

整节课总体不足是学生积极性过于高涨，课堂节奏把控不严谨。由于本节课知识相对较少，所以还有剩余时间，不应该直接抽问，可以采取提问抢答的方式加深印象，让学生在课上能很好地掌握知识，这是本节课上完不满意的地方，以后一定要更好地利用课堂的四十分钟；语言有时也不太规范，比如固液气应该说固体、液体、气体。

成都市泡桐树小学西区分校　李晓凤

《沉浮与什么因素有关》教学设计与反思

一、教材简析

《沉浮与什么因素有关》是《沉和浮》单元中第二课的内容。在前一课的教学中，学生已经了解到同种材料的物体的沉浮与其重量、体积大小没有关系，那么到底与什么因素有关呢，这是学生经过学习之后自然而然产生的疑问，本节课就要来解决这个问题。"探究既是科学学习的目标，又是科学学习的主要方式"。在本课的教学过程中我始终坚持以学生为主体，充分解放学生的大脑和手脚，为学生准备了充足的教具和学具，使全体学生都能主动、积极地参与到科学探究中来，品味科学探究的乐趣，体验成功的快乐。同时提高了学生的科学探究能力，培养了团结协作的团队精神。

这节课主要有四个教学环节。第一，分析物体在水中的沉浮规律；第二，控制其他因素进行研究；第三，潜水艇的研究；第四，制作浮沉子。它主要的教学环节在第二、三两个环节，第二个环节，利用对比实验的方法，探究不同材料的物体的沉浮与其重量及体积关系的规律。第三个环节，探究如何改变"潜水艇"的沉浮状态的实验，从而认识到体积相同的条件下，改变整个物体的重量可以改变其沉浮状态。学习完这节课之后，又为后面继续研究物体沉浮规律作铺垫。

二、学情分析

对于学生来说，沉和浮的现象并不陌生，他们知道很多物体在水中的沉浮情况，但到底物体为什么会有沉有浮呢，究其原因他们并不了解，所以这节课就是要通过大量的实验，使学生认识到不同材料构成的物体的沉浮规律。

三、教学目标

（一）科学概念目标

1. 物体的沉浮与自身的重量和体积都有关。

2. 不同材料构成的物体，如果体积相同，重的物体容易沉；如果重量相同，体积小的物体容易沉。

（二）科学探究目标

1. 用控制变量的科学方法，探索物体沉浮的原因。

2. 学习用分析的方法研究影响沉浮的因素。

（三）科学态度目标

1. 在实验中理解控制变量的科学方法和思想的意义。

2. 感受科学原理应用于实际的巨大作用。

（四）科学、技术、社会与环境目标

1. 了解物体的沉浮原理在潜水艇中的应用。

2. 改变物体体积、轻重能改变沉浮状态，寻找相关的事例。

四、教学重、难点

重点：不同材料构成的物体，体积相同重的容易沉，轻的容易浮；质量相同时体积小的容易沉，体积大的容易浮。

难点：对比"同种材料构成物体的沉浮与自身的重量和体积无关"与"不同种材料构成的物体沉浮与自身的重量和体积都有关"这两个概念的矛盾冲

突点。

五、学习资源及技术使用说明

（一）学习资源

教师准备：NB 虚拟实验平台。

学生准备：每个学生一台平板电脑。

（二）学习资源及技术使用说明

老师在第一节课结束后通过"优学派智慧课堂"平台布置作业，通过第一课的学习我们知道，同种材料的物体的沉浮与其重量、体积大小没有关系，那么到底与什么因素有关呢？

抛出此问题，让孩子们去思考、查找、实验，或同学讨论、或问家长，学生通过"优学派智慧课堂"平台完成并上交作业。这既让老师了解了孩子们对"物体的沉浮"的掌握情况，又把孩子们的思路引到即将学习的内容上来。

学生用平板电脑借助 NB 小学教学平台的虚拟实验操作方便、快捷、效果明显，再次验证让学生更清楚"体积大小与沉浮没有关系"。

探索二"潜水艇研究"中，小瓶子下水后再取出来装沙子，容易把水和沙子沾得到处都是，沙子取起来比较麻烦，试验需要很多次才能成功，花的时间比较多难度比较大。我校每一节课 35 分钟，时间明显不够用，改成教师演示试验，35 分钟能完成教学。

老师在教授本课内容结束后通过"优学派智慧课堂"平台布置同步课堂练习，及时把本课重要知识点发布给学生练习，学生提交作业后，平台系统可以瞬间完成对每一个学生完成质量和全班学生完成情况的评价，老师可以马上根据学生出现的问题、学习遇到的难点进行讲解，针对性强，效率高。

六、教学准备

教师准备：微课、NB 虚拟实验、潜水艇模型。

学生准备：每个学生一个平板电脑、每个小组一个水槽、一套相同体积不同重量的球、一套相同重量不同体积的立方体、小瓶子、沙子等。

七、课前导学

第一课的学习我们知道，同种材料的物体的沉浮与其重量、体积大小没有关系，那么到底与什么因素有关呢？

（第一节课结束后抛出此问题，让孩子们去思考、查找、实验，或同学讨论、或问家长。这既让老师了解了孩子们对"物体的沉浮"的掌握情况，又把孩子们的思路引到即将学习的内容上来。）

八、教学过程

（一）聚焦：揭示课题（预设 5 分钟）

（出示 PPT 图片：苹果、小石头、萝卜、泡沫、木块、回形针、小瓶子。）

1. 提问：我们已经知道，同一种材料构成的物体，在水中的沉浮与它们的轻重、体积大小没有关系。那么不同材料构成的物体，在水中的沉浮与它们的轻重、体积大小有关系吗？（预设：重的沉，轻的浮，大的沉，小的浮。）

2. 学生观察按体积大小顺序排列七种物体，再标出它们在水中是沉还是浮。想一想，物体的沉浮和它的体积大小有关系吗？（预设：体积大小与沉浮没有关系。）

3. 学生观察按轻重顺序排列七种物体，再标出它们在水中是沉还是浮。想一想，物体的沉浮和它的轻重有关系吗？（预设：物体轻重与沉浮没有关系。）

4. 当我们对这些物体进行比较时，为什么看不出它们的轻重、体积大小与沉浮之间的关系？

5. 揭示课题：沉浮与什么因素有关（板书）。

（二）探索一：控制其他因素进行研究（预设 25 分钟）

（材料准备：相同体积不同质量的小球五个，相同质量不同体积的立方体五个，实验报告单两张。）

1. 出示实验材料，教师展示实验材料及讲解材料用途。

2. 出示实验记录单，请同学们说一说要怎样填写。

"沉浮与什么因素有关"实验报告单，见表 6-4。

表 6-4 沉浮因素实验一、二报告单

第（　）小组

实验一：相同体积不同质量的小球的沉浮（从重到轻排列）

小球	1 号	2 号	3 号	4 号	5 号	我们的发现：
预测						
结果						

实验二：相同质量不同体积的立方体的沉浮（从小到大排列）

立方体	1号	2号	3号	4号	5号	我们的发现：
预测						
结果						

3. 小组领材料，实验观察，记录分析。

4. 交流汇报：

（1）从第一组材料的实验中，我们观察到什么现象？（预设：体积相同时，重的容易沉，轻的容易浮。）

（2）从第二组材料的实验中，我们观察到什么现象？（预设：质量相同时，小的容易沉，大的容易浮。）

（3）对比这两组实验我们发现怎样的物体更容易浮？（预设：体积大轻的容易浮，体积小重的容易沉，物体的沉浮与自身的质量和体积都有关。）

（4）小结：不同材料构成的物体的沉浮与自身的质量和体积都有关。

5. 提问：为什么用上节课的物体进行比较看不出物体大小、轻重对沉浮的影响，而用这两组材料进行研究时能够看出物体的轻重、体积大小与沉浮的关系？（预设：上节课的材料同时改变了几个条件，影响了实验的准确性。）

（三）探索二：潜水艇的研究（预设8分钟）

（材料准备：水槽，小瓶子，沙子若干，实验记录单。）

1. 教师展示潜水艇模型。请同学们说说你知道的潜水艇。

2. 潜水艇既能在水面航行，又能在水下航行。它是应用了什么原理呢？让我们来做个模拟实验。

"潜水艇"沉浮实验记录单，见表6-5。

表6-5 "潜水艇"沉浮实验记录单

第（ ）小组

小瓶子状态	大部分浮	小部分浮	沉到底	
沙子数量				

3. 组织讨论：这个活动改变了什么因素？没有改变的因素是什么？（预设：改变了物体的质量，物体的体积没有改变。）

4. 学生尝试用这个实验结论去分析潜水艇的工作原理。在此基础上阅读教材第6页的灰色文字。

（四）拓展：制作浮沉子（预设 2 分钟）

自学资料库 21 页。制作一个"浮沉子"，下节课进行展示。

九、板书设计

沉浮与什么因素有关

不同材料构成的物体沉浮与自身的质量和体积都有关

体积大质量小易浮，体积小质量大易沉

十、作业设计

（一）选择题

1. 下列物体放入水中，都会下沉的一组是（B）

A. 小石头、泡沫块　　　B. 回形针、橡皮　　　C. 蜡烛、铁块

2.1 千克铁在水中是下沉的，和它相同重量的木块在水中会（B）

A. 下沉　　　　　　　B. 上浮　　　　　　　C. 不确定

（二）判断题

科学家往往采用控制其他因素不变的方法，来研究某一个因素是否对物体产生作用。（对）

十一、教学反思与改进

我校每一节上课时间为 35 分钟，本课设计了三个探究实验，加上思考、讨论和结论的归纳总结等，时间明显不够用，在第一次上课以后我做了以下调整：

探索一：控制其他因素进行研究的两个探究实验改用 NB 小学教学平台的虚拟实验，实验操作变得方便、快捷、效果明显。

探索二：潜水艇研究中，小瓶子下水后再取出来装沙子，容易把水和沙子沾得到处都是，沙子取起来比较麻烦，需要实验很多次才能成功，花的时间比较多难度比较大，改成教师演示试验。

希望能让学生在平板电脑上采用 NB 小学教学平台的虚拟实验（需要得到学校及相关技术的支持），学生可以自己思考、设计、控制其他因素，改变条件，多次反复实验，变被动学习为主动研究，一定会从中领悟更多科学道理，从小埋下热爱科学的种子。

成都市泡桐树小学西区分校　李益

《神奇的纸》教学设计与反思

一、教学内容分析

《神奇的纸》一课选自教科版科学二年级上册《材料》单元第 4 课。本课以纸作为教学载体，让学生经历改造一张纸的活动，通过体验和比较改造前后纸的性能变化，多角度地认识材料，激发学生对材料的探究欲望。

二、学习者分析

学生在此前已对纸有了初步的认识，但这种每天都能接触到的材料几乎从未引起过他们的兴趣和关注，且二年级的学生注意力保持时间较短，因此本课我使用学生感兴趣的"一对一"数字化教学手段（如实时直播），引起学生的无意注意，激发学生的学习好奇心，为课程的学习做下一定铺垫。

二年级的孩子动手能力与一年级相比有一定进步，但要折出符合实验要求的瓦楞纸，仍需教师耐心示范折纸的方法。

三、学习目标

（一）科学概念目标

1. 材料经过加工、改造、优化后其性能会发生改变。

2. 性能得到改变与优化的材料可以用来制作具有一定功能的物品。

（二）科学探究目标

1. 能在教师指导下对普通的纸进行简单加工与改进，比较纸在改变前后的变化。

2. 能用语言描述纸改造前后的变化。

（三）科学态度目标

1. 发展加工、改造材料的兴趣。

2. 尝试多角度、多方式地认识材料。

（四）科学、技术、社会与环境目标

了解瓦楞纸的出现给人类生活带来了便利，并随着人类的需求不断改进。

四、学习重难点

重点：引领学生对比感受改造前后纸的差异。

难点：引领学生用准确的语言描述改造后纸的特点。

五、学习资源及技术使用说明

材料准备：白纸、瓦楞纸、热水、玻璃杯、字典、橡皮、记录单等。

技术准备：优学派电子书包。本课使用了优学派电子书包的以下几个功能：拍照上传、投票选择、实时直播。学生将改造后的纸作品拍照上传，能够让学生们通过多媒体电脑屏幕清晰地看到每一个学生的作品，直观明了；投票选择这一功能能让教师快速了解学生的实验情况，做出有针对性的指导和教学；在教师演示鸡蛋落在瓦楞纸上的情况这一实验时，许多学生为了看清桌面上的实验情况会不由自主地站起来靠近讲台，造成课堂教学受到干扰，利用实时直播功能能让每个学生在自己的座位上看清实验的每一个细节，很好地解决了这一问题。在科学课堂上合理使用上述"一对一"数字化教学手段，可以使课堂变得更加高效并富有趣味性。

六、教学过程设计

（一）聚焦（预设 5 分钟）

1. 师：（课件出示变形金刚图片）孩子们，你们知道这是什么吗？

生：（预设）变形金刚。

师：变形金刚可以变成什么样子呢？

生：汽车、飞机。

师：如果可以，你还希望变形金刚变成什么样子呢？

生：（预设）火车、冰箱……

师：老师今天也带来了一个不一样的变形金刚，看——（出示白纸）这是一张神奇的纸，它也是一个变形小能手，在你们的帮助下，它能像变形金刚一样变成许多不同的样子，还能拥有一些新的能力。现在就请孩子们对手中的纸进行改造，让它拥有与众不同的能力吧。（板书课题）

（生对纸进行改造，并用优学派平板电脑将改造后的作品外观拍照上传。）

2. 多媒体展示学生的改造作品，并请学生描述改造后的纸拥有了什么新功能。（优学派能在多媒体上将所有同学的作品全部展示出来。）

（二）探索与研讨（预设 30 分钟）

师：老师也改造了一张纸，一起来看看（出示瓦楞纸），你们猜猜我是怎么对它进行改造的？

生：猜测（预设：折叠）。

师：折叠之后，它和之前有什么不一样了？

生：它的侧面变成了锯齿状。

师：观察得真仔细，折叠后纸的侧面变成了锯齿形，或者说折线形，这个形状很像古时屋顶上的瓦楞，因此我们把这样的形状称为瓦楞状，把折成这种形状的纸称为瓦楞纸。

师：那改造后得到的这张瓦楞纸，拥有了什么新的能力呢？

生：预测（预设：变硬、能够承受更重的重量、有弹性、防烫、防水……若学生难以说出瓦楞纸的功能，可向学生出示生活中瓦楞纸的应用，再次引导学生进行猜测）。

师：口说无凭，我们的猜测需要通过实验证明。你们想用什么样的方法验证它的新能力？

生：（预设：在瓦楞纸上放物体，看能不能承受物体的重量；在杯子里倒上热水，看能不能隔着瓦楞纸感受到水的温度。）

师：那怎么验证瓦楞纸是否拥有了弹性这个新特征呢？（学生可能认为瓦楞纸的弹性是在水平方向上的弹性）瓦楞纸在这个方向有弹性，那另一个方向有没有弹性呢？

出示两张相同材料的纸，一张不做处理，一张折成瓦楞状。

师：如果瓦楞纸有弹性，我在两张纸上方相同的高度让粉笔自由落下，会出现怎样的现象？

生：（预设：掉落在普通纸上的粉笔会断裂，掉落在瓦楞纸上的粉笔不会断裂。）

师演示实验，并利用优学派的直播功能向全班展示实验细节。

师：那如果把粉笔换成鸡蛋呢？

再次通过优学派平板电脑直播演示实验。

师：看来由普通纸改造成的瓦楞纸的确拥有了有弹性这个新的功能，那让我们用同学们的方法，再来验证一下它是否也拥有了其他的几个功能呢（总结方法）。

生：动手实践——描述改造后纸的新功能，并利用优学派平板电脑的投票功能选择出自己的实验结果。

师：（对改造后纸的功能进行总结）根据不同的需求，我们可对不同的材料进行改造，使其满足我们的需要。

（三）研讨（预设 3 分钟）

经过改造瓦楞纸的性能竟然变强了这么多，那它在生活中的应用有哪些呢？

生：纸箱、防压板、隔热板……

（四）拓展（预设 2 分钟）

师：今天我们都是用什么方法改造了纸呢？

生：折叠。

师：那除了折叠的方法，你还能用别的方法对纸进行改造吗？

生：刷油、打蜡、塑膜、涂颜料……

通过今天的学习，相信学生们都能对纸进行改造，让它拥有更多新能力了，其实不仅是纸，生活中的很多材料都能经过我们的改造拥有更多的功能，一起在课后多探索和发现吧！

七、教学反思与改进

本课本身教学内容较多，加上学生年龄小，动手能力较差。因此，课堂教学时间紧，但为了让学生思维得到发散，我调整了一些教学内容，取消油纸这一部分拓展，又增加了一些别的内容。通过课堂教学的一步步引导，让学生自己思考瓦楞纸的特点并通过实验验证得出结论，再思考还能用怎样的方式对纸进行改造，初步培养了学生的发散性思维能力。

在教师演示实验的环节中，好奇心爆棚的学生们为了看清实验过程，纷纷围到讲台边，课堂教学很难有序进行下去。为了改善这一课堂状况，同时让每个学生在自己的座位上就能看清实验的每一个细节，我利用优学派平板电脑的实时直播功能，很好地解决了这一问题，学生们也看得津津有味，赞叹连连。因此在课堂上合理使用一些"一对一"数字化教学手段，能使课堂变得更加高效且富有趣味。

成都市泡桐树小学西区分校　拖木么尔扎

用图示法探究土家族民歌《乃哟乃》
教学设计与反思

随着课程改革和信息技术教育的推广和深入，信息技术与课程整合已成为教育界关注的焦点，由于学校的条件支持，笔者带二年级的学生体验了"一对一"数字环境下的音乐学习，初步构建小学低段自主型的音乐课堂。

一、教学内容分析

学生经过一年已有的音乐知识与基础性学习，在各项音乐活动中笔者观察发现大部分学生偏爱欢快活泼的歌曲，如一年级学习的哈尼族民歌《其多列》。我国民族众多，各民族又有着各自的丰富文化内涵，以学生的兴趣爱好为动力，抓住学生的喜好来了解学生，特以"少数民族歌曲"为切入点，选择人音版二年级上册第二课《幸福的歌》中《乃哟乃》这一课做教学设计。

《乃哟乃》是一首简短的土家族民歌，四二拍，全曲由五个小乐句组成。旋律中只用"do mi sol"三音，而且每个乐句的句尾最后一小节都是"sol mi do"，顺序、音高、节奏完全相同。旋律简单而不单调，欢快而热烈。在"说一说""听一听""唱一唱""跳一跳"的音乐活动中，学生体验、参与和探究，表达出土家族小朋友对幸福生活的赞美。

二、学习者分析

活泼好动是二年级学生的年龄和心理特点，孩子们好奇心和求知欲很强，有意注意力时间较短。用图示法学习歌曲的旋律，简单易学，符合二年级学生的心理和年龄特点。教师要有效进行动静结合，用丰富多彩的音乐活动来提高学生们的参与热情，让学生感受快乐的学习氛围，充分发挥出学生的自主能动性。通过循序渐进的学习来加深学生对音乐的感受力和对土家族民歌风格的良好体验。

歌曲《乃哟乃》的学习离不开学生们的多遍聆听与情景式的体验，教师作为学生学习的助推者，应引导学生带着明确的目的去听歌曲，在参与活动的过程中强调听的有意注意，使得学生的聆听更有针对性。在二年级的第一课学唱了三拍子歌曲之后，本课让学生对比体会二拍子歌曲的特点，学生将其进行对比与体验，在感受土家族歌曲音调特点的同时，从感性上体验音程结构的关系，通过音程模唱，进入新一轮唱名模唱的练习。只有当新的学习与原有的认知经验相匹配时，学生才有能力发展自主学习，进行有意义的自主建构，才能获得一定的学习潜力。

三、学习目标

《乃哟乃》这节课的学习目标，见表6-6。

表6-6　《乃哟乃》学习目标

1. 能够用自然、有弹性的声音、欢快的情绪演唱歌曲《乃哟乃》
2. 能准确模唱"sol mi do"三个音，并能根据图示法用唱名模唱歌曲的旋律
3. 在"听、说、唱、练、跳"的音乐活动中，体验与表达出土家族儿童对幸福生活的赞美

四、学习重难点

《乃哟乃》这节课的学习重难点及解决措施，见表6-7。

表6-7　学习重难点及解决措施

学习重点	用自然、有弹性的声音演唱歌曲和简单的摆手舞来体验、表达歌曲的快乐情绪
解决措施	紧扣本课教学内容，学生能用正确的声音学唱歌曲《乃哟乃》，以"少数民族"为切入点，加入丰富的音乐活动，充分展现土家族儿童对幸福生活的赞美
学习难点	1. 歌曲《乃哟乃》第四、五乐句："51　53｜113｜"和"11　53｜11　3｜"的旋律音准 2. 对比蒙古族民歌《草原上》和土家族民歌《乃哟乃》，分小组合作讨论两首歌曲的不同特点
解决措施	1. 运用图示法教学及多遍有效聆听去解决歌曲中的难点旋律 2. 学生自主完成欣赏后与小组合作讨论出两首歌曲的不同，教师从情绪、速度上引导学生去感受和体验，这一环节初步体现学生的合作与探究能力

五、学习资源及技术使用说明

本课基于"一对一"数字环境下的音乐学习，在学习资源上选择了优学派电子书包,学生利用平板电脑学习新课。教师使用截图发送和互动题板的功能,学生在平板电脑上接收信息并自主完成各项音乐活动,初步培养小学低段学生在音乐课堂上的自主学习能力。

六、教学流程与设计

以学生为中心,从学生的实际学情出发,设计课前、课中、课后三个部分(如图 6—83 所示)。

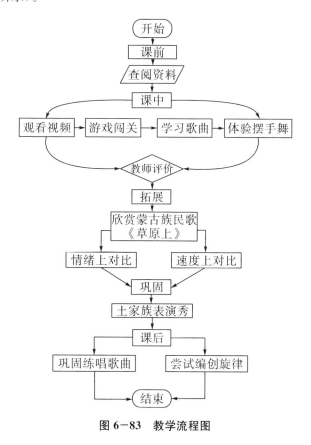

图 6—83 教学流程图

(一)课前激趣,独立学习

课前学生借助网上资源,利用搜索功能查阅资料(如图 6—84 所示),了解我国少数民族的相关信息,部分学生进行了延伸:查阅了不同少数民族的节日、服饰、舞蹈等,初步培养学生自主学习和探究学习的能力,激发学生的好奇心和学习兴趣。

图6-84 学生查阅资料

（二）课中循序渐进，体验与探究

用播放视频的方式吸引学生的注意力，开始探索性的学习。学生在有趣的视频中开启新课的学习。通过观看视频，学生初步了解土家族人民喜爱的生活方式，为新课的学习做好准备。

在音乐片段中初步感受情绪，利用截图发送和智能题板的功能，学生在平板电脑上选出听到的歌曲编号和节奏（如图6-85所示），初步培养学生的听辨能力。用"一对一"的教学方式，教师能更及时、更直观的了解与掌握学生的真实学习情况。在"一对一"数字环境下，学生也能更积极参与学习，对音乐学习产生新鲜感和学习兴趣。

图6-85 学生在平板电脑上答题闯关

通过观察歌谱发现歌曲的特点，反复模唱后学生在智能题板上排列三音的高低顺序（如图6-86所示），试着把课堂还给学生，学生通过图示法来学习歌曲旋律，感知旋律的特点及变化，加深旋律印象（如图6-87所示）。同时加入了学跳摆手舞的环节（如图6-88所示），学生能够更充分体验与进一步了解土家族，在"听、说、唱、练、跳"的音乐活动中表达出土家族儿童对幸福生活的赞美。

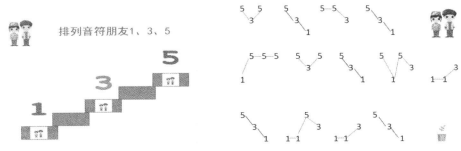

图 6-86　学生在平板电脑上排列三音　　　图 6-87　用图示法学习歌曲《乃呦乃》旋律

图 6-88　师生共跳摆手舞

　　小学低段学生的个体音乐学习经验库是非常单薄的，不利于自主性意义的建构。在音乐课堂中，加强合作、探究的环节就是自主性意义建构的有效方式，学生通过小组合作、探究学习，对自我已有的经验进行梳理、归纳、建构，形成新的经验，能更好推动其自主学习能力的进一步提高和素养的形成。

　　因此，在拓展部分设计让学生欣赏蒙古族的民歌《草原上》，这首歌曲速度稍慢、风格优美抒情，恰好与《乃呦乃》形成鲜明的对比。用小组合作的方式来讨论两首歌曲的不同，引导学生从情绪和速度两方面展开讨论，在活动中充分调动学生的积极性，逐步培养学生的小组合作能力以及对作品的感受、理解能力。

　　最后在一场土家族表演秀中结束新课，教师给予学生鼓励性评价，每个学生积极参与到音乐活动中来，锻炼与提升了学生的舞台表现力，逐步培养学生自主学习的能力。

　　（三）课后巩固，创造与编创

　　创造性是一切艺术的生命源泉，音乐学习的本质就是创造。课后学生进行歌曲巩固练习，鼓励学生根据歌曲的特点，尝试用"×× ×"的节奏和"do mi sol"三音编创旋律（如图 6-89 所示）。初步培养学生在音乐活动中的编创能力，提高学生在音乐活动中的积极参与性，让音乐属于每一个孩子。

图6-89　学生尝试编创旋律

七、教学反思与改进

由此可见，建构自主性的音乐课堂是当今音乐教育的发展趋势，跟进教育信息化时代的发展需要每一名教育工作者付出努力并不断实践。学生自主学习力的初步培养应从低段开始，打好音乐学习的基础，为中高段的音乐学习做好准备。

利用优学派的截图发送和互动题板功能，学生自主学习，在平板电脑上选出听到的歌曲编号和节奏。与以往直接一对多并让学生齐答的方式大有不同，采用"一对一"的教学方式，教师能快速、高效、清晰地了解和准确掌握学生学习情况，及时做出反馈和调整，并进行相关思考和改善。

（一）对本课教学设计和教学组织的创新说明

教学设计和组织的创新级效果，见表6-8。

表6-8　教学设计和组织的创新级效果

教学设计创新	1. 学生在平板电脑上排列 do mi sol 三音 2. 用图示法来学习歌曲《乃哟乃》
设计效果	1. 学生充分体验与感受三音的高低位置，反复模唱后自己尝试在平板电脑上排列三音的位置，以阶梯图的方式向上排列，对音的掌握更加清晰 2. 用图示法学习歌曲符合二年级学生的心理和年龄特点，简单易学，学生能清晰掌握三音的高低变化，借助图示来学习歌曲，清晰明了，效果良好
教学组织创新	1. 导入部分师生互动，活跃课堂气氛，引入"幸福的歌"这一主题 2. 学生体验节奏，充分调动学生的积极性与好奇心
组织效果	1. 提高学生的有意注意力，做好学习新课的准备 2. 教师用铃鼓拍打节奏，教师动，学生静，充分提高学生的有意注意与音乐活动的积极参与性，动静结合，效果良好

（二）板书设计说明

小学低段音乐课的板书（如图 6-90 所示）应简洁明了，又要赋予一定童趣。从学生的认知发展规律出发，用认识"朋友"这一方式打开学生的心，对旧知识加以复习和巩固，循序渐进地设计板书，引出课堂教学的中心，提炼出教学内容的重点音乐知识。

图 6-90 《乃哟乃》板书设计

（三）对游戏设计的思考

本课是以唱歌为主的综合课，单一采用教唱形式，达不到应有的教学效果，这样的教学会使学生的个性和潜能得不到释放。因此，构建自主型的音乐课堂具有重要性。音乐学科注重学生在各项音乐活动中对音乐的感受、体验和表现。现在的音乐课堂由过去强调教师的"教"转向了学生的"学"，倡导把课堂还给学生。由此，学生的自主学习就成了教学过程中必不可少的重要一环。

围绕这一中心点展开思考，本课设计了游戏活动。音乐游戏是小学低段音乐教学中极其重要的一个部分，学生在伴随音乐进行活动的过程中学到了一定的音乐知识与技能，同时受到美的熏陶，让学生最大限度积极主动地参与到音乐实践活动，在活动中体验、表现、创造音乐，从而进一步提高学生的自主学习力。

（四）对新技术的思考

就音乐学科来说，较适合在"听"和"体验"的活动中运用新技术，如听音、听节奏、听乐段，体验节奏和体验音符等；在作答方面可做乐理知识、歌曲背景、情绪、速度的选择或开展投票的环节；也可以利用新技术充分增加游戏趣味性,如现在各类的音乐小游戏 App,把它们合理地、巧妙地运用到新技术中,让学生在玩中就能轻松学习。设计符合学生心理和年龄特点的音乐小游戏,提高学生的学习兴趣与音乐活动的参与性,能有效提高学习效果。新技术应综合考虑并适用于各类学科,这必然需要教育工作者们的智慧和合力。音乐学科作为一门专业性的学科,教师在功能上的使用还要加以思考,该如何利用好新技术,把它更好融入音乐课堂。

"路漫漫其修远兮,吾将上下而求索"。作为一名音乐教师,要善思考,勤学习,提升自身专业素养,关注每一个学生的发展,让音乐属于每一个孩子。

成都市泡桐树小学西区分校　向阳洋
小学音乐教案评比活动中获区级二等奖

《"一对一"数字环境下小学足球室内课》教学设计与反思

一、教学内容分析

本次课教学内容是:足球脚内侧传接球。该内容是人教版《小学体育与健康》水平二(三年级)上册小足球类单元教学内容,小足球类单元共 4 次课,脚内侧传接球为第 2 次课。脚内侧传接球是足球技术中的重要组成部分,该技术适用于中、远距离的传球及射门,是比赛中传球使用率最高的踢球技术之一,掌握好该技术对学生以后的足球学习和比赛有着重要作用。

二、学情分析

授课对象是我校小学三年十二班的学生,该班学生平时上课好表现,思维活跃,求知欲和竞争意识强,但他们四肢力量相对弱,且注意力及兴趣难以长时间集中;他们对足球运动有一定了解,学过踩球、拉球、停球等,并且喜爱足球运动。

三、学习目标

通过本次课的学习,学生能了解脚内侧传接球在比赛中的运用,了解足球知识及简单比赛规则;80％的同学能掌握脚内侧传接球技术,20％的同学能在老师的指导下做出脚内侧传接球动作;本次课能激发学生对足球运动的热爱,培养同学间相互学习的精神，奠定终身体育基础。

四、教学重难点分析及解决策略

教学难点一：支撑脚站位时，踏于球的侧后方，脚尖指向传球目标，膝关节微屈。

解决策略：观看网络图片，详细理解动作要领。地上做标记，形象直观练习。通过看视频，分析做示范的同学的动作，小组合作讨论总结出技术要领。

教学难点二：踢球时，膝、踝关节外展，足弓内侧触球。

解决策略：观看微课，学习技术动作要领。足弓内侧贴上贴纸，直观形象练习。

五、学习资源及技术使用说明

该堂课我主要应用了"一对一"平板电脑、联联网和微课来促成教学目标的达成，具体应用如下：

在课的3'00"～7'00"时，我利用了优学派智慧平台，播放上次课录制的视频来做课前测。

在课的7'00"～10'00"时，组织学生观看足球世界杯精彩视频。

在课的13'00"～18'00"时，播放教师提前录制的微课，形象直观学习技术动作。

在课的20'00"～25'00"时，运用了"一对一"平板电脑的互动题板功能给学生发分析题和判断题。

在课的30'00"～35'00"时，运用了"一对一"网络平台，搜索学生想知道的足球知识。

在整个课堂中，多次运用了"一对一"平板电脑的屏幕广播、随机抽选、奖励等功能来抓住学生的注意力，提高学生的学习兴趣。

六、教学过程设计

（一）导入部分

目标：规范课堂秩序，激发兴趣。

教学内容：师生问好及介绍本次课学习内容并提出要求，观看世界杯视频及认识足球明星，介绍本次课学习目标。

学生活动：观看视频，集体讨论听和观看上一次室外课上学生练习的视频。

媒体作用及分析：通过视频的播放，每个同学明确自己目前已有的足球水平；播放精彩视频，激发学生的求知欲。

（二）基本部分

目标：掌握足球脚内侧传接球技术。

教学内容：足球脚内侧传接球技术。

学生活动：观看微课，学习技术要领；利用平板电脑，学生在互动题板上做练习题；根据刚学的知识练习技术动作。

媒体作用及分析：播放教师提前录制的微课，形象直观地讲解技术动作要领。利用互动平板，评价其他同学的动作，进一步加深印象。

（三）结束部分

目标：拓展足球知识。

教学内容：学习足球知识。

学生活动：讨论、总结。

媒体作用及分析：帮助同学找到想了解的足球知识；利用网络搜索相关资源，并直观形象地展现给学生看；教会学生课后学习的方法。

本节课的教学过程设计，如图6-91所示。

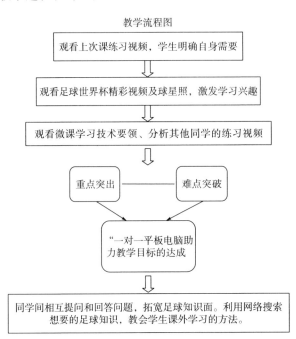

教学流程图

观看上次课练习视频，学生明确自身需要

观看足球世界杯精彩视频及球星照，激发学习兴趣

观看微课学习技术要领、分析其他同学的练习视频

重点突出　　　难点突破

"一对一平板电脑助力教学目标的达成

同学间相互提问和回答问题，拓宽足球知识面。利用网络搜索想要的足球知识，教会学生课外学习的方法。

图6-91　教学流程图

七、"一对一"数字环境下，新技术应用于教学的创新点及效果反思

（一）创新点

在课开始部分，观看和分析上次课录制的学生练习视频，准确把握学情，紧接着是足球世界杯比赛视频的播放，紧紧抓住学生的注意力，提高了学生学习足球的兴趣。

课中，教师通过播放录制的微课，帮助学生形象直观地学习本次课的学习内容——足球脚内侧传接球，弥补了室外课教师单一示范的不足。接下来是利用"一对一"互动平板电脑做案例分析题，通过这一方法学生深刻领会了技术动作要领。

在课的结束部分，利用教室内网络，现场搜索学生还想了解的足球知识。教会了学生获取足球知识的方法，培养了学生养成终身热爱体育运动的习惯。

（二）教学效果反思

该课中，新技术应用于教学，教师及时掌握了学生已有的学习基础，再根据学生具体情况找准重难点来进行突破。这样，课堂就更加地尊重学生，也提高了学生对足球运动的学习兴趣。

利用"一对一"环境下新技术来做学生学习数据的收集、对比和反馈，这样能够让课堂更加鲜活，利于教学目标的达成。同时也为下次课教学目标的确定提供了依据。

教师通过互联网查找学生感兴趣的足球知识与技术，激发运动热情，最后达到学生愿意主动学习的效果。这样教会了学生课后学习的方法和获取资源的途径，让学生对足球运动的学习意犹未尽。

成都市泡桐树小学西区分校　刘金花

人工智能案例《飞扬的国旗》教学设计与反思

一、教学内容分析

本课是以优必选人工智能系列教材——《ukit 入门级》起落杆一课为基础，正值中华人民共和国成立七十周年之际，从生活真实情境出发，以中华人

民共和国成立七十周年为主题，宣传爱国教育，让学生在本课的学习中，了解祖国的发展历史，培养爱国思想。能够使用 ukit 入门级套件搭建模型；掌握 ukitedu 编程软件中开始模块、运动模块、控制模块、事件模块、展示模块中具体指令的使用；认识传感器，合理选择、使用传感器；设计合理的程序。

二、学习者分析

三年级的学生处于小学中段，活泼、好玩、好问、好奇，思维活跃，有较强的表现欲望。对人工智能课有很高的学习兴趣，在操作方面能够熟练地操作平板，搭建简单的模型。经过前期的学习，对平板电脑的使用已经非常熟悉了。前期的课程也为这次的编程做好了铺垫。但是由于刚接触人工智能课程，在动手搭建能力上稍显薄弱。

三、学习目标

（一）知识与技能目标

1. 了解国旗杆的构架，分析绘制出思维导图。

2. 合理选择、使用组件，掌握 ukitedu 编程软件中开始模块、运动模块、控制模块、事件模块、展示模块中具体指令的使用。

3. 模型的搭建与改装。

4. 设计合理的程序。

（二）过程与方法目标

1. 在创设情境中，通过观察分析，绘制出国旗杆的思维导图。

2. 小组合作搭建出国旗杆并完成规定任务。

（三）情感态度价值观目标

培养学生的逻辑思维、计算思维、创新意识，培养学生分析问题、解决问题的能力及学生的动手能力，培养学生的爱国情怀。

四、学习重难点

（一）教学重点

1. 利用运动模块中的旋转舵机指令控制国旗杆左右摇动。

2. 能够在搭建好旗杆以后，使用 ukit 入门级搭建设计出属于自己的独特的作品。

3. 完成任务清单。

（二）教学难点

利用运动模块中的旋转舵机指令控制国旗杆左右摇动。

五、学习资源及技术使用说明

本课应用了多媒体教室和电子白板中的对象动画、平板电脑、ukit 入门级硬件。

1. 多媒体教室能够很好地进行学生演示以及教师演示，使所有学生都能够看到教学内容并进行作品分享。

2. 人工智能硬件能够实现学生的搭建需求，使学生的想象设计具象化。平板电脑的使用利于师生进行互动交流，师生和生生之间进行思维碰撞，学生可以充分参与到课堂中，更好地表达自己的观点，有效地突破难点。

3. 手机软件的展示功能够及时展示学生作品，使得学生的分享更加容易。

4. 平板电脑编程软件的使用能够体现每个小组自己设计的独特程序。

5. 使用 ukit 入门级硬件，搭建时充分发挥了学生自己的创造力以及动手能力，每个小组都搭建出了属于自己独特的作品，充分表达出学生的搭建理念。

六、教学流程设计

教学流程。

本课教学流程分为九个环节。

第一环节：创设情境。

环节目标：营造氛围，创设情境。

教学内容：导入，通过生活中的场景变化进行导入。

教师活动：同学们，最近走到街上，有没有发现什么明显的变化啊？时值中华人民共和国成立七十周年，随处可见高高挂起的五星红旗，七十年前我们的先辈为我们打下了一片净土，我们才能在没有战火的和平年代生活，过几天就是共和国母亲的生日了，我们一起想想怎么用手上的机器人为我们的祖国妈妈庆生？看着桌上的工具，看看我们教室的布置，你能想出怎样的方式为祖国庆祝生日？如图 6-92 所示。

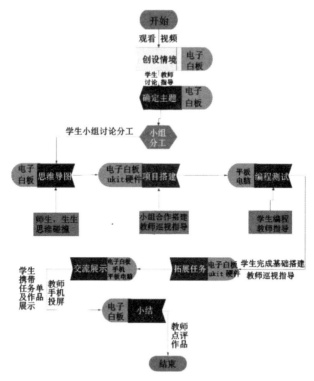

图6—92 人工智能案例《飞扬的国旗》

学生活动：聆听、观看并思考。

媒体作用及分析：利用多媒体教室的电子白板展示国旗，营造国庆氛围，有助于学生进入情境，电子白板的展示有利于学生根据展示的主题来进行思考。

第二环节：确定主题。

环节目标：启发学生思考，确定本堂课主题。

教学内容：教师启发学生确定本堂课的主题。

教师活动：同学们，为什么我们星期一早上都要升国旗，唱国歌呢？升国旗、唱国歌是对学生进行德育教育的形式之一。国旗，是一个国家的象征，保护国旗、爱护国旗是每个公民应尽的义务和责任。升旗仪式是学生的爱国情感形成的源泉和基础。对小学生进行爱国主义教育，是庄严而神圣的。当《国歌》响起的时候，每个人的心中都会充满骄傲和自豪。这可以培养学生的爱国意识，增强学生的民族自豪感，增强凝聚力和荣誉感！同时让人们铭记历史，记住国家成立时的不容易。

学生活动：聆听思考并回答。

媒体分析及作用：电子白板的动画功能让生生和师生之间实现了思维碰撞，并且能够很快地将学生的想法在电子白板上直接显示出来。

第三环节：小组分工。

环节目标：以探究式任务驱动法展开学习过程，根据任务需求，小组成员间分工明确、合作解决问题。

教学内容：讨论，进行小组分工，并完成任务单。

教师活动：首先我们先看一些升旗的图片，看看是否能够为我们的设计提供思路，同时给大家三分钟的时间进行小组分工。请确定好小组编程员、记录员、演讲员、搭建员、编程员并讨论出你们要设计的国旗杆，并且合理分工搭建。同时请大家讨论完成老师为大家提供的任务单。

学生活动：讨论并填写任务单。

媒体分析及作用：电子白板的动画功能，启发思考，直观地反映教学内容。

第四环节：思维导图。

环节目标：小组讨论刺激思考，小组之间的思维碰撞带动全班的头脑风暴。

教学内容：师生一起合作完成思维导图。

教师活动：组织学生一起完成思维导图，并引导学生进行任务分析。第一步，完成基础的国旗搭建；第二步，编程实现相应的操作；第三步，调试程序；第四步，请装饰你的作品，让他更加地美观。最后分享。

学生活动：讨论并填写，聆听，回答问题。

媒体分析及作用：多媒体教室的演示功能给所有学生看。

第五环节：项目搭建。

环节目标：引导学生明确任务，根据标题去分析今天的任务。激励性教育有助于培养学生的学习兴趣和对学科的喜爱。时间的限制能让学生更有紧迫感。让小组每个成员都动起来，让同学们体验小组协作的快乐，培养小组成员的凝聚力。

教学内容：学生搭建旗杆，改造旗杆。

教师活动：引导学生设计旗杆，并巡视指导。

布置任务：

1. 请小组完成国旗杆的改建，根据自己任务单，选择合适的任务，为你们的国旗杆增加装饰。

2. 我们的改装时间为十分钟，各个小组抓紧时间哟！看看哪个小组是最先完成改装的，加油！现在开始！（将思维导图展示在电子白板上）。

3. 请我们的记录员记录在改装中出现的问题并记录你们是如何解决这些问题的。

学生活动：操作，改装国旗杆。完成任务单，观看屏幕，倾听并思考。

媒体分析及作用：电子白板和多媒体教室转播展示学生作品，促进思考。

第六环节：编程测试。

环节目标：小组明确分工，有利于小组任务的实施，整个过程井然有序。

通过任务单归纳、整理问题，明确主题，小组沟通、协调、合作，培养学生解决问题的能力和集体荣誉感，促进学生全面发展。

教学内容：学生进行编程测试。

教师活动：组织学生进行编程测试，并完善任务单。

1. 请同学们拿出平板电脑，打开 ukitedu，连接上你的国旗杆后，编程测试，实现你们的国旗左右舞动吧。

2. 请小组的编程员，完成编程设计，搭建员配合编程员适当修改国旗杆。小组记录员请记录编程过程中出现的问题以及解决方案。

学生活动：聆听并且完善作品。

媒体分析及作用：电子白板上提示重要操作步骤，帮助学生理清思路。

第七环节：拓展任务。

环节目标：培养学生的创造力，在原有基础上对自己的作品进行设计修改美化。

教学内容：学生编程改造作品。

教师活动：组织学生完善作品。

媒体分析及作用：平板电脑能够让学生改编程序，实现想法设计。

学生活动：编程调试作品。

第八环节：交流展示。

环节目标：培养学生的交流表达能力以及自信心，享受完成作品的成就感。

教学内容：学生展示作品。

教师活动：组织小组带着自己国旗杆，轮流交流展示并解说。

学生活动：展示交流作品。

媒体分析及作用：及时展示学生的作品，手机转播小组任务单以及作品到电子白板上。

第九环节：小结。

环节目标：培养学生的创造力，在原有基础上对自己的作品进行设计修改美化。

教学内容：老师总结点评学生作品。教师和学生操作旗杆挥舞。

教师活动：同学们，通过这两节课的努力，我们完成了国旗杆的设计，看到同学们的作品，都非常地优秀，很棒，我们一起让我们的国旗杆舞动起来，共唱《我和我的祖国》。根据学情做出综合性总结和评价。

学生活动：聆听并利用平板电脑执行程序。

媒体分析及作用：音响设备让学生融入庆祝国庆的氛围中。

七、教学反思与改进

对教学过程的反思：在教学过程中，本课没有将讲授编程作为重点，只是将重点编程步骤放在了课件里，通过电子白板展示出来，给同学们提供思路，对于基础较好的同学，看到提供的编程示例，能够很好地理解并活用，甚至改善并升级。对于编程基础薄弱的同学，编程上就会出现问题。后续的课堂中，可以将教师讲授编程模块加入，教师讲授或者师生结合讲授编程，让学生更多地参与到编程的讲授中，亲身体会感触更深，同时也利于教师了解学生是否理解了程序。

教学效果反思：本课应用了多媒体教室和电子白板中的对象动画，以及平板电脑，ukit 硬件。效果很好，多媒体教室能够很好地进行学生演示以及教师演示，所有学生都能够看到教学内容并进行作品分享。电子白板软件的对象动画使得在绘制思维导图时，学生会更加积极地思考。当在电子白板上点击某一位置时，对象才会出现，实现了教师对思维导图的生动的讲解，同时利于师生进行互动交流，学生可以充分参与到课堂教学中，更好地表达自己的观点，有效地突破难点。信息技术是一门操作性强的课程，大多数课是采用讲练这样的模式展开的，并不是所有的课都适合使用电子白板这样的新技术，为了将新技术应用于教学，结合本期的教学内容，选择了适合的课题展开思考，最终使用《飞扬的国旗》进行教学设计上的创新。与平时的教学效果相比有以下变化：

1. 能更生动地体现教学内容。本课的主要内容是引导分析绘制思维导图。对象动画的使用使得学生在思考时，思维不受限制，不是教师提供思路去思考，而是学生结合自己的经验去类比思考。最终思维导图绘制完成以后学生更加清晰地了解游戏设计时自己思考过程。帮助学生理清思路。

2. 增加了师生、生生互动。以往的教学中多以教师到学生这样的单向活动展开教学，在本节课中最突出的就是教学环节四，让学生思考，学生回答出一个内容，就点击对象，实现对象动画。同时学生的回答也能刺激其他学生的思考，生生之间思维的碰撞，帮助解决本节课的难点。三年级学生借助自己的经验能够分析整理出程序的更多可能，他们在思考作品效果时，天马行空，想法丰富多彩。在思维导图的创作中，学生的思维很活跃，能够借助自己已有经验去进行游戏设计，思维得到了大大的延伸扩展。由于学生的想法很多，如何能够及时有效的将学生的思维导图展示在电子白板上也成了一个新的研究问题。

3. 激发学生的创造力。基于三年级学生搭建能力稍显薄弱，教师在课前帮助设计了基础国旗杆。事实证明，学生在设计改造以及完善作品搭建时，大大超越了预期的设计，不仅自己实现了基础旗杆的搭建，考虑到了更多的可能性，甚至考虑到了灯光的添加，以及实现灯光的编程。学生还给国旗台装上轮子，实现能够移动的国旗台。课程充分激发了学生的创造力。

成都市泡桐树小学西区分校　胥志锐
该课例入选 2019 全国中小学人工智能教育优秀案例

基于数字环境下的多感官教学方法
教学设计案例分析
——以小学美术课程《银杏》为例

多感官教学法，是新西兰教育家克里斯蒂·沃德把脑科学理论应用到教学实践中所获得的一种有效的教学方法。它是指在教学过程中通过调动学生的听觉、视觉、运动、语言、感觉等各个感官，同时通过创设良好的教学情境，使学生的多感官（眼、耳、口、鼻、肢体）受到信息的刺激，从而全方位地开发包括"体能、识别、感官、音乐、人格和社交"在内的六大潜能的教学方法，如图 6-93 所示。

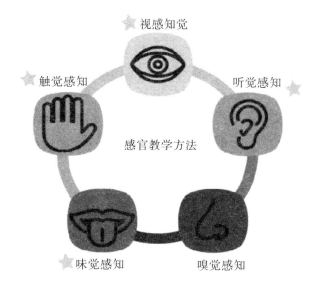

图 6-93　多感官教学方法

在数字化时代背景下，计算机与新媒体技术等数字资源应用于美术课堂，带动美术教学方式、教学思维方式的革新，因此在对传统美术教学"取其精华"的同时，教育者也在展望数字化时代下美术教学实现技术与美育契合的新道路。目前，美术课堂有多种科学教学理论做基础，形成了十分科学的教学方式。但在操作层面上，传统的教学思维，限制了教学方式新的可能性。以教师教学设计为例，教师从创设情境—导入激趣—探索新知—艺术实践—展示交流五个方面对教材进行研究以及教法的设计，并具体到课堂问题的设置以及学生回答问题的预估，但是在备课教案中没有一个环节是引导教师思考如何利用教室数字化设备进行教学的。本文将以二年级家长开放日美术课程《银杏》一课为例，具体阐述如何在数字环境下实现多感官教学方式的新实践。

一、《银杏》教学内容与学情分析

（一）教学内容分析

《银杏》是二年级上学期的一课，课程内容要求学生尝试不同的工具，通过"看、画、撕、贴"表现"银杏"的颜色美、形状美、纹路美，并能通过欣赏不同银杏主题的美术创作表达自己的想法。本课的内容贴近学生生活，在课程设置上也要贴合学生的现实感受，让学生能够自觉将生活中的情感转换到作品创作中。

（二）学情分析

课程《银杏》针对的对象为小学二年级学生，该年级学生在一年级的美术学习中，对于色彩与形状有一定基础的认识。在技法上，他们熟练掌握"搓""捏""撕"等手工类技法。在情感认知上，该年级学生天性好动、想象力丰富、乐于动手，对表现生动与感染力较强的内容能够动手实践。《银杏》课程符合学生这一天性，通过有趣的引导能够吸引学生注意力，并在动手操作中实现学生对"银杏"这一主体美的感知与创造。

二、教学方法与教学工具选择

（一）教学方法选择

《银杏》一课是家长开放日呈现给家长的一堂公开课，其独特性还体现在此堂公开课是各学科共用一个课程主题。因此，如何在相同主题下体现出美术学科的教学特色是教学设计的重要思考方向。从美术学科性质上看，《义务教育美术课程标准》中将义务教育阶段的美术课程定义为人文课程，是学校进行美育的主要途径，对学生的素质发展具有巨大的促进作用。在教学目标上，不仅有技艺的学习，更加注重学生情操的陶冶、审美能力的提高；注重学生创新精神和技术意识的发展，综上提出的要素都体现了美术学科的独特性。在教学内容相同、教学设备相同的情况下，可以通过不一样的教学方法体现出美术的学科特色。但是在课堂教学上，不仅有以教学者语言传递知识信息为主的"讲授法""讨论法"等传统教学方法，更有以直接感知为主的教学方法（亦称多感官教学法），如"演示法""参观法""比较法"，使学生能够通过眼、耳、口、鼻等感官直接感知客观事物并获得审美情感或美术技能（如图6−94所示）。

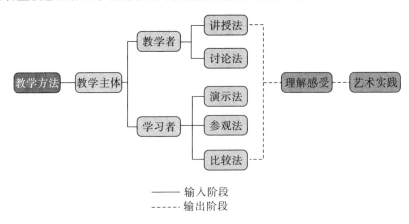

图6−94　美术课堂教学方式示意图

在《银杏》一课中基于教学内容与教学设备，选择了多感官教学方法展开教学，旨在通过运用教室数字化设备结合美术课程中最常用的多感官教学方法，从颜色美、形状美、花纹美，三个方面引导学生与家长感知银杏的美。具体流程是将学习内容分为"导入激趣""探索新知""艺术实践""展示交流"四个部分，通过不同的数字化设备将"眼看""口念""耳听""手画"等方式相配合（如图 6-95 所示），达到学习目的。

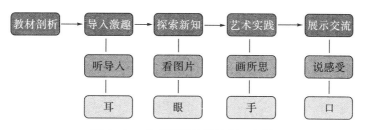

图 6-95 美术课堂教学流程示意图

（二）教学工具选择

数字化时代背景下，教学活动中数字化设备的应用已经常态化，根据教学内容与教学方法的设定，利用数字设备在教学设计过程中将"看""听""说""动"有机结合，组成动态化、功能化的系统课堂（如图 6-96 所示）。其中教学工具选择是以"智慧教室互动黑板"为主，"多功能绘画板""投屏设备""数字美术创作软件"为辅，通过图片、视频与音乐等富有变化的内容向学生演示，让学生能够从多方面感受银杏，对银杏有全面的感知。

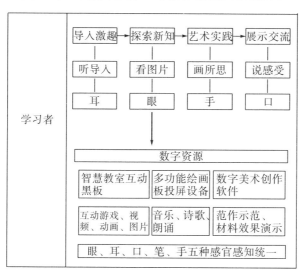

图 6-96 教学工具使用示意图

三、学习目标与重难点设定

（一）学习目标

《银杏》属于美术四大教学模块中的"造型·表现"模块，结合《中小学美术课程标准》中对这一性质课程的教学要求以及二年级学生的身心发展情况，设定本节课的教学目标是：

1. 知识与技能目标：了解银杏树叶的造型特点，了解疏密、遮挡等美术关系，并画出造型准确、关系正确的银杏树枝。

2. 过程与方法目标：通过对单片银杏叶的造型、颜色观察以及组合银杏枝的疏密、遮挡、大小关系的总结，画出优秀作品。

3. 情感态度与价值观目标：培养学生善于观察生活的能力，热爱大自然美景，爱护环境的思想。

（二）教学重难点

教学重点：银杏是生活中很常见的事物，学生都认识，但是学生对于银杏的认识是很概括的，本节课的教学重点是利用数字资源引导学生从美术的角度感受银杏的颜色美、形状美、纹路美。

教点：针对学生对银杏的认识，不仅有对银杏叶共性的认识还有不同叶片组合下形成的个性区分，引导学生在创作作品时有全局观念，总结叶片与叶片之间的大小之分、疏密之分、前后遮挡之分。

四、教学过程设计

基于设定的教学目标，根据创建的备课模型，利用教室已有的数字资源开展课堂。教学过程分别是：创设教学情境与途径选择，导入激趣与途径选择，探索新知与途径选择，艺术实践与途径选择，展示交流与途径选择（如图6-97所示）。

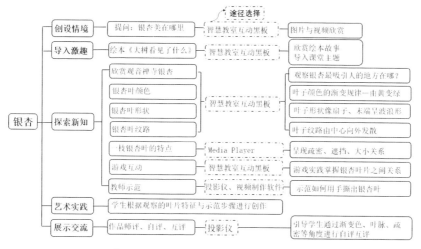

图 6−97 《银杏》教学流程思维导图

（一）创设教学情境与途径选择

教师通过提问的方式引导学生思考银杏树美在哪里？通过一个探索性的问题激发学生的好奇心与学习兴趣，在此可以结合图片或者视频引导学生找到银杏美的理由。

（二）导入激趣与途径选择

本课的学习对象为大自然中美丽的银杏树，在导入激趣上可以选择视频观看、猜谜语、听音乐、讲故事的方式激发学生兴趣（如图 6−98 所示）。

图 6−98 导入激趣与途径选择

设计意图：生活中银杏树最吸引人的地方在于叶子具有观赏性，经常吸引人驻足欣赏，在创设情境中充分利用银杏叶的观赏性吸引学生的注意力，能够激发学生的学习兴趣。视频观看以及讲故事和听音乐的方式都能调动学生的好奇心。

教室已有的数字工具有智慧教室互动黑板、多功能绘画板以及投屏设备和美术创作软件，可以实现视频观看、绘本观看、音乐欣赏、讲故事等操作。本课选用的数字途径是利用线上资源，寻找与银杏树相关的绘本故事，并配合背景音乐以及老师的讲解，通过数字工具，将绘本观看、音乐欣赏、讲故事融合为一体，使学生在创设情境阶段就能从多个角度感受到银杏树的美。

设计意图：结合数字资源，选择绘本阅读的方式，依托于强大的网络线上搜索数据，找到了一本配色、造型和故事艺术性都较高的绘本，这样绘声绘色的情景，能够引发学生的学习兴趣。通过教室的互动黑板学生可以清晰地观看绘本故事，在绘本内容中就能提前观察到银杏树的组成部分以及表现方式（如图 6-99 所示）。

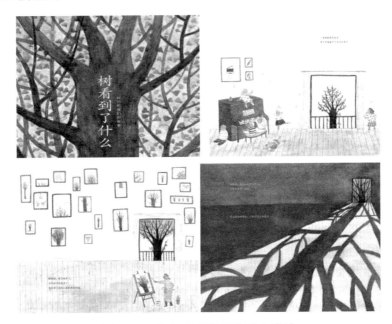

图 6-99　绘本《树看到了什么》节选

（三）探索新知与途径选择

教师根据教学目标，需要通过观赏单片银杏叶与组合银杏叶两方面引导学生发现银杏的形状、颜色、遮挡关系、疏密关系和大小关系，并在探究过程中，通过互动黑板的"放大镜""聚光灯"等功能，引导学生详细地观察银杏叶片的形状、颜色和纹路，还有组合叶片之间大小、疏密、遮挡的关系。并通过教室互动黑板的触屏功能制作小游戏，让学生通过体验游戏，掌握课堂重点。最后利用实物投影仪，展示用手撕这一艺术形式创作的银杏作品，并运用录影以及视频剪辑软件展示创作手撕银杏作品的过程（如图 6-100 所示）。

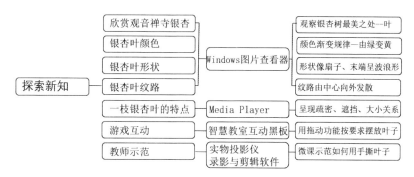

图6-100　探索新知与途径选择

（四）艺术实践与途径选择

在了解银杏叶的相关知识基础上，教学者组织学生观摩教学视频并开始自己的创作，创作过程中引导学生通过画笔体现银杏叶的渐变色、叶脉、疏密、遮挡关系（如图6-101所示）。

图6-101　艺术实践与途径选择

（五）展示交流与途径选择

在了解银杏叶的相关知识基础上，教学者组织学生观摩教学视频并开始自己的创作，完成作品后教学者再引导学生利用实物投影仪通过渐变色、叶脉、疏密、遮挡关系四个角度进行自评与互评。

五、课后反思与效果分析

（一）学生作品多样化程度提高

本课基于数字资源并结合多感官教学，引导学生对银杏这一生活中常见事物有了更多的感官体验。从学生作品的多样化呈现可以看出，基于数字环境下的多感官教学方法能够更多地激发学生的个人情感。通过"看""听""说""动"有机组成的动态化、功能性的系统课堂能够在保留学生自我认知感受的前提下还能继续发展学生认知，以此引导学生完成了完全与众不同的作品。如展出的六幅作品中（图6-102），有学生表现银杏落叶缤纷的场景，也有学生表现枝条下垂、蓬勃向上的银杏。在不同的银杏场景下，学生也表现了不同的故事，有画房屋风景的，也有表现一家人幸福看银杏的，相信这些作品都是学生真情实感的流露，也是独一无二的创作。参考学生的作品可以看出在美术课堂中利用数字资源助力课堂，学生创作的作品多样化程度有所提高，学生对作品也有更多的诠释。

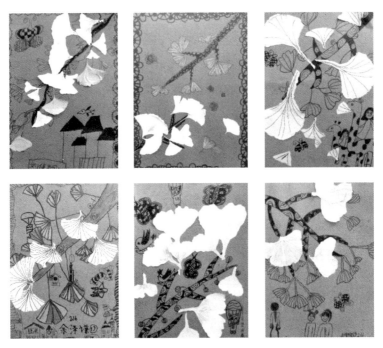

图6-102　部分学生作品

（二）提高美术课堂数字化设备利用率

在多感官教学方法理论完备、教室数字化设备齐全的情况下，基于数字化环境的多感官教学法教案，是一种将两者有效结合的教案。在新教案的"选择途径"环节，引导教师在教学设计时思考如何将数字化设备运用于教学环节，通过思考的常态化逐步过渡到课堂信息化，提高美术课堂的数字化设备利用率。

参考文献：

[1] 中华人民共和国教育部（2011）义务教育美术课程标准［M］. 北京：北京师范大学出版社，2012.

[2] 让. 皮亚杰. 教育科学与儿童心理学［M］. 北京：教育科学出版社，2018.

[3] 董万多. 当代计算机辅助美术教学理论的分析 [J]. 现代装饰（理论），2014，(09).

[4] 董万多. 探索现代数字技术辅助美术教学模式的研究 [J]. 现代装饰（理论），2015，(01).

[5] 程明. 数字环境对小学美术教育的影响 [J]. 大众文艺，2014，(09).

[6] 杜江. 让感知教学法走进小学课堂 [J]. 陕西教育（教学版），2014，(03).

[7] 沈晓燕. 数字环境下基于自然拼读法的英语绘本阅读教学实践 [J]. 教育信息技术，2019，(06).

成都市泡桐树小学西区分校　陈蕾

云端之上　童心童言

——"一对一"数字化环境下五年级下册 Unit 1　Keeping Healthy

一、案例背景

2020 年初因新冠肺炎疫情导致学校开学延迟，关于教师如何引导学生开展小学高年级居家英语学习也成为讨论和研究的热点问题。我校在 2014 年引进了优学派电子平台，积极开展课堂信息化教学创新。优学派电子平台是移动终端类教学设备，在教学中对学生注意力与学习动机有极大引导作用，并能迅速对学生的学习情况进行反馈统计和分析。基于疫情下的居家学习现状，在人教版新标准五年级下册第一单元英语学习中，配合成都市的视听学习课程，教师运用优学派电子平台打破教学时空的局限，助力学生学在当下，学以致用，以用促学，开展高效优质的居家英语学习。

二、学情分析

学生是五年级小学生。该年龄段学生活泼好动，短时记忆强，长时记忆弱，逐渐从直观思维过渡到发展抽象思维，开始对自己有更清晰的认识，在学习和生活中有自己的独立思考和意见。英语学习方面，首先，经过近五年的英语学习，学生能运用所学的句型或单词开展简单的沟通交流。虽然在沟通中存在一些小的错误，但愿意尝试运用所学英语表达所思所想。其次，在数字化教学环境方面，学生在入学后通过常态课已熟悉"一对一"数字化环境，能够熟练运用平板电脑参与英语学习。

三、教学内容

五年级人教版英语第一单元的话题：Keeping Healthy，是一个与健康相关的话题，其中主要涉及的句型"What should/shouldn't…do?"/"Sb. should/shouldn't do sth."该话题正好契合新型冠状病毒性肺炎这一疫情现状。教师可以在教学中引导学生立足生活这一真实情景开展语言的输入和输出活动，同时，紧密联系学情适时适度引导学生在生活情景中拓展相关语言知识。

四、教学过程

结合单元主题"健康"和疫情现状，教师运用"一对一"电子书包分三次给学生发送活动题目。三次调查任务循序渐进，旨在推动学生立足语言学习实际，关注生活，关心时事，尝试谈论自己的想法。

（一）发送第一次调查任务，调动学生联系生活实际尝试用语言的兴趣

第一次调查题目，如图6-103所示。

1. 问答题(100分)

各位同学，请大家结合自己生活和所学，语音或文字输入回答以下问题。

We have a special new term because of the novel coronavirus epidemic. What should you do when you're at home?（由于疫情，我们有了很特殊的一学期，你在家应该怎么做呢？）

图6-103 第一次调查题目

【活动目的】引导学生在生活情景中开展语言学习，尝试运用所学语言初步表达自己的想法。本活动中，教师通过电子书包查看学生作业，及时对学生作业进行反馈（如图6-104所示）。如此，教师能在了解学生语言知识的掌握情况的基础上，对学生及时进行有针对性的指导，帮助学生更好地进入下一层次的语言学习。此外，在对学生开展"一对一"指导的同时，教师将优秀的学生作品分享在平板电脑上的班级空间，班级学生都能进入班级空间阅读教师分享的同学作业。这样既借助榜样的力量激发学生的学习热情，又活用学生资源对学生进行适当的拓展。

学生答案

We should wash our hand before eating. We should exercise and eat some fruits and vegetables.

本题得分: 100分 ✏

本题批改意见: wash our hands

作业用时: 19秒

作业正确率: 100%

教师评语: exercise 发音需要练习

学生答案

图 6-104　第一次作业教师反馈

（二）发送第二次调查题目，激发学生思考，拓展学生的语言表达途径

【活动目的】第二次调查题目在第一次的基础之上，结合教材语言知识增加否定的用法（如图 6-105 所示）。否定用法继续调动学生思维，增强学生的语言表达能力，促使学生结合自身学习生活实际运用语言。同活动（一），教师通过电子书包了解学情，及时对学情进行反馈。同时，教师开放互评功能，学生群体相互之间可以查阅其他/她同学的作业，并对同学作业通过评星或提出建议等方式进行点评，也可以通过学习其他/她同学的表达、观点和建议完善自己的作业（如图 6-106 所示）。儿童阶段的小学生本来就活泼好动，喜好和同学互动，而长期的居家学习导致学生缺乏必要的社交活动，利用"一对一"移动终端学习平台开展教师引导下的协同学习活动，极大地激发了学生的学习主动性和积极性，帮助学生夯实教材语言知识，拓展相关语言知识。

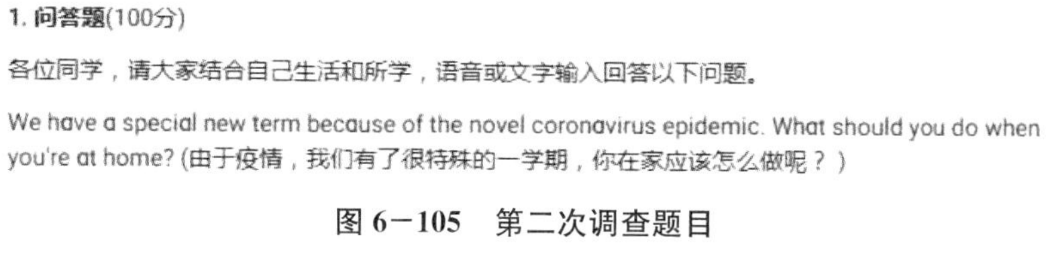

1. 问答题(100分)

各位同学，请大家结合自己生活和所学，语音或文字输入回答以下问题。

We have a special new term because of the novel coronavirus epidemic. What should you do when you're at home? (由于疫情，我们有了很特殊的一学期，你在家应该怎么做呢？)

图 6-105　第二次调查题目

图6-106　第二次作业教师反馈

（三）发送第三次调查题目，鼓励学生自己的思考，展示想法

【活动目的】基于前两次的学习情况，教师发布第三次活动任务，鼓励学生回顾所学，继续联系生活实际实践语言（如图6-107所示）。在前两次活动的学习、调查和思考基础上，教师通过活动三激发学生回顾和整理自己的思路，并对疫情下如何健康的学习和生活提出自己更成熟和系统的观点，推动学生将语言和生活融为一体，拓展语言的输出途径，凸显语言的功能性。同时，平板电脑打破疫情下学习空间的限制，教师再次将优秀的学生作品分享到班级空间（如图6-108所示），班级学生通过阅读同学的作品继续拓展自己的思维和语言知识，这样的协同学习方式能够充分激发学生的学习兴趣，落实学生的学后学习。

学生答案

We shouldn't eat with dirty hands.

We should go out home wear mask.

本题得分: 100分 ✏

本题批改意见: We should go out home wear mask. 不通。 可改为。we should wear a mas...

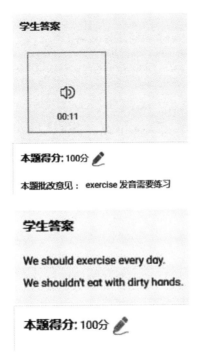

周虹汝分享了张艺馨同学的答案

2020/03/25 12:07

问答题(100分)

各位同学,请大家结合自己生活和所学,语音或文字输入回答以下问题。

We have a special new term because of the novel coronavirus epidemic. What should you do at home? What shouldn't you do at home? (由于疫情,我们有了很特殊的一学期,你在家应该做什么?不应该做什么?)

We should exercise every day.

We shouldn't eat with dirty hands.

图 6-107 第三次调查题目

问答题

请结合前两次作业中自己在家的学习和生活，给同学提供一些居家健康学习和生活的建议。

My dear friend. I have some advice on how to keep healthy for you.First，You should... /You shouldn't... Next, ...
Finally,...

请在这里答题

✎ 手写　🎤 录音　📷 照相　↥ 上传

学生答案　　　　　　　　　　　　　　　　　　　　　　　　　📤分享答案

My dear friend. I have some advice on how to keep healthy for you.

First,You should wash hands before eating.You should not eat with dirty hans.Next,You should drink water every day.You should not drink too much juice.Finally,You should eat a lot of fruit.You should not eat to much candy.

学生答案　　　　　　　　　　　　　　　　　　　　　　　　　📤分享答案

My dear friend. I have some advice on how to keep healthy for you.First，You should drink milk every day,You shouldn't drink to much juice. Next, you should exercise every day and go to bad early.Finally,you should wash hands before eating.

还题

 周虹汝分享了张诗鱼同学的答案
2020/03/20 11:40
周虹汝

问答题(100分)

各位同学，请大家结合自己生活和所学，语音或文字输入回答以下问题。

We have a special new term because of the novel coronavirus epidemic. What should you do when you're at home? (由于疫情，我们有了很特殊的一学期，你在家应该怎么做呢？)

🔊
00:11

图 6－108　班级空间分享

五、案例反思

关于最佳的外语学习方法，杰斯珀森（Jesperson）曾有非常精辟具体的介绍，"教好外语的首要条件看来是要尽可能让学生接触外语和使用外语。学外语就像学游泳一样，学生必须泡在水中，而不是偶尔沾沾水（get a sprinkling of water now and then），学生必须潜到（be ducked down in）水里去。这样，他最后才能像一个熟练的游泳者（able swimmer）那样乐在其中。"

疫情下的生活正是 Jesperson 所说的水，语言来源于生活，扎根于生活。在 U1　Keeping Healthy 居家学习中，教师立足教学实际，运用"一对一"移动终端创设学习活动，整合单元学习，引导学生关注生活，在生活中感知、体验和运用语言。

（一）"一对一"数字化环境赋予教师多重角色促成学生学习

"一对一"数字化环境下的居家学习中，教师同时承担着多重角色，能全方位促进学生开展居家学习。教师是活动的组织者，通过在线活动任务，带领学生将书本上静态的语言知识融入疫情大环境下动态的学习生活中，让学生虽然居家，但仍能置身生活中习得语言，运用语言，赋予语言生命力和意义，激发学生参与学习的兴趣；教师是活动的引导者和辅导员，整个语言实践过程中，学生在线提交作业，教师在线辅助学生对语言知识进行巩固，并借用班级空间和同学互评功能督促学生开展协同学习活动。语言实践活动有了教师适时引导和支撑才能真正帮助学生夯实语言，发散思维；教师是活动的监督者和管理者，学生在线学习活动进行过程中，教师通过学生的在线反馈密切关注学生的学习进展和学习行为，根据学情适时介入并进行管理，保障学习活动的有序开展。比如，学生在同学互评环节有不当或需要指导的评价出现时，教师可以及时介入进行管理；教师也是学生的听众，是倾听者，学生在线向教师倾诉各自对疫情下健康生活的思考，是学生疫情下抒发自己情感的沟通交流渠道之一，一定程度缓解学生因疫情居家学习时枯燥烦闷的情绪。

（二）"一对一"数字化环境培养学生形成良好的自主学习习惯

与此同时，"一对一"数字化环境下的学习活动有助于激发学生的学习主动性，从而培养学生形成良好的自主学习习惯。居家在线学习活动中，一方面学生可以在学习平台上学习和点评其他同学的作品，借此协同学习方式提升自己的语言知识和语言表达。另一方面，对优秀的学生作品，教师运用电子书包的班级空间进行分享，充分利用班级空间将学生作品扩充为学习资源，拓展学生的学后学习资源和途径。以上两方面都凸显了学生在学习活动中的主体性，中国最伟大的教育家孔子有言，"学而不思则罔，思而不学则殆。"作为学习活动的主体，学生参与一切的学习活动都应凸显主人翁精神，积极发挥自主学习的能动性，以思"触"学，以学"促"思，周而复始，循序渐进，才能真正达成学生个体的成长，也只有这样的学习才是一种持续的、延展的、有生命力的、成长性的学习。

疫情下特殊的新学期里，"一对一"数字化环境连线师生，层层递进助力学生融入生活中开展行之有效的、有意义的英语语言实践活动，培养学生善于思考，快乐学习，积极表达，学以致用，健康生活。

成都市泡桐树小学西区分校　周虹汝

《营救动力车》教学设计与反思

一、教学内容分析

本节课是以乐高教育积木为载体的 STEAM 课程《拉力》单元的第三课时。我们借助适用于小学中高年级的乐高教育积木机械套装和 WEDO2.0 科学套装来设计校本课程乐高创客课堂活动。学生的学习不仅仅是基于教师向他们讲解过或植根于练习解答出足够多典型的习题，还生发于他们经历过的某些特定的情境，项目任务或不断挑战也将促使他们学会得更深刻、更生动。

《拉力》单元以解决汽车陷入凹地的实际问题为目标，共设置了拉力车、动力车和营救动力车三个板块。

第一课时，组装拉力机器人，连接 Ipad 应用软件 WEDO2.0，利用图形编程语句，探究拉力的大小与转速、轮型、车重、接触面等因素的相互影响作用，改变各种因素使拉力更大，或实现速度更快。当学生积极参与其中时，我们力图给予他们更多的资源和机会，让他们动手探索、亲身体验学习内容。

第二课时，组装动力车，并在小组竞赛中不断改进，使其爬坡性能更好。学生进一步认识到要提高动力车的爬坡性能，可以从车身结构、动力装置、减小摩擦等方面入手。我们的小组竞赛极有成效地促发学生及时反省自身的探索和体验，并让他们在掌握所学知识、拥有独特技能时，对继续学习保有更多的热情。

本课第三课时，模拟问题情境"汽车在行驶的过程中遇到不良的路面陷入困境"，使用拉力机器人等多种材料，营救陷入凹地里的动力车。在前两课时的小组合作探究活动基础上，充分发挥学生的主观能动性，综合考虑多方面的因素，以问题为导向选取改善策略，实现将汽车从凹地里拉出来，并及时回顾整理相应策略的实验效果，借助电子书包平台进行分享与交流，与他人协作能够加深学习体会，从长远的视角来看，这样的学习和创造力密不可分。

二、学习者分析

五年级的学生在科学课上有一些关于力的简单认知，知道物体受到力的作用会运动起来。部分学生对于乐高课程有基本的认知，动手能力比较强，能根据实际情景选择材料进行探究。

学生需要有兴趣和动力，才能更积极地参与到学习中，当动力发自内心，更能不惧困难，自始至终保持学习的主动性，获得良好的学习效果。研究表明，发自内心的学习动力有助于提高学生的学习效率、信息处理能力和应用推理能力。

反观我们大量的课堂教学，是否有留出足够的吸收和深入思考的时间？能否提供让学生回过头来审视经验和假设的机会？在学习过程中是否给予学生自主性，让他们有机会控制学习过程中的某些方面？我们是否真的相信学生能够成功达成学习目标？有没有通过及时反馈让他们看到自己的进步或者提供参考资源帮助他们评估自己的进步？我们能否设计出与学习活动要求和难度相应、与学生能力相称的足够发挥的挑战？让学生在参与学习时既避免焦虑又不会无聊。

三、学习目标

探究什么是力以及怎么能使物体移动。

通过创造机器人和给机器人编写程序，探究平衡力和非平衡力对物体运动的影响。

借助乐高机器人，探索解决实际问题。

四、学习重难点

（一）重点和难点

通过设计方案不断尝试，探究如何将动力车营救出来。

（二）解决措施

给学生提供多样性的材料，引导学生从多方面考虑问题，采用小组合作的方式进行思维碰撞和交流。

五、学习资源及技术使用说明

应用乐高 WEDO2.0 套装和 9686 套装，给学生提供可探究的材料。

利用 Ipad 平板电脑进行编程，实现课程的智能化。

利用电子书包的拍摄和展示功能，高效展示思考和探究的过程。

六、教学过程设计

（一）联系情境

展示六个动态情境：整体分为人或动物拉力与机械拉力两部分（小视频片

段分别为：小孩拉滑雪板游戏、狗拉雪橇镜头、儿童拔河游戏中的卧倒画面、快艇拉动滑浪、拖拉机运走苹果、陷入巨石泥沙中正在被营救的越野车）。其中每个部分的前两段为拉动的实例，后一个为拉不动的实例。

（设计意图：学生通过观看情景视频，唤起生活经验和已有知识，结合自己印象最深刻的现象，开启主动探究的思维活动。）

（二）发现和提问

1. 提问启发学生，借助某一个视频情境，表达自己初步的思考，唤起对拉力的研究经验。

（设计意图：引导学生将具体实际的现象与较为抽象的知识描述联系起来，从而加深理解并活学活用。）

2. 回顾自己印象最深刻的一个视频实例，表达自己对拉力的初步分析和思考。

（设计意图：教师的点评、引导，能帮助学生通过体会和探索，逐步说明和梳理所体验到的内容。）

3. 给学生的认知经验提供实例的支撑，便于学生具体地进行表达。

（设计意图：让学生充分表达自己的初步思考，在交流中有机会审视自己的思维和推理，启发学生聚焦疑问开展进一步的分析，初步构想自己的方案，对参与进一步的尝试跃跃欲试。）

（三）小组探究

1. 设置小组合作任务，明确合作目标、分工。

小组分工：设计、寻找材料、搭建、记录。

合作目标：用不同的方式用拉力车成功地将动力车营救出凹地。

2. 小组讨论：可以从哪些方面入手去营救动力车。

引导学生从多角度综合考虑问题：要想使拉力车成功地从凹地里救出动力车，可以从增大拉力车的拉力入手，也可以增强动力车的动力和爬坡能力，还可以在现有的条件下改变路面的情况，更要综合协调各方面的因素，完成目标。

（设计意图：从人类心理学的观点来看，任何人在所学的熟知的想法之外，产生新的观点，都是一种创造性的表现。当一个人发现新的、对自己有价值的信息，并围绕该信息建立有趣的联系时，所表现出来的就是创造性。）

3. 根据组内分工，用共同商量的研究方法进行试验。

4. 依次尝试不同的方法，并分析原因不断改进。

学生用到的方法可能会有：

编程控制拉力车，通过程序的调试帮助学生研究拉力对运动的影响。

改变拉力车的结构，增强拉力。

改变动力车的结构，使动力车的爬坡性能更好。

更换动力车和拉力车的电池，增强动力。

利用绳子、木板等工具改变凹地的状况，使其更有利于目标的实现。

......

（设计意图：通过自主讨论小组的分工，形成团结合作、有序探究的氛围。在探究的过程中从不同的角度进行分析，有助于学生思考力的提升。通过不停地尝试和分析问题，在小组讨论的情况下，结合集体的智慧不停地进行改进，使学生解决问题的能力得到提高。鼓励多种形式的探究记录：拍视频、拍照片、画草图、写想法等，留下可以反思和改进的素材。）

（四）分享和反思

结合方案记录和视频回顾，在反思交流中提升对问题的认知，不断完善方案。

1. 小组代表借助多种形式的记录（图片、视频、草图等），具体介绍研究中的重要思考和发现，以及探究过程带来的收获。

2. 展开小组交流：对其他组有什么好的建议，他们的发现对你们有什么启发。

3. 在交流反思的基础上，继续改进和完善方案。

（设计意图：给每个小组提供分享展示的平台，结合方案记录和视频回顾探究过程，引导学生在交流中总结经验、反思问题、进一步思考改进方向，在反思交流中提升对问题的认知。）

七、教学反思与改进

（一）亮点

1. 乐高教育资源的引入，非常有利于开展基于项目或问题的研究式学习，能显著改善师生在教学活动中的交流方式，使学生改善"言听计从"的学习方式，有利于学生主动参与、主动表达、积极合作。

2. 电子书包平台的拍摄、记录、互动互评功能，非常有利于课堂交流，也有利于呈现每一个学生的学习状态，共享资源，提高效率。

（二）不足

1. 基于某一课程的跨平台技术的使用，目前我们的课堂研究还不够，需要在更多的课例中继续深入研究，进一步用好。

2. 本节课是共同执教的课，一位老师负责组织学生，另一位老师可以利用教学测量表观察学生课堂情况做好记录，便于课后分析反思。

3. 学生记录形式还可以更多样，尽量能详尽地展示学生的思考过程。

成都市泡桐树小学西区分校　徐媛媛　钟玲

本文获奖情况：

2019年1月在四川省电化教育馆举办的四川省中小学创新课堂教学实践观摩活动课例征集活动中获一等奖

2019年2月在成都市教育技术装备管理中心举办的2019年新媒体新技术教学应用研讨会荣获二等奖

2019年6月在青羊区教育局电化教育馆举办的2019年度青羊区教师教育教学信息化大赛活动中获一等奖

2019年10月在成都市教育技术装备管理中心举办的2019年度成都市教师教育教学信息化大赛获一等奖

2019年11月在四川省电化教育馆举办的四川省教育信息化大赛信息技术创新教学案例比赛中获三等奖

2019年12月在中小学教师信息技术应用能力提升工程执行办公室举办的2019年STEAM教育优秀教学案例展示活动中获优秀奖

2020年1月在四川师范大学承办的教育部——乐高"创新人才培养计划"2019年度STEAM教育优秀案例申报活动中受到好评

交流汇报情况：

2018年12月在中央电化教育馆举办的教育部中小学骨干教师"网络学习人人通"专项培训中执教观摩课

第七章 "一对一"数字化环境下自主学习力培养的课堂教学研究

浅谈"一对一"数字环境下小学语文课堂学生自主学习力的培养策略

摘 要：随着社会的不断发展，科技在不断进步，在"教育 E 时代"通过"一对一"数字化环境可以突破当前小学语文课堂学生自主学习力的困境，从而发展其语文自主学习能力，为学生的终身发展奠定良好的基础。

一、"一对一"数字环境及自主学习的含义

随着社会科技的不断发展和进步，我们进入了"互联网＋"时代，随着人工智能、大数据、云计算等技术在教育领域的应用，传输通道、存储空间、学习平台，为学习型社会的全新学习方式提供了有力的学习环境支撑。现代教育也已然进入"E"时代。"一对一"数字化学习，指每人拥有一件数字化学习设备，并能够运用这一设备所提供的平台与资源，进行有效学习的理念、技术与方法。而自主学习则是以学生作为学习的主体，通过他们独立的分析、探索、实践、质疑、创造等方法来实现自主性发展的一种教育实践活动。

《教育信息化 2.0 行动计划》指出："教育信息化具有突破时空限制、快速复制传播、呈现手段丰富的独特优势，必将成为促进教育公平、提高教育质量的有效手段，必将成为构建泛在学习环境、实现自主学习的有力支撑。"[①] 而要如何引导学生提升自主学习能力，其中不容忽视的一方面则是要扩宽有效教学信息的传递，以增加语文课堂的学习密度，给学生最广、最快捷和最高效的

---

① 中华人民共和国教育部. 教育部关于印发《教育信息化 2.0 行动计划》的通知［EB/OL］. http://www.moe.gov.cn/srcsite/A16/s3342/201804/t20180425＿334188.html.2018.

知识信息，充分提高学生的学习效率，让学生在教师的指导下，接受信息传递，转换获取知识的能力，充分利用每节课的三十五分钟，努力掌握和研究信息的传递方式和规律，将其传递形式作用于课堂教学的有效信息中。在当前网络教育技术和数字化资源大量发展的基础上，数字化网络技术教学已经受到了很大的关注，为教师的课堂教学和学生的自主学习奠定了良好的基础。[①] 因此作为一名小学语文教师，我们应合理有效地运用多媒体课件、网络、电子白板、电子书包等信息技术，为学生提供自主探索、多重交互、合作学习、资源共享等学习环境，充分调动学生的主动性、积极性，以不断提高学生的自主学习力。

著名教育大家叶圣陶老先生曾说："教是为了不教。"小学语文课堂的核心和归宿就是培养学生的自主学习力，这有利于激发学生学习语文的兴趣，培养其良好的自主学习习惯，让他们"学会学习"，为他们今后的学习和生活及为他们的终身发展奠定下坚实的基础。

二、"一对一"数字环境下小学语文自主学习力培养面临的困境

如图 7-1 所示，学生自主学习力培养实施包括了外部和内部的条件。而当前我校已拥有了较为浓厚的信息化办学氛围——我们着力打造未来学校，也力争未来班级的全覆盖。但是在走进教育"E"时代的过程中，我们依然面临着许多难题，"一对一"数字环境下小学语文自主学习力培养存在的问题和面临的困境也基于此来展开讨论。

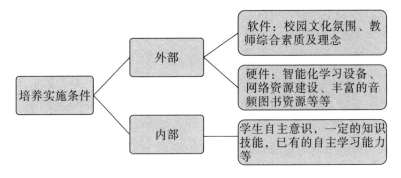

图 7-1　学生自主学习力培养的条件

① 刘举. 如何用数字化网络教学提高低年级学生看图写话效果［J］. 内蒙古教育，2019（29）：47-48.

(一) 教师对数字化环境下的语文课堂模式存在适应及探索挑战

教师作为教育事业的第一资源，也是学校发展的重要推动力。但在"一对一"数字环境助推小学生自主学习力发展的探索中，作为一名一线语文教师，我发现，包括我自己在内，部分教师存在新形势下语文课堂模式的适应和探索问题。

首先，受各种情况的影响，新语文课堂模式的建构存在难度且会提升教师日常的工作量，因此存在教师极少使用"一对一"数字环境来对学生进行教学或者当作任务来被动完成的情况，新进学习和接触也容易出现各种适应转变问题，更难以谈及在这种环境下去培养和发展学生的自主学习力等问题。其次，受不同教师综合素质及理念的差异，大部分教师难以把控"一对一"数字环境在我们日常语文教学课堂中的渗透程度——是盲目机械运用，生搬硬套，过分依赖科技带来的课堂便利，为了技术而技术？还是秉持传统教学模式继续坚持？一堂课程中活动、互动的设计探索围绕什么教学生长点，关注学生哪些能力的培养？如何去通过这样的手段和方式培养学生的语文自主学习力？都是我们在实施过程中难以把控的。除此之外，作为人文类学科，教师课堂设计不生动，语言缺乏魅力，也会大大加重对学生自主学习力培养的难度。

因此，我们说，"一对一"数字环境下小学生语文自主学习力培养存在的首要问题就来源于教师群体。

(二) 学生语文课堂中的自主学习现状不容乐观

为什么我们说学生们在语文课堂中的自主学习现状态不容乐观呢？第一，学生缺乏自主学习意识。目前班里学生语文学习呈现出来的一大特点就是"被动性"，学习者从内部就缺乏自主学习意识，被老师推动着往前，部分学生没有积极表达的愿望，单纯地按照老师的指示和要求"完成任务"，缺乏自主学习的意识则难以产生学习语文的兴趣。第二，学生缺乏基础的知识技能，尤其对低段小学生来说。自主学习和合作学习有共通之处，就是对学生原有的知识节能有一个基本要求，根据最近发展区理论，要让学生进行自主学习，必须建立在原有知识的生长点上。如果本节课的基本要求都不能掌握，执笔写字的基本能力都匮乏，根本谈不上学习，更无从"自主"。第三，已有的自主学习能力低下。他们缺乏合理的方式，没有科学的方法。小学生是未完成的个体，在成长的阶段中很明显的一个特征就是"依赖性"，对外部帮助的依赖会导致他们自主学习能力没有办法发展。从无到有的培养是一个任重道远的过程，而这也会导致学习者之间的交互活动难以控制。第四，难以进行科学的自主学习评价。换言之，完整的科学评价反馈机制尚没有建立起来。学生们一是不清楚学习的目标，因而无法正确认识自己对各类知识的掌握程度，语文学习涵盖的"听说读写"，他们只是完成，并未自查，评价。二来也没有办法归纳出学习成功或者失败的原因，他们也不能很好地利用老师所给出的信息进行调整。

三、"一对一"数字环境下小学生语文自主学习力培养的策略

基于"一对一"数字环境下的语文学习，是指学习者以学习目标为导向，充分利用各种不同类型的数字资源而进行的一系列学习活动，目的是培养学习者的语文素养，更好地促进学习。[①] 在这样的环境下培养学生自主学习力的策略如下。

（一）创设情境，提升学生自主学习意识和兴趣

"教学法一旦触及学生的情绪和意志领域，触及学生的精神需要，这种教学法就能发挥高度有效的作用。"语文学科是人文性和工具性的有机统一，"一对一"数字环境是最科学有效的沟通媒介——去激发学生的学习兴趣，调动其语文学习的主动性还有积极性。

以"一对一"数字技术为支撑的模拟学习环境，有助于帮助学生创建生动有趣的学习情境。支架式教学、基于问题的学习都是基于情境的数字化学习非常常用的教学模式。如在二年级上册《小蝌蚪找妈妈》一课中，张贴"寻人启事"，通过技术去设计小蝌蚪找妈妈的过程，发现小蝌蚪妈妈的特点以及小蝌蚪的变化，可以让学生们沉浸式地更加深入地学习这篇课文。而这样通过设置生活情境、问题情境、故事情境或者创设虚拟的"类实验"环境，教师也可以通过设备更好地传递自己的情感体验来感染学生，同时各种网络设备可以使文字类或者抽象性的东西更加具象化，这样就可以让学生利用数字化学习资源和数字化学习平台发现知识、探究知识，而非被动地接受教师的讲授，这能够激发学习者在自主学习中的学习兴趣。教学过程中，教师应该结合语文课程不同课型的具体学习目标、教学特色和丰富资源，结合不同学生的已有的学习能力、不同兴趣和多元需求等特点，采用不同的现代教育技术手段来创建丰富多样的学习情境。[②]

---

① 李云飞，王敏娟，王加俊，谢伟凯，申瑞民，杰森·吴. 移动学习系统及其相关学习模式 [J]. 开放教育研究，2012，18（01）：152-158.
② 梅鹏飞. 基于数字资源的自主学习策略研究 [D]. 南昌：南昌大学，2019.

（二）问题探究，引导学生进行自主学习

问题探究当扎根于课堂教学，语文课程学习的重难点、模式和方法，课堂上老师提出问题、学生回答问题和师生之间的交流互动，都是语文课堂教学的重要组成部分。学生在语文自主学习过程中应有问题意识——"这节课我们要学习什么？你读懂了什么？提升了些什么？"只有通过提出问题、进行思索辨别、互动交流，继而达到协同学习，才让学生的思维更为敏捷——学习者在学习和思考的同时，意识和感觉到自己的智慧和创造力，体验到生成和发展的愉悦，为人类的智慧和伟大而自豪。[①] 通过课前发布导学资源（导学单、微课等）引导学生了解本课学习目标，提出要解决的关键问题，让他们循序渐进地进行发现、思考、讨论和探索，进行互动沟通，合作交流，发展思维，促进自主学习力的良好发展。

（三）活动渗透，激发语文课堂教学活力

让师生们都欣喜受益的"一对一"数字化环境最强大的体现还是在于课堂新颖有趣的呈现方式，丰富多彩的活动形式。数字化环境为传统语文课堂教学赋予了生动绚烂的色彩。是它让语文课前各种形式的导入、课中多种方式的互动交流、深受小朋友们喜爱的游戏设计、及时有效的学情反馈成为现实。比如在生字学习时，数字化呈现可以让汉字演变更加生动；课堂作业交流时，数字化环境能第一时间传递分享课堂作品，让师生及时交流。与此同时，及时强化也能保持课堂教学的热度；技术融入的游戏也让注意力难以集中的学生变得更加专注，而不像传统语文课堂一样只有老师讲授，学生则昏昏欲睡，我们甚至能在课堂上第一时间看到学生们的思维导图……有了数字化教育环境的支持，我们的活动设计更加围绕学生开展，在教学方案中应体现如何让学生主动参与，创设有效的自主学习活动方式。自主学习活动是自主学习意识萌发和自主学习能力发展的基础，在课堂上尽量让学生自主学习，既能提高课堂学习效率，又能提高学生的自主学习意识，培养其自主学习能力。[②] 技术赋予课堂活力，在千变万化的教学手段里，不变的是我们的教学初心——一切为了学生的发展。

（四）资源建设，搭建学生拓展分享平台

值得一提的是，教师在进行资源设计时也是需要教师考量好学生与"一对一"数字化环境之间的联结。学生的基本情况，学情，需求以及数字化环境能

---

①　苏霍姆林斯基. 给教师的一百条建议［M］. 周蕖等译. 天津：天津人民出版社，1981.

②　周金林. 高中语文课堂教学中培养自主学习能力的研究［D］. 南京：南京师范大学，2007.

提供的经过精心选择又能充分拓展的资源才是好的课堂教学资源。学生的学习不仅仅局限于课堂上短短的三十五分钟，如何让生生都有机会分享，人人都有途径拓展——"一对一"数字化环境提供了完美的平台。"一对一"数字环境下学生人手拥有的移动终端，是学生自主学习、自我建构、个性发展的好工具。他们的所见所闻所知不再局限于课堂，网络提供的丰富的拓展性资源能让他们在课下去继续拓展感兴趣的内容，无意中也大大提升了学生的自主选择能力以及课外延伸能力。如此学习将不受时间空间的局限，可以不断深入，持续拓展，亦能激发学生的表达倾诉愿望，提升其语文自主学习力。

即便是在个性化的语文自主学习课堂中也不能忽略教师的指导作用，因为只要是处在课堂教学中，教师就始终是学生学习活动的策划人和指引者，教师要适时合理地指导帮助学习者进行知识的意义建构。因此在上述策略中，对教师的综合能力也有着相应的要求，我们身为一线的语文教师，同样可以通过"一对一"数字化环境实现自我的提升和发展：提升自我专业水平，拔高综合素质实力，积极适应学校变革，涌入信息技术的发展洪流，争做现代化教育的弄潮儿，借助新技术成就新自我。教师需要制定好每节课的目标，传授相应的语文学科学习方法，明确合理有效的管理方式和评价内容，通过"一对一"数字环境了解每个学生的学习情况从而给予最适时恰当的指导和反馈。

最后，语文学科是人文性与工具性的有机统一。通过数字化环境进行教学自然会使得语文课堂变得更加灵动、充满活力，我深信突破了当前的困境，我们必将迎来数字化环境中语文课堂教学新的纪元，将学生们自主学习力提升到前所未有的高度！

成都市泡桐树小学西区分校　周芳芳

"一对一"数字环境下语文神话群文阅读建模整合单元

——中外神话故事人物形象品析

摘 要："一对一"数字化学习的实践始于2002年，近年来全球许多国家已开展了相关的实践。目前，"一对一"数字化学习已然成为当前课堂教学的主要结构之一。它既改变了传统的以教师的教为主体的教学模式，又让学生的学习打破了时间和空间的限制。每人拥有一件数字化学习设备，并能够运用这一设备所提供的平台与资源，进行有效学习。这节课就是基于"一对一"数字环境中的课例进行的研究。

关键词：一对一 神话群文 整合 人物形象

一、"一对一"数字化学习小学语文神话故事群文阅读教学模式的建模

在开展"一对一"数字化小学语文神话故事群文阅读教师模式建模之初，教研组就利用"一对一"平板网络环境进行了研究讨论，构建了课前导学预测—课中交流讨论—课后检测拓展的教学模式。即课前给学生发送课前导学单，提出预习的任务，让学生通过学习文本、网络搜索、筛选、分析整理等方式完成课前导学单。课中教师为主导，学生为主体，进行充分的交流讨论。课后及课中学习的知识点广泛运用到其他类别的学习中去。

二、"一对一"数字化学习小学语文神话故事群文阅读的模式运用

（一）借助课前导学单，为课堂学习做准备

在课前预习中，老师给每个学生发放了课前导学单。学生结合导学单，阅读文本，结合资源自主地、个性地学习，然后将自己学习中的收获感受填写上传，与老师和同学进行交流。在这个过程中，学生通过对文本的课前导学，初步感知了整个单元的文本内容，说出了自己的学习感受，老师提前知道学生的学习水平和学习状态，为课堂学习做好了准备。如在执教部编版语文四年级上册第四单元神话故事单元时，我设置了课前导学问卷，引导学生对文本进行有针对性的阅读，利用软件统计，老师提前知晓学生的整体感知感受，形成学生

阅读大数据（如图 7—2，图 7—3，图 7—4，图 7—5 所示）。

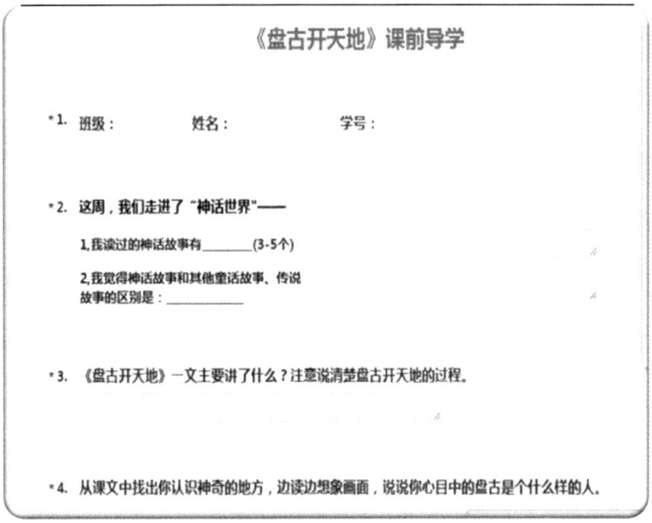

《盘古开天地》课前导学

*1. 班级： 姓名： 学号：

*2. 这周，我们走进了“神话世界”——

1,我读过的神话故事有________(3-5个)

2,我觉得神话故事和其他童话故事、传说故事的区别是：____________

*3. 《盘古开天地》一文主要讲了什么？注意说清楚盘古开天地的过程。

*4. 从课文中找出你认识神奇的地方，边读边想象画面，说说你心目中的盘古是个什么样的人。

图 7—2　课前导学单

第1题：
班级：________ 姓名：________ 学号：____________ [填空题]

填空	详情
填空1	详情
填空2	详情
填空3	详情

第2题：
这周，我们走进了"神话世界"—— [矩阵文本题]

行标题	详情
1,我读过的神话故事有________(3-5个)	[详情]
2,我觉得神话故事和其他童话故事、传说故事的区别是：____________	[详情]

第3题：
《盘古开天地》一文主要讲了什么？注意说清楚盘古开天地的过程。 [填空题]

查看详细信息

图 7—3　课前导学单

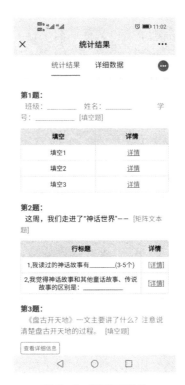

第4题：从课文中找出你认识神奇的地方，边读边想象画画，说说你心目中的盘古是个什么样的人。

| 搜索答案文本 | | 搜索 | 关键词分析 | | ✔ 过滤空选项 | 导出Excel |

序号	提交答卷时间	答案文本	查看答卷
11	10月2日 10:52	第5自然段	查看答卷
12	10月2日 11:49	我觉得神奇的地方是第五自然段。	查看答卷
13	10月2日 11:57	答：是的5自然段。	查看答卷
14	10月2日 12:11	2、3、5自然段	查看答卷
15	10月2日 16:21	是第五自然段	查看答卷
16	10月3日 10:34	我觉得神奇的地方是5自然段。	查看答卷
17	10月3日 11:15	第五段，用身躯幻化世间万物	查看答卷
18	10月3日 11:32	第二自然段	查看答卷
19	10月3日 20:35	五自然段	查看答卷
20	10月3日 22:04	第三自然段中，盘古渐渐天竟然会跟着天和地的变化而变化，这是常人做不到的，在最后自然段中，他身体上的各个东西部位都变成了大自然的景	查看答卷

图7-4 学生课前导学单统计

最让我觉得神奇的地方是——

图7-5 学生对人物评价高频词汇云图

同时利用单元整体预习单，课前检测学生对于单元整体的认知情况，学生完成预习单并拍照上传至学习空间，供老师和学生共同讨论，了解每个学生对整体单元的掌握（如图7-6所示）。

4-1 第四单元整体预习单

班级 4.4　姓名 仇蔚嘉　用时 _____

一、 单元整体感知

1、第四单元一共有 4 篇课文，除此之外，单元首页上有句子："神话，永久的魅力，人类群
在此飞腾幻想。_____"读了右下角的导读，我知道这个单元重要的是了
解故事的起因、经过、结果，感受神话中神奇的想象和鲜明的人物形象。

其中，把握主要内容可以通过 了解起因、经过、结束，
神奇的想象和人物形象可以通过 抓 神奇的想象 来学习，所以我觉得这个单元的主
题词是 神话 传说 (1-3 个)，带着这些学习提示，我走入本单元的学习。

二、 分课初步自学

1、根据范读录音，自读课文，勾画认识生字词，(每篇课文至少大声朗读一遍。)归类并观察
这些词语，特别关注出现的字比较多的类别，我发现 都说的也是假，也都想成真的
智比如土堆板……大家都没向/她们在为我们造福。

图 7-6　学生完成的课前整体预习单

根据课前导学，老师通过平台及时掌握了学生的学习情况，并根据掌握的情况，及时调整了学案。

（二）课中交流讨论，神话人物形象品析建模

为了帮助学生评价神话人物形象，在本单元中，老师先利用平板电脑发送所有的文本，学生自主选择文本进行阅读，对自己感受较深刻的地方进行勾画批注，并上传至班级空间。学生任意获取每个学生的学习成果，分小组进行思维风暴。此时教师利用平台进行比较阅读，投放精卫填海白话版与书本进行文本比较，投放西方神话人物形象图片与课文插图进行比较，播放哪吒传奇1997 版和哪吒魔童降世 2019 版的动画进行比较，对比古今中外神话故事人物的形象。利用平台网络数据收集整理资料，得出评价人物的方式。评价人物形象的方法有猜一猜、比一比、想一想等。全面评价人物形象的方式如图 7-7 所示。

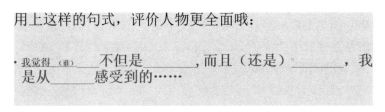

用上这样的句式，评价人物更全面哦：

• 我觉得 (谁)_____ 不但是_____，而且（还是）_____，我
是从_____ 感受到的……

图 7-7　人物评价建模

（三）课后检测拓展，学习方式学以致用

课后检测是对学生综合运用课堂所学知识的方式，拓展则是拓宽学生的知识的宽度和深度，立足于课堂，广泛延伸，由此及彼。在"一对一"数字环境下，教师利用平板电脑布置作业，引导学生对本单元的学习进行思维导图归纳总结。同时引导学生在班级空间进行互相评价投票。学生的知识和情感得到了广泛的延展和升华。在本课结束后，老师布置作业，利用思维导图对本单元人物形象和评价方法进行总结，并拓展了学生神话阅读的面和方式。学生利用思维导图，很全面地总结了本单元人物形象，并且对方法进行了总结。学生们通过互相学习，查漏补缺，完善了自己的知识结构。

三、"一对一"数字环境下学生学习的教学反思

"一对一"数字环境本身为我们提供了一个开放的、友好的交互实践环境，非常适合于学生的自主学习力培养。在这样的环境下，教师善于研究设计环境，擅长组织和引导学生，使学生在具体的"一对一"数字环境实践活动中主动地探索，积极地思考，让学生在"学中做，做中学"。"一对一"数字环境可以充分发挥学生的主观能动性，激发学生的学习兴趣，并顺利地建构学生的知识结构。赋予每个学生自主学习的权利，学生就能成为知识的创造者。

参考文献：

[1] 蒋秋明. 一对一数字化学习研究 [J]. 教师，2016（08）.

成都市泡桐树小学西区分校 陈静

"一对一"数字化环境下习作教学
提升学生自主学习力的策略研究

摘 要：在信息化时代背景下，教育也在发生着深刻变革。如何将新媒体、新技术与语文课堂教学深度融合，促进教与学方式的转变，提升学生自主学习力，是一线教师需要思考的问题。在"一对一"数字化学习方式思想指导下的教学设想与实践，旨在解决传统习作课堂无法有效地根据个体差异进行有针对性辅导的问题，探索小学习作教学提升学生自主学习力的新模式。

关键词：小学语文 "一对一"数字化 自主学习 习作教学

习作教学是小学语文教学中重要的组成部分，同时也是语文教学中最让师生困惑的部分。在小学习作教学课上，班级中绝大多数学生能认识到习作的重要性，但习作主动性偏低；学生习作经验不足，习作能力较弱；整堂课以教师讲解为主，缺乏有效的针对性指导，师生交流不够充分。传统习作课堂的客观限制是难以改变的，但当我们在"一对一"数字化环境下，就可以有效地根据学生个体水平的差异分层，因材施教。笔者认为应当将"一对一"数字化学习的优势和小学中段习作教学进行融合，优化策略，把"课前学习—课堂学习—课后学习"融为一体，拓展学生自主学习空间。

一、给习作课"量体裁衣"——基于即时反馈平台的学情前测

《语文课程标准》第二学段习作部分提到，"能不拘形式地写下自己的见闻、感受和想象，注意把自己觉得新奇有趣或印象最深、最受感动的内容写清楚"[①]，由此看出新课程标准重视学生的个性化表达。"一对一"数字化学习整合了现代多媒体教学设备的优势，为习作个性化教学的开展提供了强有力的支撑。

课前教师发布导学案，包含自学目标及重难点、主题背景资料、微课资源、课前练习等，学生根据导学案要求自主学习直至掌握目标内容。学生在充分自学的基础上形成个性化学习的成果。教师也能了解学生课前学习情况，利用系统的评测功能进行数据统计分析，梳理总结出学生课前思考的核心问题，进行二次备课，以便在课堂教学中重点指导。这种基于即时反馈的学情前测充分尊重了学生的个体差异和需求，做到了以学定教、以学导教，学生的主体性能得到更大的发挥。如在三年级学写请假条和留言条的教学中，可以先制作微课《请假条和留言条的写法》，在课前发至班级群，要求学生自主观看，完成练习单并反馈给教师。收到学生的练习单后，通过统计分析，教师从学生的个性问题出发进行教学目标调整，既提高了教学效率，也能取得良好的效果。关注学情，以学定教，这是传统课堂难以达到的效果。

二、让习作课"有求必应"——基于学件和微课平台的自主探究

对于刚开始接触习作的小学生而言，首先要学习的是基本的表达方法，也

---

① 中华人民共和国教育部义务教育语文课程标准（2011年版）［M］. 北京：北京师范大学出版社，2011.

就是如何用文字把自己所看到的、所想的清楚、明白地表达出来，从而掌握基本的写作技巧，具备基本的写作能力。"一对一"数字化环境下，系统可将习作的思维过程清晰地展现给学生，让内隐的思维外显可视，促进课堂的精彩生成。[①] 学生学会方法后在"一对一"的设备上进行操作，老师不仅可以看到学生的完成情况，还可以将每个学生完成的情况记录下来，清晰地发现学生的思维过程，并作出及时的指导。教师还可以选出有代表性的思维成果，组织学生进一步的研讨。

例如在教学写景作文时，为了让学生掌握景物描写的方法，写清楚有哪些景物、景物有什么样的特点、像什么，注意描写的顺序和详略。教师可以先创设情境，从学生的生活出发，通过师生、生生的沟通交流，引导学生观察景物的特点，总结观察描写的方法。然后让学生在平板电脑上利用"思维地图"的功能先绘制思维导图，后选取一个部分进行片段描写。在学生自主学习的过程中，教师通过系统查看学生完成的情况，最后选取典型案例展示，组织学生讨论各自设计的优点和不足。教师可以很方便地选择出不同思维成果，进行深度研讨，这也是助力课堂精彩生成的重要环节。

三、促学习者"各取所需"——基于自适应练习平台的巩固提升

"一对一"数字化环境，为习作课堂提供了深度个性化参与的可能。"一对一"数字环境下，后台自动记录伴随式生成的学习数据，经过解读，可以帮助教师和家长把握学生个性化的学习特点与问题，有针对性地进行改进提升。[②] "一对一"数字化学习，通过系统自带的检测评价功能能让教师在第一时间了解学生对教学重难点的掌握情况，并形成数据，方便教师针对现场生成的问题调整教学策略，进行个性化的点拨。例如，在一些习作基础训练——词语积累或修改病句中，即时评价检测功能能大大提高课堂的效率，同时也使个性化指导更加精准。

同时，平台也提供了一个跨时空的交流展示分享空间，让学生的学习走向深度，走向一种享受式提升。课堂时间内学生想法和观点的表达是远远不够的，利用平台，教师能够指导学生继续课堂上的讨论；可以要求学生上传作

① 李葆萍. 基于平板电脑的"1对1"数字化环境应用效果调研［J］. 现代远程教育研究，2016（01）：96－103.
② 曹荣海，丁庆玲. 多媒体在小学语文教学中的应用探究［J］. 中小学电教（下半月），2018（09）：50.

品，并组织学生间的评价；可以分享学生案例，供全班围绕讨论；学生可以发表自己学习中的困惑和想法，由其他学生用自己的方式提供帮助。学生在平台上自由交流、分享、评价，进一步地提升自己的作品质量，每个学生在此过程中都可以得到享受式提升。

四、为学习者"私人订制"——基于智能推送平台的个性化作业

在"一对一"数字化学习方式思想的指导下，小学中段习作个性化教学的开展是一种非常有力的支撑。借助师生每人拥有的一套数字化设备，及设备所提供的平台与资源，充分尊重学生的个性特点及差异，设计个性化作业。课后作业对每一个学生学习能力的提升有着积极的促进作用，在"一对一"数字化帮扶小学语文习作教学中，教师可以充分地利用网络平台来为学生们布置作业，合理引导学生把习作小练习的内容进行全面的总结和复习，从而加深自身对知识的掌握程度。除此之外，学生的习作作品还能够在"小作家"平台中进行投票、评价以及交流。

五、成效与反馈

"一对一"数字化学习方式下，教师是课堂的组织者、引导者，学生才是学习的主体。小学中段习作课在"一对一"数字化学习方式下的实践有以下优势。

（一）让学生的自主学习更充分、深入

基于信息技术的"一对一"个性化学习环境中，教学方法已经从课堂上单纯的师生对话、传授知识，变为课前、课中和课后的结合。学生的学习也发生着深刻改变，学生成了课堂的主人，不再被动地接受知识，而是充分发挥其积极性，参与到课堂当中，通过自主探究、自主思考、自主发现等过程提升其学习能力，拓宽学生学习的空间与时间，提高其综合素质。

（二）真正做到针对个体差异的分层练习

"一对一"数字环境借助师生每人拥有的一套数字化设备，及设备所提供的平台与资源，充分尊重学生的个性特点及差异，设计差异化、多样化教学内容，让学生学习的诊断反馈更及时有效，可以给教师提供有效参考；每一个学生的学习都能够得到及时关注，每一个学生都能够深度参与到学习中，真正体现了学生的主体地位。

(三) 实现教师对课堂练习的即时反馈

评价是教学过程当中非常重要的一环。传统课堂检测方式多以提问方式进行，只能够看到个别情况，书面练习在课后进行，不能够很好地进行及时反馈。"一对一"数字化环境下教师运用现场数据，针对现场生成的问题及时进行个性化点拨，调整教学活动进程，非常精准。学生通过投票、点赞和点评等活动，在评价过程中收获肯定、发现问题并进行修正，极大激发了学生参与积极性。

未来的学习，将以互联网、多媒体信息技术为手段，变知识传授型的学习为自主性、体验式的学习。"一对一"数字化学习方式既是传统课堂教学的补充又超越了传统课堂教学，有效地实现了传统教学方式与新型教学模式的有机整合，是以教育信息化带动教育现代化的有力引擎。运用"一对一"数字化学习方式的习作教学还在摸索尝试阶段，但我们可以看到，它确实可以使学生在课堂上更加自主地学习。对于这样新模式的课堂，我们还需要更加深入地去研究与探索。

成都市泡桐树小学西区分校 陈雅婷

"一对一"数字化环境下小学文言文
课堂教学策略初探
——以文言文教学《司马光》为例

摘 要：统编小学语文教材，大幅度调高了中国传统文化的占比。《司马光》一课是统编小学语文三年级上第八单元的第一篇课文，也是小学阶段语文课本上的第一篇文言文。我们要充分理解第一篇的意义和价值，从而为文言文的学习打下良好的基础。本文希望从小学文言文教学策略出发，着力探究"一对一"数字化环境下的小学文言文教学策略。旨在运用现代教育技术切实提高课堂有效性，增强教师对先进技术设备的使用意愿。通过对课堂的尝试和分析探索出一些实用的小学文言文课堂教学策略，从而提高使用效率和使用乐趣。

关键词："一对一" 数字化环境 文言文 课堂教学 策略

"教育信息化是一项系统工程，国家相继出台了一系列推进教育信息化的政策和措施，或在相关的文件中对教育信息化提出了明确的要求。"

未来课堂是在大数据以及教育信息化的时代大背景下产生的。它是顺应未来创新型人才需要应运而生的。在新课程改革的基础上，进一步强调生本课堂、互动课堂，从而促进学生的自由和谐发展。

《司马光》一课是部编版小学语文三年级上第八单元的第一篇课文，也是小学阶段语文课本上的第一篇文言文。也就是说从三年级开始，学生们要正式学习文言文。那么在学习中应该怎么做呢？我想作为第一篇出现的文言文，它的重要性是不言而喻的。那么我们要充分理解第一篇的意义和价值，从而为文言文的学习做一个良好的开端。对于现代教师的"教"而言，在"一对一"数字化环境下来探讨小学文言文教学如何提高有效性，形成一定的教学策略是很有必要的。

经过不断地试教和研究，我认为《司马光》这篇课文的教学，可以从以下几个个方面着手。

一、"一对一"数字化环境下，以趣味贯穿，促进故事的了解和学习

小学的儿童，正处于具体形象思维阶段，有形有色有声的东西更能引起他们的注意。著名的教育家苏霍姆林斯基说过："小学生往往用形象、色彩、声音来进行思维。"因此在教学中应该尤其注意学生的学习兴趣。在心理学上："兴趣是人对客观事物一种积极的认知倾向，它能推动人探求新的知识，发展新的能力。"对于小学生来说，兴趣是第一位的，是他们最好的老师。在《司马光》的教学中，我充分利用"一对一"数字化环境的优势，力求各个环节都能激发或保护学生的学习兴趣。

如：猜姓氏，激趣导入新课。

通过回忆以前听过的司马光的故事，引出文言文。降低学习难度，保护学习兴趣。

现代文与文言文比较，发现文言文的不同，激发探究兴趣。

内容理解过程中，以学生发现探索为主体，提高学习兴趣。

人物行为、品质解读，让学生进行"如果我在场，我会如何选择？"的投票。提高学生课堂参与度，站在第一立场感受故事人物。增强学习兴趣。

写字目标，随文进行，并将生字书写难点与故事内容相结合，充满趣味。

故事讲述，给足学生台阶。词—句—篇，以图画具象支撑，降低难度。保护学生学习兴趣。

鼓励表演，在讲述的基础上鼓励表演，加强理解，增强趣味性。

背诵，层层递进。出示关键词、人物、图片，环环推进，使背诵轻而

易举。

课堂中处处保护或激发学生学习兴趣，无疑是从教学方式上提高了学生的学习效率。

二、"一对一"数字化环境下，促进方法习得，让文言文学习有法可依

语文是人文性与工具性兼具的学科。那么在堂课中，不仅要有语言文字的理解、感悟，还应该有学习的方法渗透。尤其像《司马光》这篇课文，它作为第八单元的第一篇课文，又是文言文这样的特殊文体，我们在教学中必须树立学习方法。但也由于是第一篇，对于方法的梳理我们要帮着学生去发现、总结。

1. 充分利用已有认知。如学习古诗的方法、学习其他课文的方法等，我们可以鼓励孩子去尝试，通过"试误"，让学生逐步形成学习文言文的基本方法。如：在学习古诗时学生学习到要"读通顺并读出停顿"，那么在文言文学习中也是如此。

2. 利用课堂中的提问，引导学生发现多种学习方法。如：如何认识"瓮"，大部分学生是从最容易发现的注释里找到的。但教师通过两张图片的追问，让学生发现还有更直观地看插图理解字义的方法。

3. 抓住课堂生成，促进方法梳理巩固。如：在这节课中，有一道图文对应的连线题，有个别学生在完成时出错。教师在点评时，充分抓住错误，让学生自主发现，并用方法解决错误。

4. 注重课后拓展，落实方法运用。如：本节课课后，教师给出《曹冲称象》文言文，以及相关注释、图片。鼓励学生运用方法，完成阅读和习题。

搭建迁移情境，学生不再仅停留在课堂课本知识上，更获得了举一反三的能力。传统教学中，教师往往也会涉及这一部分，在知识的迁移上往往是运用大量的练习来完成的。但题海战术早已是不提倡甚至被淘汰的一种教学方法，这是在无止境地消耗学生的课余时间和学习兴趣。而利用"一对一"课堂环境，可以较好地完成这一学习目标。由学"一篇文"迁移"一类文"，通过本节课促进学生了解并梳理文言文学习的基本策略。这为学生将来学习文言文打下了良好的基础，更避免通过大量课后练习来机械学习每一篇文言文。方法的梳理和总结，是从技术上直接为学生提供学习工具，提高学习效率。

三、"一对一"数字化环境下，促进思维生发，使学生在学习中因获得成就而产生后续动力

任何学习的延续都不能只靠浅表的兴趣或命令，需要有在学习活动中不断获得的成就感支撑。那么成就感从何处来，我认为这就需要学生在思维上有提升和发展。即在思维的引导下由点及面对客观事物进行延伸式思考与探究，能较为客观、全面地分析与处理问题。语文学科具有较强的人文性特征，在培养学生的思维发展方面有着得天独厚的优势。"一对一"数字化环境，可以更加便捷地调动学生的主体性，在教学的各个环节创设情境，使学生乐于在情境中主动去探索质疑。将学生融入课堂教学之中，使学生充分发挥想象，将抽象知识与个人生活经验结合，提高其学习效率。在"一对一"数字化环境下，教师应该高度重视利用设备的优势，抓住课改的时机，帮助学生树立自信，鼓励学生成为课堂的主体。

如：在本课教学中，在司马光人物的认识上，我没有用简单的"你认为司马光是一个怎样的人？你是从哪里看出来的？"这样的提问方式来展开。而是引导学生在理解文意的过程中，发现司马光和其他人对于这件事的不同选择："弃去"和"持石击瓮"。让学生通过平板电脑投票，直观展示大家的不同选择。然后请学生说出他选择的理由，从而推进学生们对司马光人物认识的不断丰富。

（课堂实录·片段）

师：选择"弃去"的孩子，说一说你的理由。

生：我选择"弃去"是因为我去求助大人了。

师：为什么选择去求助？

生：因为我们还是小孩子，我担心爬上"瓮"去救小朋友，不仅救不了小朋友自己还会掉进去。爸爸妈妈教过我，要在自己能力范围内帮助别人。

师：老师赞同你的说法，力所能及很重要，求助大人也是一个办法。那你再看看司马光救小朋友的时候，掉进"瓮"里了吗？

生：没有。

师：他为什么没掉进去呢？

生：因为他根本就没去爬瓮，他用的是拿石头把"瓮"砸破的方法救人。

师：你真是会发现会思考的孩子，那你觉得司马光是一个怎样的孩子呢？

生：司马光是一个聪慧过人的孩子。

师：为什么？

生：因为我们遇到这样的情况，可能想到的方法是爬上"瓮"把小朋友拉起来。这样很危险，很可能救不了人自己还陷入危险。而司马光想到的办法是，将"瓮"砸破，让水流出来，这样不仅能安全地救出小朋友，速度还很快。所以我认为司马光比一般的人都聪明。

师：你也是一个聪慧的孩子，一下子就发现了司马光救人的方法不一般。

在这个追问的过程中，学生的思维进行了发展和延伸。从单一的思维，逐步走向复杂、深刻。思维的生发，是学生产生持久学习动力的助推器，也是让学生从主观上把"要我学"转换为"我要学"的关键点。意识上的转化，是"减负提质"的根本，这也是教学中我不断思考、实践的核心。

四、"一对一"数字化环境支持下，加强任务驱动

在教学中充分利用现代教育技术，使教学与信息技术有效融合。如"一对一"数字化环境下的教学方式，课堂中在一些环节使用"互动课堂"中的功能，使得各个环节有效落实，将课堂环境中无法落实的部分，落地生根。见表7-1。

表7-1 课堂环节

环节	互动课堂—功能	效果
课前	前测功能	了解真实学情，以学定教
初读课文	截屏批注功能	及时反馈课堂学习情况，充分解决学习重难点
理解人物形象	投票功能	尊重学生个性化思维，在思维发展中丰富认知
巩固理解	连线题功能	图文结合，将理解具象化。为解决本课重难点铺垫
小组合作	屏幕广播功能	有效提高小组合作效率
小组展示	班级空间分享功能	有效提高学生课堂参与度
拓展运用	课后作业布置功能	学以致用，高效巩固学习所得

1. 利用课堂中的提问，引导学生发现多种学习方法。如：如何认识"瓮"，教师通过两张图片的追问，让学生发现还有更直观看插图理解字义的方法。

2. 抓住课堂生成，促进方法梳理巩固。如：图文对应的连线题。教师在点评时，充分抓住错误，让学生自主发现，并用方法解决错误。

3. 注重课后拓展，落实方法运用。如：利用课后作业功能，提供《曹冲称象》文言文，以及相关注释、图片。鼓励学生运用方法，完成阅读和习题。

4. 在思维上有提升和发展。如：在司马光人物的认识上，通过平板电脑投票功能，发现学生的不同选择。在生成和引导中推进学生们对司马光人物认识的不断丰富。

5. 利用多种课堂组织形式，激发兴趣，提高效率。如：自主阅读、同桌交流、小组合作等。

五、巧妙筛选整合"一对一"数字化环境下课堂教学素材资源，拓展学习内容

当今是一个大数据时代，课堂资源十分丰富，因此在运用时要注意整合取舍。所有资源的选择应该以教学目标为基础。对于资源要辩证地看待，不能完全依赖于资源，将所有教学目标的实现都寄托于资源。也不能排斥资源，要关注并使用一些恰到好处的资源，使课堂效率事半功倍。对所选资源还要进行一定的加工，使之更加契合教学内容和教学目标。资源的呈现还要选择合适的时间，课堂上的每分每秒都是十分宝贵的，因此在什么时间点呈现什么资源能够更好地实现教学目标，这是在进行教学设计时必须考虑的因素。

特别是拓展内容。这是一个多元化的社会，仅仅是课本上的内容无法满足学生的需求，因此我们在课堂上需要一些拓展内容以满足学生的求知欲。但各种各样的资源扑面而来，如何选择。同样是要遵循最基本的以学生为主体、因材施教的原则。尊重学生的诉求抓住他们的兴奋点，使"要我学"变成"我要学"。

如《司马光》一课教学中，在"讲述故事"这一教学重难点的处理上，充分尊重学情差异让学生自由组成讲述表演小组，用自己喜欢的方式来完成故事的讲述。这大大激发了学生的学习兴趣，课堂也活了起来。

一次次的操作与实践，一次次的阅读与思考，犹如在学生面前打开了一扇窗户，铺开了一条道路，让他们穿越时空隧道，汲取古代优秀文化中的精髓，了解汉语言的无穷魅力。学习一篇文章，走进一类文章，进而产生持久的学习动力，促进学生们对祖国传统文化的热爱。

成都市泡桐树小学西区分校　陈萌萌

平板电脑支持下小学语文阅读翻转课堂实践

摘 要：随着现代信息技术的迅猛发展，当今社会不断涌现出新的交流媒介。信息技术的广泛应用，使得传统的教学方式发生了潜移默化的变化，在教师的教学过程和学生的学习过程中，均明显呈现出新的时代特征。《义务教育语文课程标准（2011 年）》提出：小学语文教学要注重现代科技手段的运用，以提高学习效率，培养学生运用现代技术搜集和处理信息的能力。因此，作为数字信息化时代的教师，应抓住机遇，响应号召，开发并利用各种形态的课程资源，将传统的教学策略与现代教育技术进行巧妙的结合，积极探索全新的教育教学模式。翻转课堂自美国引入我国以来，教育者们便对它进行了全面的研究和积极的实践探索。笔者将电子书包作为技术手段，结合新课程改革的精髓、现代学习理论、翻转课堂教学模式，贯穿于阅读课堂之内，进行小学语文阅读教学新方式的实践研究。

关键词：平板电脑 小学语文 阅读教学 翻转课堂

一、研究背景

2012 年 3 月，教育部颁布《教育信息化十年发展规划（2011—2020）》。该文件明确指出：要充分发挥现代信息技术独特优势，信息化环境下学生自主学习能力明显增强，教学方式与教育模式创新不断深入，信息化对教育变革的促进作用充分显现。"教育信息化充分发挥现代信息技术优势，注重信息技术与教育的全面、深度融合，在促进教育公平和实现优质教育资源广泛共享、提高教育质量与建设学习型社会、推动教育理念变革和培养具有国际竞争力的创新人才等方面具有独特的重要作用，是实现我国教育现代化宏伟目标不可或缺的动力与支撑。"[①] 由此可见，教育信息化的推进，势在必行。

翻转课堂融入了现代科学技术，将课堂活动进行革新，从而改变了以往的学习方式和教学流程，把课堂从"老师教、学生学"的自上而下传统教学模式变革成"学生学、老师辅"的主动合作探索学习模式。整个课堂不仅贯彻了新课标的精神，同时运用多种媒体及技术，从而使学生完成了自身知识体系的建构。

---

① 余胜泉. 推进技术与教育的双向融合——《教育信息化十年发展规划（2011—2020 年）》解读[J]. 中国电化教育，2012（05）：5-14.

诺亚舟公司推出了一款拥有智慧课堂系统的平板电脑,可以使一个班的学生同时进入教师预设的虚拟课堂,学生之间可以针对同一学习对象,互相发送文字、音频、图片、视频等,老师通过后台数据能够清晰地了解学生之间的讨论、合作等学习状况。

由于翻转课堂学习活动的执行者是学生群体。学生参与活动的角色、学习方式、课堂互动等方面的问题直接影响到他们的学习过程和学习效果。翻转课堂学习活动在规划与设计的过程中,以学生的特性为出发点,进行合理的设计。笔者以泡桐树小学西区分校四年级的学生为研究对象进行阅读教学研究,而四年级的小学生有如下几方面主要特征:

知识与能力。此年龄段的学生开始转变思想方法,从过去笼统的印象判断转变为具体的分析。抽象概念已经在认知结构中建立了,可以进行逻辑推理,但依赖于具体事物的支持。学生的注意力、自制力、自觉性等方面在经过了小学阶段四年的训练之后,比以前更有显著进步。

过程与方法。该阶段的学生已经对语言文字有了一定程度的认识与积累,在学习方法上也养成了自己的习惯。随着年龄的增长,学生在观察、思维、语言表述、动手操作等多个方面都有了较好的提高,与此同时,具备了比较强的自主探究意识。

情感态度与价值观方面。小学四年级的学生在此时正处于非常难以引导的阶段,个性差别明显,情感态度方面出现强烈的好奇心,他们乐于驾驭自己的思想,总想在自我探索中获取知识。

本研究立足于语文四年级上册的四单元——神话,将《女娲补天》《普罗米修斯》《精卫填海》三篇文章进行群文阅读,通过学生小组合作,采用对比的方法,深入剖析人物行为及性格,正确理解神话中的人与事,树立正确的神话观,同时培养学生的文学素养。

二、研究过程

(一)课前学习

回顾《盘古开天地》,体会神话中的人物形象与人物精神,并通读三篇文章,勾画出令你印象深刻的地方。

(二)课堂学习

1. 交流收获,夯实基础

人物形象不是单一的,而是丰富的多层次的。请学生用以下这样的句式来谈谈给你留下深刻印象的人物的感受。先在平板电脑上完成例句，再用平板电脑和小朋友们聊一聊。

(谁) 不仅是(怎么样)，还(怎么样)。我从文中(哪里) 感受到了(什么)。

在学生熟读文章的基础上，引导学生对精卫、普罗米修斯、女娲的形象进行总结，深化讨论交流，发表个人见解，由此归纳出人物的多重形象。此环节的设计主要是，从泛读转为精读，将神话人物具体化、具象化，帮助学生进一步理解神话人物。

2．深化讨论，丰富知识

我们对人物的感受是丰富的，深刻的，请学生再观察思考云图，普罗米修斯和女娲以及盘古开天地中的盘古，他们有什么共同点，请将你的看法书写在平板电脑上，再和同学进行交流。

从学生的讨论中，不难得出三个人物都是"英雄"的结论，但是何为英雄，如何理解人物的英雄行为与无私精神，这需要老师为学生抽丝剥茧，做进一步的分析。

那我想问什么是英雄？

请在平板电脑上使用《汉语词典》，找到对"英雄"的注解。

老师把一位同学找到的答案投影出来。

A．指才能勇武过人的人。

B．指具有英雄品质的人。

C．无私忘我，不辞艰险，为人民利益而英勇奋斗，令人敬佩的人。

故而，英雄，侠之大者，为国为民，称之为英雄。

为深化和丰富学生对神话人物的理解与认识，师生针对学生不同的观点，互相补充、激发，相互质疑。将学生的观点提取成关键词，以词语的形式展示学生之间的不同观点。这样，不仅培养了学生的综合素养，而且为下一步正确辨析"英雄"概念做好了铺垫，而本课的难点也就迎刃而解。

我们讨论了普罗米修斯和女娲，那么，精卫是英雄吗？

课文中是山海经版本，这是后人改编版本，请大家阅读，你觉得精卫是英雄吗？

请在平板电脑上边读边勾画，批注你的感受，找到支持你观点的地方。完成批注后，看看别的小朋友是怎么看待这个问题的，可以通过平板电脑进行讨论。

3．写法感悟，文学洗礼

请大家再次对比两个版本，这两个版本的人物，哪一个人物形象更深刻一些。作者是怎么做到的？后人在改编过程中加入了自己的感受想象补白，对人物形象进行了加工和提升，使人物形象更加丰满。这对你有什么启发？请使用你的平板电脑，了解其中的修辞手法、写作方法与表达方式。

最后，老师有一个疑问，看了大家的自学单，大家都说神话是假的，是不真实的。为什么古人要创作这个神话？神话对于我们现代人的价值在哪儿？

通过群文阅读的剖析、对比，最终帮助学生理解神话是作家采用艺术虚构及浪漫主义创作方法，将一些古人所认为的神迹具象化。神话的题材内容和各种神话人物，对历代文学创作及各民族史诗的形成具有多方面的影响，也是当时的人们对自然的一种理解。在文学的洗礼中，我们需要树立正确的神话观。

由例课可知，翻转课堂教学使学生的自主学习和实践创造成为现实，学生可以勇敢表达自己的想法。在融洽的学习环境中，通过查阅资料，使用多种认知工具，积极主动地找到解决问题的办法。在课堂实践的过程中，学生搜集信息、分析处理问题的能力，也得到了不同程度的提高和锻炼。

三、平板电脑参与课堂的影响

（一）改变了传统的教学理念和方式

教师改变了以往的教学方式和教学理念，由教学内容的传递者，转变成教学的引导者，充分思考并准备预设问题，科学设计教学环节，注重用策略指导课堂，有计划地带领学生探究问题。利用平板电脑的特性，采用网络合作学习的方式，不仅加强了师生之间的交流沟通，不断更新活动类型，更能够将培养学生综合能力列入首位。

（二）合理地使用学习策略

在实践的过程中，部分学生由于习惯传统的教学，所以在课堂上不知道该如何去做，不能积极参与到每个环节。因此，教师应因材施教，规划多种方式的预案，同时及时关注平板电脑的后台数据，尽量照顾到不同学生的个性差异，对这部分学生适当地进行指导。

（三）加强了学生自主合作探究的能力

随着平板电脑课堂教学的推进，学生思维的深度、广度，学生的辩证思维能力以及思维独特性都得到了不同程度的提升，学生自身的主体性和独自完成学习的能力也得到了一定提高与加强，同时学生的个性也得到了发展。在合作学习过程中，学生能够准确表达自己的想法，去倾听他人的观点，同学间的关系也更为融洽，综合能力也得到了培养。

四、结语

我国教师专业化快速稳步发展，教师的教学能力、信息技术能力不断在提高和完善，云服务的广泛普及和移动终端技术的广泛应用，使一线教师在教学中将信息技术课堂教学应用于教学实践的案例日益增多。信息化快速改变着这个世界，现代科学技术正在推动教学的改革。因此，当代教师应积极开发、合理利用课程资源，灵活运用多种教学策略和现代教育技术，努力探索网络环境下新的教学方式。

参考文献：

[1] 卞建英，黄烟波，赵辉. 翻转课堂研究及其教学设计 [J]. 中国教育技术装备，2013（21）：88－91.

[2] 董辉. 翻转课堂研究及思考 [J]. 边疆经济与文化，2013（5）：124－125.

[3] 冯启德. 什么是教学模式 [J]. 语文教学通讯，1993（3）：16－18.

[4] 何克抗. 从混合式学习看教育技术理论的新发展 [J]. 中国电化教育，2004（206）：5－10.

成都市泡桐树小学西区分校　黄心　程钰铭
获 2019 年全国论文评比大赛一等奖（《中学生导报》（教学研究）编辑部颁发）

"一对一"数字化数字环境下的小学语文
自主学习课堂教学模式的探索

摘　要：随着现代信息技术的飞速发展，我们步入了数字化新时代。以计算机和互联网为代表的现代信息技术不仅改变了我们的生活方式，也改变了我们的教学方式。信息技术与小学语文课堂教学的有机融合，给语文课堂带来了非常大的变化，教学资源越来越多样，传统的教学模式被颠覆，课堂氛围更加积极，学习过程更加轻松高效。而"一对一"数字化环境下的小学语文课堂教学更是弥补了传统教学的弊端，更能激发学生的学习兴趣，培养学生的自主学习力——主动、合作和探究式学习。

关键词："一对一"数字环境　小学语文　自主学习　课堂教学模式

根据新课程标准的要求："语文课程应注重现代化科技手段的运用，密切关注当代社会信息化的进程，推动语文课程的变革和发展。"而在学校的教育教学工作中，所有学科的教学都要通过课堂教学进行，学生在校的大部分时间也是在课堂中度过的。可见，课堂教学模式的改革是紧跟现代化步伐的第一步。为积极开展以学生为中心的"一对一"数字化学习活动的探索与实践，我校建立了戴尔教室和未来教室。"变则通，通则达"，教育的每一次变革，都会注入强劲的发展力量。作为奋斗在教育一线的教师，在现代信息技术的助推下，我也积极投入到了课堂教学模式变革的探索中。希望通过搭建现代化的课堂教学环境，培养学生的自主学习力。

一、绘声绘色的课堂，激发学习兴趣

回望以前的教育，一张讲台，一块黑板，一支粉笔，一本书。没有过多的色彩，像一幅黑白老照片。而在信息技术飞速发展的当下，课堂教学利用多媒体展开。教师和学生每人拥有一台数字化学习设备，并且在无线网络的支持下，可以便捷地进行信息沟通和交流。这样的课堂绘声绘色，摇曳生辉。尤其是面对小学生这一群体，他们的注意力不能长时间集中，学习的主动性还在养成。但是他们对外界充满好奇，喜欢看、喜欢听、喜欢自己去探寻。所以在语文的课堂教学中，我们应该利用好现代化信息技术，用多种形式调动学生的听觉、视觉体验，激发学生自主学习的兴趣，让学生积极主动地参与到课堂中去，产生不断探索的欲望。

如在教学二年级下册《雷锋叔叔，你在哪里》一课时，在课前导学环节，我利用"一对一"学习平台，让学生提前聆听了歌曲《学习雷锋好榜样》，观看了雷锋事迹的视频，参观了雷锋纪念馆。歌曲可以调动学生的听觉感官，在学生对雷锋叔叔产生好奇的时候，还可以自主点击观看视频，了解雷锋叔叔的事迹，感受他助人为乐的精神。也正是雷锋叔叔对社会的无私奉献，使得他受到了人们的爱戴，人们为他建起了雷锋纪念馆。在这些听觉、视觉资料的冲击下，教师在上课时可以自然而然地开启课文，"今天就有一群小朋友要去寻找雷锋叔叔，我们跟随他们的步伐，一起出发吧！"当学生对课堂教学有了兴趣，那么自主性也就油然而生了。

二、自主探究的课堂，获得成功体验

《礼记·学记》中记载："君子之教，喻也。道而弗牵，强而弗抑，开而弗

达。"然而传统的教学以教师讲授为主,忽视了小学生自主学习能力的培养,不利于培养创新型人才。"一对一"数字环境下的小学语文课堂教学应该让学生牢牢把握学习的主动权,而教师则应该为学生的自主学习创造良好的条件。课堂上教师需要提前发放学习任务,明确学习要求,并提供相关学习资料,比如:背景资料、视频资源、图片补充、拓展延伸等,引导学生借助数字化学习设备进行自主的学习,让学生成为学习的主人。

如在教学二年级上册《我是什么》一课时,我利用电子书包互动题板,进行了以下课堂教学游戏(如图7-8所示)。

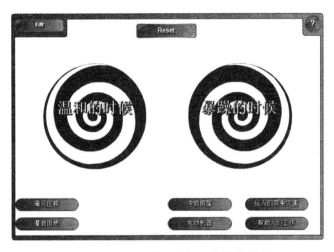

图 7-8 交互式电子白板课堂教学游戏

告知学生要想玩游戏,先要做一些热身运动,其实就是布置学习任务:首先自读课文,想一想为什么说水的脾气可怪了?接着再读课文,勾画出水做过的好事和坏事,并将自己的答案拍照上传,教师由此可以了解学生的思维过程。然后学生便可以打开互动题板做游戏,将水做的好事和坏事分别放入不同的水漩涡当中。最后点击观看老师推送的相关视频和图片资源,为后文人们想办法让水只做好事做铺垫。如此寓教于乐,不仅达到了本课的教学目标,又提高了学生的自主学习能力。学生在自由的学习过程中,不知不觉形成了自我责任感。并且学会了在教师的指导和帮助下,主动地发现问题、解决问题。由此获得的成就体验,又将激励学生下一次的自主学习。

三、合作学习的课堂,碰撞思维火花

我们常说"一个人可以走得很快,但一群人可以走得更远"。在教育上,

这句话同样适用。每个学生都不是空着脑袋进入课堂的，他们对同一个问题，也会有不同的看法和解决的途径。由此，我利用班级的四人小组。让学生在小组内交流、探讨，让不同的观点进行碰撞，求同而存异，各抒己见，言之有理即可。这样的集体风暴，能够让每一个学生对问题产生更加深入的理解。这种思辨的过程也能够很好地指导学生完成对知识的构建，训练学生的创新思维，培养了学生的自主学习力和合作能力。

如我在教学二年级下册《沙滩上的童话》一课时，结合课后题（如图7-9所示），我设置了"小组合作编故事"的课堂活动。小组成员利用手中的数字化学习设备，选择一个故事开头，根据题目要求，轮流绘制故事插图，再拼凑成一个丰满的故事。有一个小组选择了第二个开头，成员A在题板上绘制了一座大山，在一个隐蔽的角落有一个洞口，洞边处站着一只凶狠的恶狼的图象。成员B在山脚下绘制了一座村庄，家家关门闭户。村口却有一队勇士，他们背着弓箭，拿着匕首，向狼洞走去。成员C绘制了勇士们数箭齐发，射死恶狼的图象。成员D提出疑惑恶狼凶狠残暴，怎么会轻易被射死。于是大家展开讨论，最后成员D对图画进行了修改，将一支箭画在了恶狼的腿上，剩下的箭都画在了地上。而恶狼的身后还有一个勇士高举着匕首，正要向恶狼刺去。最后一幅是大家一起绘制的，人们又过上了幸福的生活。

○ 根据开头编故事，试着用上下面的词语。

◇ 在一片沙漠里，有……

◇ 从前，有一座大山……

图7-9 课后题

在这个过程中，既有巧妙的分工，又有协力的合作。既需要侧耳倾听，又需要大胆质疑。最后再汇总到老师的数字化设备上，进行作品展示，大家投票推选出最佳作品。这种学习的模式，不仅能够培养学生的评价意识，也让他们懂得了用欣赏美的眼光去发现，碰撞出思维的火花。

当然，"一对一"数字环境下的小学语文自主学习课堂教学模式的内涵远远不只这些。它具有更宽阔的时空和无限拓宽的功能。它需要更多一线教师的创意和网络技术人员的努力。

在教育的探索之路上，我们始终坚信有一束光可以照亮未来。"一对一"数字环境下的教学将迎来这样一个春天：我们的教室，不再有冰冷的高墙，每一个学生能够在现代化的数字空间里徜徉；教科书已不再是唯一的媒介，"世界才是学生的课本"；心与心的距离得到了拉近，思想与思想的碰撞不断发生，学习已不再受时间和空间的限制；在这样的课堂里，学生才是学习的主体，教师只是一个辅助者。品格的培养、个性的保护，情感的激发等，正悄无声息地进行……

参考文献：

［1］赵峰. "一对一"数字化环境下的教师培训［J］. 中小学信息技术教育，2016，（3）：60－61.

［2］唐遗旭. 现代化教学手段在小学语文教学中的运用［J］. 人间，2015（12）：115.

［3］姚畅. 小学语文课堂教学模式的优化与创新［J］. 课外语文（上），2017（10）：63.

成都市泡桐树小学西区分校　王兰

大数据时代，小学语文低段阅读教学之"识读悟"

一、愁云惨淡万里凝

不少教育大师都颇为担忧我们的语文教育。朱德熙曾说："现在的小学语文教育简直是摧残儿童！"于漪也说："语文教育面临一个悲哀，不少学生对语文失去了兴趣。"反思我们的语文教育，似乎正渐渐丢失它的情趣性与广泛的包容性。

《语文课程标准》中对小学低段的学段目标从大的方面共列了五条，分别是识字与写字、阅读、写话、口语交际和语文综合性学习。不难发现：每项目标列在首位的都是关于激发和培养学习兴趣的要求。再认真阅读第二学段和第三学段的目标，同样会发现大多数分项目标的首位是关于学习兴趣和主动性方面的要求。由此可见，新课标中十分关注学生学习过程中情感、态度的问题。学生是教学活动的对象和主体，学生是否喜欢学习，是否主动学习，是决定教学效果的关键因素。尤其是小学生，可塑性强，情感脆弱，直接兴趣和形象感知在学习过程中发挥主要作用。要激发和培养学生的学习兴趣,我们教师必须要学会关注学生个性化学习与发展,必须做智慧教育。

二、风雨如磐终有尽,守得云开见日出

真正的个性化学习与发展其实并不遥远,在这个大数据漫天飞的年代,借助大数据的力量,教育系统正朝着这个目标一步步迈进,未来的学习正在展开,教育信息化的发展正被推到时代发展的浪尖,"智慧教育"正成为教育信息化发展的最新愿景!

我们知道,在小学低段的五项目标中,最基础、最关键的是第一、二项目标。即"识字、写字"与"阅读教学"目标。从长期的教学实践来看,识(识字)是读(阅读)的基础,悟(体悟)是读(阅读)的目标,读(阅读)是实现从识(识字)到悟(体悟)的桥梁。由此可见,"识、读、悟"是小学低段阅读教学的重点。能否在大数据时代下,利用信息技术使小学语文低段阅读教学的"识读悟"更生动有趣、更易于学生个性化学习呢?"一对一"数字化教学尝试让我们看到了曙光!

三、东风君做主,流彩巧拨云

(一)"一对一"数字化教学使"识字"变得生动、有趣

识字能力是阅读过程中最基本的能力。只有首先认识了一定数量的汉字,并初步掌握了朗读、默读技巧,这才具备了进入阅读的基本条件。阅读又为识字提供了广阔的语言环境,以便学生随着语境的变化进行立体识字。阅读反过来又巩固着识字,使识字能力更强。

随着课程改革的深入发展,课堂教学的方式方法发生了根本的改变,以往那种教师讲学生学,教师写学生抄的单调的课堂教学方式已不复存在了。比如,在"识字""记字"环节中,我们通常采用的方法是:字形小魔术、加一加、减一减、编故事等。这些方法虽也有一定的趣味性,但对于大部分学生而言只是坐在教室里,机械地接受或是拒绝信息!"一对一"的数字化教学为识字的环节增添了趣味性。例如,在北师大版一年级下册《小闹钟》第一课时中,我有机运用了汉字识记的信息技术资源。资源中,生动形象的动画配上详细的解说(字音、字形、字义多角度)不仅调动了学生的听觉器官,而且充分撞击了学生的眼球,挖掘出学生的通感。原本机械枯燥的识字、记字变得活泼有趣,学生的兴趣浓了,记忆也更加深刻了。

从语言学的角度来说,所有字词只有在一定的语言环境中才有确切的含

义。因此，"随课文识字"成了识字教学的重头戏，也是低年级阅读教学主要任务之一。教学中，我们主张识读同步，寓识于读，以读为本，随读书活动的展开分部解决音、形、义问题，尤其是对字词意思的理解，要随着对课文内容、情感的理解体悟而逐步深化。因此，教学中要处理好识与读的关系，在初读课文的过程中可集中认读一下，为阅读铺路，要想更深入的学习，还必须把生字放在具体的语言环境中去学。"一对一"的数字化教学使我们的"随文识字"更具有实效性、时效性与趣味性。同样在《小闹钟》一课：学生在对比学习"已经"的"经"和"用劲"的"劲"的时候，学生先观察汇报"经""劲"的异同，随后，我用多媒体展示了经线的图片和手工织布的图片，学生从直观的图像上很快能理解到经线的"经"绞丝旁与丝线有关。此时，我再利用诺亚舟凌云电子书包软件，向学生发送任务，让学生对"经"和"劲"在语境中辨识填空，完成后回传到教师端。电子书包软件在课堂及时反馈学情，学生是否掌握，哪些学生还需要帮助，一目了然。此时，我再酌情讲解易错、难解题，将"经""劲"送回课文，进一步体味语言环境中的悟读。学生学习兴趣得到了充分调动，课堂教学效率得到了提高，识字教学也更形象、落实了！

课前预习是解决识字任务的重要环节。通常在课前，我们都会给学生布置相应的识字作业。在课堂上我们往往通过黑板、字卡等工具，采用指名读、开火车读等方式对学生的识字情况进行检测。这样的方法简单、快捷，但却不能掌握全班同学的学习情况，因此在课堂上，老师就只能根据经验确立识字的重难点。而"一对一"数字化教学的使用，为我们解决了这一难题。我利用诺亚舟凌云电子书包软件，发送"课前导学"任务到学生端，学生在家利用台式或是平板电脑，对本课易错字音、字形进行分类练习，完成后回传到教师端。我在课前即可查看每个学生的完成情况以及全班的作业情况分析（哪些字学生已经掌握得不错了，哪些字学生还有待进一步学习，哪些字学生还比较陌生），以此来确定课堂识字教学的重难点，课堂上再为学生展示他们的作业结果，有针对性地进行复习、巩固。这样的教学准确、高效，也更能吸引学生的注意力，提高学生的学习兴趣。

（二）"一对一"数字化教学的合理运用，使"读""悟"水到渠成

《语文课程标准》指出："阅读教学是学生、教师、文本之间的对话过程。"关于对文本含义的理解，首先要明确文本意义是多层次的，可以分为基本意义、引申意义（寓意）、现实意义（教育借鉴意义）。小学的基础性、启蒙性决定了阅读教学首先要重视文本基本意义的理解，在此基础上适度探究文本的引

申意义和现实意义。理解文本，应以学生的自主阅读、整体感悟为主，辅以教师的点拨、补充。古人说："书读百遍，其义自见。"这里所指的"其义"，除了文本的意思（语义）以外，还包含文章中的语音、韵味、节奏、形象、情感、方法、技巧等多种语感因素。要想"让孩子喜欢阅读，感受阅读的乐趣；能够借助读物中的图画阅读；能结合上下文和生活实际了解课文中词句的意思，在阅读中积累好词好句；阅读浅近的童话、寓言、故事，向往美好的情境，关心自然和生命，对感兴趣的人物和事件有自己的感受和想法，并且乐于与人交流；能够展开想象，获得初步的情感体验，感受语言的优美"。（《语文课程标准》）我们的低段阅读课就要充满趣味，有情有景，有读有悟！

低年级学生年龄小，他们的机械记忆和形象思维占有优势，习惯于形象思维、被动思维，同时，好奇心强，活泼好动，有意注意持续的时间很短。某种程度上给我们的阅读教学带来了挑战。教育家乌申斯基说："儿童是用形式、颜色、声音和感觉来进行思维的。"而信息技术正具备了这种优势。

在《小闹钟》第一课时开课环节中，我将"猜谜"动画一播放，学生们的注意力瞬间集中，积极性一下就调动起来了。在第二课时中，对于"作息时间"一词的理解是一个难点，学生无法体悟到小兔子是个怎样珍惜时间的好孩子，读起书来毫无感情。我通过"一对一"数字化教学把一张作息时间表直观地呈现在学生面前，小朋友通过观察分析，很快就理解了"作息时间"指的是工作和休息的时间，从中体会到小兔子是个有计划、珍惜时间的孩子，读起书来抑扬顿挫，夸赞小兔子的表情、动作都随声音自然流露出来。还有学生表示自己回家也要做一个作息时间表，像小兔子一样珍惜时间。

（三）"一对一"数字化教学是实现课堂高效阅读的好帮手

现行的《语文课程标准》高度重视强调学生阅读量的积累，在第一学段就要求课外阅读总量不少于五万字，低年级课外阅读的重要性不言而喻。作为语文老师我们不仅要培养学生读的兴趣，还要立足于学生读的质量。"一对一"数字化教学的运用为我们有效开展课外高效阅读提供了条件。老师可以在课前准备好阅读材料，然后运用信息技术发放给每个学生。学生在阅读和答题的过程中，信息技术可以对学生的阅读速度、答题质量进行分析，教师根据汇总信息，能够很快发现需要额外帮助的学生、学习时间不够的学生，以及全班大部分学生都有困难的内容。接下来教师可能会通过集中讲授、个别辅导，人为干预学习系统，以适合不同学生的学习步骤。同时，软件给出的及时的评价、表扬更增添了学生读书的动力。比如，在《小闹钟》第二课时中，我利用诺亚舟凌云电子书包教师端，编辑含有本课生字的短文，通过高效阅读软件，学生用平板电脑接收任务，在规定时间内于短文中识字，理解文章，完成任务后回传到教师端，到时间即终止阅读。此时再现阅读检测，发送给学生，学生同样在规定时间内完成练习并提交，到时间即终止练习。教师根据反馈结果（学生阅读时间、阅读题完成情况、阅读效率），重点指导阅读练习，并及时表扬各项结果表现优异及有进步的学生。既让学生在玩中巩固了识字，又激发了学生阅读兴趣，提升了学生的阅读能力。

（四）"一对一"数字化教学让写字更落实

《语文课程标准》非常重视写字教学，把它作为低年级一项十分重要的教学任务。

教育部曾经强调过："规范、端正、整洁地书写汉字，是学生终身学习语文能力的基础。养成良好的写字习惯，具备熟练的写字技能，具有初步的书法欣赏能力，是每个公民应有的语文基本素养。""一对一"数字化教学为我们的写字教学提供了很大的帮助，让写字教学更落实了。比如：《小闹钟》一课中，我运用电子书包的笔顺功能为学生教授正确的书写笔顺。动画的效果配上声音的解说，让学生很快形成正确的写字记忆。随后，我使用电子书包的拍照功能，学生将自己书写在田格本上的写字作品利用平板电脑拍照上传到教师端，教师能及时收集全班作品，任意查看任何学生的作品以及全班学生的完成情况，并可利用随机选择功能或是根据学生意愿选择作品展示。此时，教师还可以先让学生对自己的作品进行讲解，然后请全班进行观察对比，取长补短，这样既调动了学生的写字积极性，也让学生的优秀作品直接得到充分的展示，同时让其他学生明白了如何规范地写好字，教学效率大大提高。

四、瑞云千里映，祥辉四望新

大数据时代背景下，"一对一"数字化教学的使用尝试，学生能够充分享有平板电脑、互联网连接以及技术整合给课堂带来的优势，让学生在学习新知识时积极性大大提高。学生的"识、读、悟"趣味性更浓了，求知欲更高了，学得更扎实了。同时"一对一"数字化学习环境通过数据采集及时把学生信息反馈给教师端，教师能随时查看每个学生的作品或者全班的统计情况，这样及时进行有效评价、反馈，大大提高了教师教学的判断和决策能力，让我们的教育更加智慧，也真正让学生的个性化学习有了强有力的依据。

大数据时代的教育创新以变革工业时代的"教学工厂"，建构适应信息时代人才培养需要的教育模式为根本目标，智慧教育将是教育信息化发展的新阶段，是人文、科技与教育的高度融合，也将是信息时代教育发展的未来。我也将在这条道路上继续学习，大胆探索，迎来语文教学的又一个春天。

成都市泡桐树小学西区分校　珂艺滔

曾获成都市基础教育课程改革优秀论文评选三等奖、青羊区现代教育技术成果评选二等奖

"一对一"数字化环境下小学语文
高效课堂教学策略初探

摘　要：伴随着语文教学改革的深入，伴随着减负提质需求的日益增长，语文课堂教学走上了这样一条探索之路：由原先的"低效语文课堂"向"有效语文课堂"转变，由"有效语文课堂"提升到了"高效语文课堂"，在这一思路和实践指导下，真正实现"减负提质"。

关键词：语文教学　课堂教学　高效课堂

小学语文课堂究竟应以什么样的姿态才能成为最有效的课堂教学方式，如何才能达到资源的优化配置，如何才能实现减负提质？以一线教师的一节示范课为载体，我们做了以下几点思考。

一、巧设导语，抓住人心

著名特级教师于漪老师说："课的开始，其导入语就好比提琴家上弦，歌唱家定调。第一个音定准了，就为演奏或者歌唱奠定了良好的基础。"好的导语，是一块磁铁，能牢牢抓住学生的心魄，将他们引入知识的海洋。课堂伊始，教师精心构思，巧妙设计了一首自己创作的有关水的诗。这首诗形象美、情感美、和谐美，引人入胜，扣人心弦，生机盎然，充盈着美的气息，让学生感受到了一种神圣、魅力和诗意。人文性和情感性决定了我们语文教师在课堂上要努力营造出动人的教学情境与氛围。本课教学的这两首有关水的古诗是文质兼美、情文并茂的名篇佳作，教师在设计自创诗作为导语时，除了考虑知识的传授外，还把握文中的"情"，以创设一种氛围，使学生入情、移情、冶情。在新课伊始就极大地激发了学生的学习兴趣，拨动其思维之弦，让他们以最佳的兴奋状态投入学习活动，可以说是非常成功的。提高课堂效率、提升教学质量，更好地完成教学目标，达到事半功倍的效果。

二、过程设计，灵活巧妙

（一）通过前测以学定教

平时的课堂都是学生课前做充分的前测，教师根据学生反馈的情况来制定相应的教学目标、教学重难点。因为今天教学的是一首古诗，字词都很简单，所以教师把前测放到了课堂中进行，根据学生的前测反馈情况调整这节课的重难点。这样做既能减轻学生的课后作业负担，又提高了前测的完成质量，真正实现减负提质目标。

（二）课堂提问的整体优化

课堂上问与不问，问什么，怎样问，是关系到教学成败的大事。提问的时机、提问的方式选择得当，能启发思维、发展智力、活跃课堂气氛；选择不当则可能弄巧成拙，破坏课堂气氛。所以，为了更好地发挥课堂提问对学生的作用，优化我们的语文课堂，实现减负提质，教师在处理课堂提问时应遵循以下四个原则。

1. 设计的问题有明确的目的性，紧扣教学目标，能够激起思考。

2. 问题要大小得当，多少适量，难易适合不同阶层学生的实际能力。

这节示范课，抓住了一个主要问题："这两首诗都写了水，比较一下它们各自是怎样描写的。"教师敢于取舍，做到了一课一得，提高了课堂效率。

3. 设问要有一定的艺术与技巧，杜绝形式主义的问答。

设问的形式主义倾向是课堂教学中的一大弊病。问题或过简，或过琐细，或过于雷同、千篇一律，或过于空洞不知从何答起，这些都是形式主义的设问造成的。结果往往是启而不发，课堂沉闷，或者相反，课堂表面轰轰烈烈实际却一无所获。这堂示范课巧妙地杜绝了形式主义，在恰当处提出有针对性的、难易度适合的问题，从而引发学生思维的碰撞，将课堂效率的提高完全落到实处。

4. 设问要尽量使全体学生都积极参与思考，使更多的学生有被问到的机会，并激励学生自己提出问题，对答案置疑辨析。

这节课通过小组合作的方式提出问题并解决问题，给了学生充分的提问机会，让每个学生都真正参与到了学习中并有所收获，体现了语文课堂教学中的减负提质。

（三）讲究营造教学气氛艺术

《语文课程标准》指出："语文教学应在师生平等对话的过程中进行。"在语文课上，教师应蹲下身子，与学生轻松愉快地聊天谈话，用最自然的语言进行最真诚的交流，这样就可使学生思绪飞扬，兴趣盎然，可使师生积极互动。良好的气氛应当是民主、和谐、宽松、愉悦的，它是创设高效语文课堂的前提。良好的课堂气氛有多种要素，但最重要的是教师对学生真诚的"爱"。要树立正确的学生观，确立学生在教学中的主体地位，教师的教学要做到为学生服务，只有为学生服务的教学，才能是民主的、平等的；教师永远要怀着一颗爱心进课堂，慈爱和微笑是联系师生情感的纽带，沟通师生心灵的桥梁，是创设和谐的、愉悦的教学氛围的重要手段。教师满腔热忱地组织教学活动，情绪饱满，态度和蔼，语言亲切，富有激情，用他的情绪、情感、人格魅力感染学生，使学生全身心地投入到学习中去，在自主学习、提高效率中享受学习的快乐。

（四）灵活地处理教学

课堂教学过程是师生不断双向交流的动态变化过程，教师在确定教学内容、选择教学方法时，应充分考虑到课堂教学的这种动态性，并做到根据课堂教学实际及时调整教学内容和教学方法，不机械地根据预先的教学设计，刻意追求该课堂教学内容的完整性。为此，教师在课堂教学中必须做好以下几个方面的调整：

1. 及时调控。在课堂教学中，教师能整体把握课堂教学节奏，及时发现教学过程中的偏差，及时处理教学过程中出现的新情况、新问题，并根据实际情况更好地促进教学，实现减负提质的教学目标并做好及时的调控。

2. 灵活变通。教师在课堂教学中，根据课堂教学的动态过程和当堂教学实际，特别是学生思维实际的需要，适当变通已设计好却不适应课堂教学实际的教学步骤和过程，从而提高课堂教学质量，减轻不必要的学习负担。

3. 恰当取舍。课堂教学中，教师善于根据变化了的情况和学生当堂所表现出来的实际情况，对教学内容和方法进行适当的取舍。取舍，有时候甚至是忍痛割爱，把那些不适合学生实际甚至超出学生当堂学习承受限度的环节和内容舍去，不刻意追求预先设计的课堂教学过程的完整性或内容的全面性。而对那些学生没有掌握的教学重点和难点，可以增加时间，强化讲授和训练，以求达到切实提高课堂教学效率、减负提质的目的。

三、信息技术，融入课堂

作为未来教师，使用信息化设备是教师上课的常态。通过信息技术反馈并分析学生的数据，及时调整教学重难点，可以极大地提高课堂效率。

全国小学语文协会理事长崔峦说："语文教学一定要删繁就简，要返璞归真，简单实用，提倡简简单单教语文，本本分分为学生，扎扎实实求发展。"何谓简单？"简单不是草率，不是省事，是要改变烦琐的、或面面俱到地分析课文内容、或离开课文语言挖掘人文内涵的教学套路，依据阅读教学的基本规律，突出语言的理解、积累与运用，来构建简约、实用的阅读教学。"教师通过这样一堂简约实用的课堂来诠释了高效课堂。

参考文献：

［1］温儒敏．"部编本"语文教材的编写理念、特色与使用建议［J］．课程．教材．教法，2016（11）．

［2］吴艳萍．"小学语文＋信息技术"教学策略浅谈［J］．科学咨询（科技·管理），2020（05）．

［3］赵克勤．多媒体技术在小学语文教学中的运用［J］．学周刊，2014（12）．

［4］赵滟．以现代远程教育资源助推小学语文教学创新［J］．中国教育技术装备，2019（13）．

［5］颉志华．利用信息技术，全面激发学生学习小学语文的兴趣［J］．亚太教育．2019（12）．

［6］仇洁琼．小学语文教学中现代信息技术的有效运用［J］．新课程研究，2019（31）．

成都市泡桐树小学西区分校　都亚兰

"一对一"数字化环境下小学语文教学案例研究
——以《永生的眼睛》一课为例

摘　要：在信息时代，新形势、新问题使得传统的教学方式难以满足学生学习语文知识的需要，那么如何激发学生的学习兴趣，让学生自主地参与学习，发展学生的创新思维呢？"一对一"数字化教学，为信息技术与小学语文课堂的整合提供了强有力的保证。本文将以《永生的眼睛》一课为例，探讨如何借助电子书包，构建小学语文"一对一"数字化学习的智慧课堂，让学生自主学习，让课堂充满活力。

关键词：数字化　小学语文　信息技术

《永生的眼睛》是北师大版四年级下册六单元以"眼睛"为主题的一篇课文。这篇文章很长，记述了琳达一家三口人先后捐献角膜（还有母亲的主动脉瓣膜）的经过，以及在这个过程中琳达思想发生的深刻变化，宣扬了人道主义、博爱、奉献的精神。这堂课的教学，经过充分地备课，我准备利用信息技术打造高质高效的智慧课堂。

一、课前预习，了解学情

随着学生自学能力的提高，四年级的学生基本上能独立完成生字词的学习，所以课前我布置了预习作业：1. 读准字音，读通句子，自学本课生字；2. 读完课文后，想一想文章主要写了一件什么事？

为检测生字学习的效果，第一项预习作业我是这样设计的：我运用优学派电子书包创建了两道前测题：第一题给下列汉字选择正确的读音，目的是检测本课要认识的八个生字的字音学生是否能正确认读；第二题汉字听写，目的是检测本课要写的七个生字，学生是否能书写正确。根据统计结果，我及时了解到大部分学生在生字这一块都掌握得很好，班级平均正确率达到 97.1%，在课堂上我就只需要针对易错字音、字形进行复习巩固，为课堂上腾出更多的时间来突破重难点的教学，如图 7-10 所示。

图 7-10　第一项预习作业的统计结果

关于第二项预习作业：读完课文后，想一想文章主要写了一件什么事？这涉及长文该如何来概括的问题。概括主要内容是四年级阅读教学的重难点，特别是针对这么长的文章该如何进行概括呢？在课前预习课文时，我让学生思考后写在作业本上，我仔细批改了作业，发现完成得不太好，问题大概分为三类：第一类是：篇幅很长，是在复述课文；第二类是：写得过于简单，概括得不完整；第三类是：语言不够简洁，条理不清晰。于是，我挑选了这三类典型作业拍照，在课堂上让学生来说说这些作业存在什么问题（如图 7—11 所示），学生畅所欲言找到问题所在后，老师顺势引导：那么我们该如何来概括呢？以什么为线索来概括呢？由此引入本课的学习。

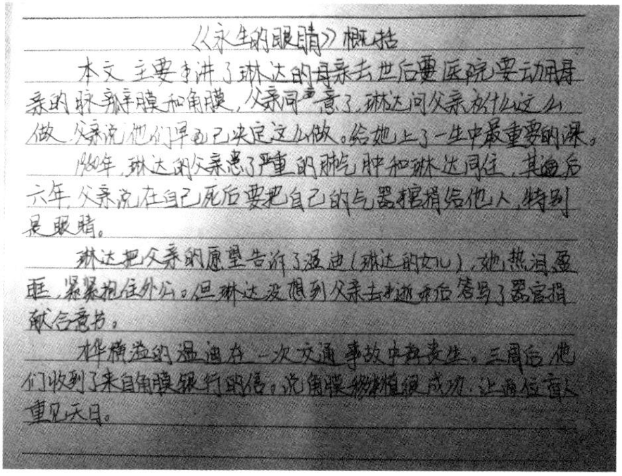

《永生的眼睛》概括

本文主要讲了琳达的母亲去世后医院要动用母亲的[illegible]膜和角膜，父亲同意了，琳达问父亲为什么这么做，父亲说他们早已决定这么做。给她上了一生中最重要的课。

1980年，琳达的父亲患了严重的肺气肿和琳达同住，其后六年，父亲说在自己死后要把自己的器官捐给他人，特别是眼睛。

琳达把父亲的愿望告诉了温迪（琳达的女儿），她热泪盈眶，紧紧抱住外公。但琳达没想到父亲去世后签写了器官捐献合意书。

才华横溢的温迪在一次交通事故中丧生。三周后他们收到了来自角膜银行的信，说角膜移植很成功，让两位盲人重见天日。

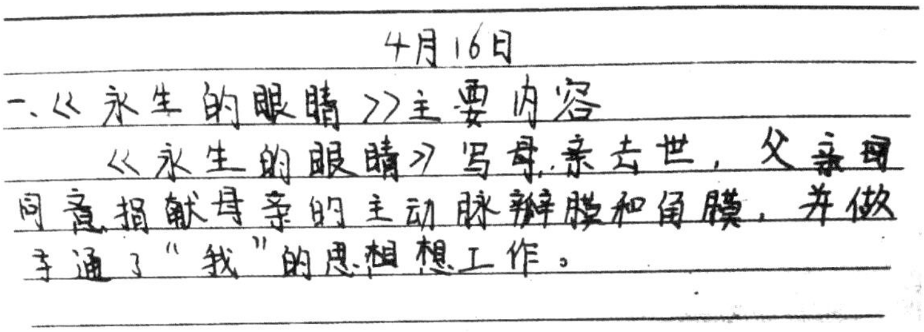

4月16日

一、《永生的眼睛》主要内容

《永生的眼睛》写母亲去世，父亲同意捐献母亲的主动脉瓣膜和角膜，并做通了"我"的思想工作。

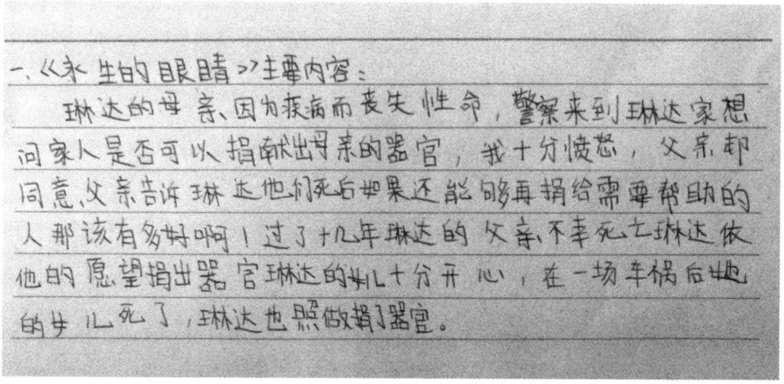

一、《永生的眼睛》主要内容：

琳达的母亲因为疾病而丧失性命，警察来到琳达家想问家人是否可以捐献出母亲的器官，我十分愤怒，父亲却同意。父亲告诉琳达他们死后如果还能够再捐给需要帮助的人那该有多好啊！过了十几年琳达的父亲不幸死亡，琳达依他的愿望捐出器官，琳达的女儿十分开心，在一场车祸后她的女儿死了，琳达也照做捐了器官。

图 7—11 第二项预习作业——三类典型作业

在课前预习这一环节，我改变了以往的教学方式，运用电子书包构建了"一对一"数字化学习的智慧课堂，及时了解了学情，提高了教学效率。

二、改变教学方式，实现以学定教

电子书包的交互、统计功能，可以帮助教师实时把握学生的答题进度和答题内容，从而及时发现学生存在的共性问题。根据这些统计数据，教师可以适时调控课堂的教学进度和教学内容，进行更有针对性的指导，实现真正的"以学定教，顺学而教"。如在本课的教学中为了理清文章脉络，概括主要内容，需要指导学生完成课后问题——填表，我运用优学派电子书包创建了一个复合题：分小组自选一个时间点完成任务题单（按照书上的表格制作），再推荐一份作业拍照上传，这个环节共十分钟时间，在他们分组讨论填写表格时（表7-2），我及时参与到各个小组进行指导，同时表扬已完成的小组，结束练习后，我会查看学生的作业，对作业存在的普遍问题，我也会进行统一讲评。所以数字化的语文课堂打破了传统的问答式学习方式，学生带着问题自主学习，学生成了知识的构建者，成了学习的主人。

表7-2　时间任务单

时间	起止段落	捐献者	其间（前/后）发生的事	琳达的心情
1965年				
1980年……（六年）				
1986年4月11日				
两周后				
又三周后				

三、丰富评价类型，增强学习检测的激励性

电子书包的数据统计功能，可以快速及时地反馈出学生当前的学习情况。如课前运用汉字听写可以检测学生汉字是否书写正确、规范，由于这个软件对于笔画书写的标准比较精细，所以学生笔画稍微没有书写规范，系统识别不了，就会认定为错误，这对学生在书写上提出了更高的要求。当学生写完提交看到自己的统计结果和正确率时，往往还会重做一次，争取正确率达到100%。为了激励学生的学习兴趣，教师还可以运用优学派电子书包工具栏中随机抽取、抢答等工具来提高学生的专注力，发题后教师还可以对已完成的学

生进行及时表扬，同时也提醒未完成的学生加快答题速度。本堂课中，我也多次使用这些工具对学生进行表扬和提醒，这些多向互动的激励性评价，能使学生在课堂上处于一种能动的、活泼的学习状态，从而激发学生的学习动力，使其不断向更高目标迈进。

案例设计：

《永生的眼睛》教学设计（第一课时）

教学目标：

1. 学习本课生字，听写词语。

2. 概括主要内容，理清文章脉络，在文中找关键词概括。

3. 勾画父亲的话，并概括父亲的心愿。

教学重点：

1. 概括主要内容，理清文章脉络，在文中找关键词概括。

2. 勾画父亲的话，并概括父亲的心愿。

教学难点：概括主要内容，理清文章脉络，在文中找关键词概括。

教学过程：

一、导入新课

师：孩子们，眼睛对于我们来说重要吗？眼睛是重要的观察器官，是心灵的窗户。明亮的眼睛能感受世界的五彩缤纷，明亮的眼睛能享受世间事物的美好，今天我们要学习一篇和眼睛有关的课文，学生齐读课题：永生的眼睛。

设计意图：通过单元主题"眼睛"直接导入新课，激发学习兴趣。

二、初读课文，整体感知

1. 师：课前你们已经自读了课文，并自学了生字，还完成了前测作业，生字到底掌握得怎么样呢？我们一起来看看吧。我们一共做了两道题，第一题：给加点字选择正确的读音，正确率，98.8%；第二题汉字听写，正确率，83.3%，看来个别难写的词语还是容易写错，所以我们再来复习一下本课要学的词语，特别要注意红色的生字，每个词语读两遍。

2. 师：课前我还布置了一个作业：概括文章的主要内容，你们都写在了作业本上，我从中挑选了几份作业，拍了照，你们想不想看一看？指名学生说说作业存在的问题。（第一份作业：是复述而不是概括；第二份作业：概括得不完整；第三份作业：条理不清晰。）

设计意图：课前设计了两类前测作业，目的有二：第一是检测本课的生字词：认字八个，写字七个；第二是了解学生概括文章主要内容的实际水平。

3. 师：对于这样的长文章来说，概括主要内容还是有些困难，如何概括呢？以什么为线索来概括呢？请看，我们可以借助这张表格以时间为序概括出每一部分的主要意思，然后把各段的段意综合起来就归纳出主要内容了。

4. 师：现在请同学们默读课文，用"——"勾画出表示时间的词语。指名说，师贴词卡。

5. 师：那这些时间点对应文中哪些段落呢？请你们再读课文，迅速找到每一个时间点的起始段落，1965 年是从第一段到第几段？指名说，板书。

6. 师：太棒了，我们梳理出了文章的时间和相应的段落，那么这期间发生了什么事呢？老师带着你们一起来填写表格第一排，时间 1965 年：捐献者是谁？这期间前后发生了什么事情？琳达的心情怎样？请你们默读 1~4 段，在文中找出关键词勾画出来。学生默读、批注。打开电子书包互动课本，请生上台勾画。师指导提炼出关键词并板书。生补充。请生看着表格说说 1965 年发生了什么事情？

7. 师：刚才我们一起讨论填写了表格的第一排，谁来说一说我们是怎么概括出来的？用了什么方法？关键词是怎么找出来的？生总结。

设计意图：老师带着学生填写表格第一排，并共同总结概括的方法：在文中找关键词、用自己的语言概括，再运用学到的方法完成后面表格的填写，先教后放的方式有利于培养学生自主学习的能力。

8. 师：现在我们就用学到的方法分小组完成后面表格的填写，请学生读合作学习要求，出示 PPT。

学习要求：

（1）每组自选一个时间点或时间段，默读课文相应段落，按表格要求，在文中勾画关键词、短语。

（2）四人小组交流讨论后将答案（尽量用关键词或短语回答）填写在表格里，然后每组推荐一份作业拍照上传。计时十分钟。

师挑选四类作业讲评，订正答案，生用红笔修改补充答案。

总结：太棒了，这么复杂的表格，我们通过小组合作的方式填写完成了，文章的脉络也出来了。

设计意图：通过小组合作的方式，自读勾画、讨论、填表、小组汇报、修改补充，体现了以生为本的教学理念，从表格中可以看出学生生成的精彩！

三、再读课文，概括父亲的心愿

1. 师：从表格内容上看，琳达和父亲、母亲，还有温迪，他们对捐赠角膜这件事情的态度是不一样的，她一开始极力地反对，后来是在父亲的教育下转变思想的，足以看出父亲对她的影响很大，那么父亲对她说了什么话让她有了这么大的转变？请孩子们默读1~8段，用——勾画出父亲说的话。

2. 指名读父亲说的话。

3. 师：出示PPT。

"你能给予他人的最珍贵的礼物就是你自身的一部分。很久以前你妈妈和我就认为，如果我们死后能有助于他人恢复健康，那么我们的死也是有意义的。"

"如果一个盲童能够借助我们的帮助而重见光明，并像你的女儿温迪一样画出栩栩如生的马儿，那有多么美妙！"

"想想看，另一对父母，如果他们的女儿也能像温迪一样将会多么自豪。况且当你得知我的眼睛起了作用的时候，又会多么骄傲。"

师截图发送。学生拿出平板电脑，再读这三段话，圈出重点词，用一句话说一说父亲的心愿。

师：为什么要圈这个词，有没有补充？他的心愿是什么？学生汇报。

设计意图：运用优学派电子书包截图发送的功能，可以即时查看学生的答案，培养学生点画重点词句的能力，这也是本册阅读教学训练的重点之一。

四、小结，启发思考

师：是啊，父亲用实际行动做出了榜样，女儿琳达也遵从了遗愿捐赠了他的眼角膜，父亲是一个什么样的人？他身上有哪些优秀品质值得我们学习呢？我们下节课再来一起探讨。

设计意图：通过提问的方式引导学生下节课深入学习课文，重点理解父亲的精神境界（如图7－12所示）。

图7－12　教学流程图

教学反思：

在前三年培养独立识字学词能力的基础上，四年级学生的识字学词能力应有进一步提高，所以字词的学习我放在了课前预习这个环节。那么如何来检测学生学习的效果呢？传统的课堂上，教师会在课堂上利用几分钟时间听写，然后第二节课来讲评，这样效率太低。我们运用优学派电子书包的"汉字听写"功能，学生听写完提交，正确率和统计结果能够及时反馈，教师会根据学生的完成情况有针对性地对字词进行复习巩固，从而提高了课堂教学的有效性。

本课的重难点是概括主要内容，理清文章脉络，学习在文中找关键词概括。如何来达成这一教学目标呢？课后第一题填写表格就是一个很好的切入口。那么怎么指导学生填写表格呢？我先带着学生填写第一排，然后采取小组合作学习的方式，每个小组自选一个时间点或时间段先自读、勾画，然后交流、讨论、批注，将答案填写在表格里，最后每组推荐一份作业拍照上传。运用电子书包的拍照功能，我能即时看到各组上传的作业，并针对出现的问题进行讲评，实现以学定教，从而突破教学重难点。

本堂课中，还有一些环节运用了信息技术，在这里就不再赘述了，电子书包的交互性、探究性、个性化学习、小组合作学习等优势，是传统教学无法替代的。在以后的教学中，我还会不断地去探索、实践，以生为中心，构建"一对一"数字化环境下小学生自主学习的高效课堂。

参考文献：

[1] 余胜泉，陈玲. 1:1课堂网络教学环境下的教学变革 [J]. 中国电化教育，2007 (11)：25-29.

[2] 周凯. 浅谈信息环境下的小学语文教学 [J]. 考试周刊，2018 (14)：75.

成都市泡桐树小学西区分校　黄继霞

"一对一"数字化环境下小学生课堂学习
有效性的研究

摘　要：随着新课程改革的推进，教师们都在具体的教学行为中开始有意识地体现着新课程中的相关理念，以达到尊重学生个体、激发兴趣、唤醒潜能、升华情感的目的。那如何把新课标、新技术落实到课堂上，让学生学得主动、学得活泼、真正激发起学生学习语文的兴趣，从而形成文化积淀，为终身发展奠定基础呢？经过探索与尝试，"一对一"数字化环境下小学语文教学实践实现了课堂的高效，还把探究式学习延伸到课堂之外，学习不再受时间和空间的限制。而且，"一对一"数字化环境下课堂教学这种方式创建了个性化学习，多元化学习使得学生的学习更加积极主动，从而实现了语文课堂教学的多元、积极、拓展、有效。

关键词： 新课程 "一对一"数字化 课堂学习 有效

当今社会飞速发展，为适应时代发展的需要，《语文课程标准》在研究国际课程改革发展趋势，总结我国语文教育经验的基础上，提出了语文能力的新要求。如强调学会阅读和朗读，掌握搜集和处理信息的能力，根据需要快速搜集所需信息，利用图书馆、网络等信息渠道进行探究性阅读。《语文课程标准（2011）》明确指出："教师应确立适应社会发展和学生需求的语文教育观念，积极开发、合理利用课程资源，灵活运用多种教学策略和现代教育技术，努力探索网络环境下新的教育教学方式，精心设计和组织教学活动，提高语文教育质量。"全国教育界都在学习新课标，随着新的课程改革的推进，教师们都在具体的教学行为中开始有意识地体现着新课程中的相关理念，以达到尊重个体、激发兴趣、唤醒潜能、升华情感的目的。那如何把新课标、新技术落实到课堂上，让学生学的主动、学的活泼、真正激发起学生学习语文的兴趣，从而形成文化积淀，为终身发展奠定基础呢？在教育信息化 2.0 行动计划的背景下，"一对一"数字化学习已经越来越多地应用到小学语文阅读课堂教学中，这种模式突破了传统阅读教学的局限性，大大提高了课堂教学效率。探究"一对一"数字化环境下小学生课堂学习的有效性，我在以下几方面做了探索。

一、新时代、新观念、新教育

21 世纪社会信息化和知识经济的发展，对我们的教育提出了强烈的变革要求，传统的接受式学习方式正在向创新性学习方式转变，这就要求我们的教师必须从传统的局限于课堂的传授角色观念向教育过程的指导者、组织者、参与者角色观念转变，教师要有更大的适应性和灵活性来面对我们的工作。社会发展到今天，科学技术飞速发展，社会急剧变革，计算机及信息技术也广泛地应用到教学中来，师生之间已经不完全是单纯的传递和接受关系了，学生可以从其他渠道获取知识，有时候甚至在某些方面比教师知道的还多，教师和学生的关系不那么单一了，教师的角色也多元化了。所以我们教师要努力且必须具备多元化的知识结构、一专多能的能力和优良的人格。新时代产生了新的需要和要求，我们的教育也要适应时代的发展，教师要时常更新自己的教育观点、不断地提高自己运用教育新技术的能力。

二、"一对一"数字化环境下使用多媒体，优化了课堂教学

小学语文教材内容丰富，语言优美，富有形象性和趣味性，很适合采用电

教手段进行教学。电教媒体作为现代化教学手段之一，在小学语文教学中更是要广泛应用。多媒体教学以它色彩丰富的画面，可以展现文字蕴含着的意思，可以创设所需要的情境，等等。课堂上可以将那有序无声的投影教材，通过积极的引导，学生的观察、发现、探索，就会使其变为一行行清晰在目的文字，化为一句句有声有色的语言，形成一幕幕耳目一新的意境。在培养学生的听、说、读、写能力方面起着重要的作用，从而使语文学科素质落到实处。"一对一"数字平台发挥了这种优势：课前自学，激发阅读兴趣。课前导学环节中，教师在班级学习平台上传与课文相关的自主学习资源，学生阅读文本并结合资源进行自主化的学习，然后将自己在预习中获得的收获和遇到的问题分别上传到平台，与教师、同学进行交流。在这一过程中，学生不仅初步感知了课文内容，提出了自己的困惑，还能与同学的答案相互碰撞，激发新的思考为课堂学习做好了准备。

在课堂教学中信息技术与学科教学的整合，新一轮课程改革，这两股汹涌澎湃的巨浪，强有力地推动着素质教育向前发展，信息技术对实施《新课程标准》起着不可低估的作用。那么在语文课堂教学中如何恰当而又巧妙地运用信息化手段呢？第一，以图学文，就是学生对教材中某些文字内容缺乏相应的感性知识，缺少进行抽象思维活动的内容，教师通过电化教学挖掘教材本身的场景因素，以恰当的画面创设情境，使学生在艺术感染力的影响下观察事物，通过场景展现让学生身临其境，从视觉、听觉等多方面感知，训练学生的想象力和创造性。例如：在课文《理想的翅膀》教学中，课堂上给学生展示美丽的图片，让学生观察图上有些什么景物，这些各式各样的风筝图分别是什么形状？这些风筝分别是谁的？在课堂上教师利用"一对一"数字化设备点评来调动学生的积极性，学生们在课堂上抢答，充分地调动了积极性，这样的师生互动让课堂更有效。第二，创设情境，激发情感。教育心理学研究表明，忽视知识的教学是失掉基础的教学，没有情感的教学，是不完整的教学。因此，在小学语文教学中，必须重视激发学生的情感。而情感的激发必须靠创设情境来实现，因为学生只有置身于具体的情境之中，才会受到感染，产生情感的共鸣。例如：在古诗《咏柳》的课堂教学中，"一对一"数字化设备让学生们更近距离地感受到了教师创设的情景，它不仅可以给学生展示柳树的"万条垂下绿丝绦"，还可以展示春天的各种美景，让学生欣赏到柳树的美，美丽的春景，培养他们喜爱柳树、喜爱春天、热爱祖国的情感。

三、"一对一"数字化环境下课堂教学顾全大局、照顾个体

积极倡导自主、合作、探究的学习方式是《语文课程标准》的基本理念。它强调学生是学习和发展的主体。其出发点是充分关注学生个体差异和不同的学习需求,激发他们的主动意识和进取精神。在课堂上学生是学习的主人,教学应激发学生的学习兴趣,尊重学生的个体差异,注重培养学生自主学习的意识和习惯,为学生创设良好的自主学习情境,鼓励学生选择适合自己的学习方式。而且学生生理、心理以及语言能力的发展具有阶段性特征,不同内容的教学也有各自的规律。因此,《语文课程标准》要求根据不同学段学生的特点和不同的教学内容,采取合适的教学策略。比如,识字与写字的要求有所不同,小学低年段要多认少写,同时充分利用儿童的生活经验,注重教给学生识字方法,力求识用结合。课堂教学面向全体学生,课堂教学要保证好、中、差三类学生都能受到很好的教育,都能有机会参与课堂教学的各项活动,使他们各自在不同程度上有所习得、有所提高、有所发展。要克服过去"尖子"教学片面性和单一性做法的影响。中小学教育是打基础阶段,小学教学更是基础的基础,不管学生在小学阶段处于哪种水平,我们都要着力于把学生培养成为时代所需要的人才。

四、"一对一"数字化环境下设计多元化作业,有效扩展课堂

作业不应当是单一枯燥的文本,而是富有色彩、充满情趣的多元复合体,它是一种凭借,由此激发学生进行多方面的感官体验,在愉悦合理的情境中获取知识,培养可持续发展的学习能力,并积累大量的愉快而幸福的经历。课堂教学中,教师已经注意到多方面地调动学生感官参与学习,提高学生的学习积极性和学习效率。但是,同样作为学习的重要环节的作业练习,教师却往往忽视了指导学生充分运用多感官,全方位、多角度地感知和认识事物,也很少想起鼓励学生以丰富多彩的形式展现其学习、思考的结果,最终导致作业只是师生之间浅薄的文本符号的往来。学生不仅个性没有得到发挥,而且思维潜力也得不到挖掘,难以由此获得可持续性发展的学习能力。让学生以画图、剪报、查资料甚至是手工制作等方式来完成作业;鼓励学生以看、听、摸和想象等多种感官感知知识、进行探讨,完成生动活泼的、精彩纷呈的作业。有研究表明:在学生对他所知道的东西犹感不足的情况下,学生的学习才最有效。适量、适当的作业和要求,能有效地帮助学生体会成功的喜悦,树立信心。对优生是如此,对后进生更是如此。针对不同层次的学生,设计不同层次、难度的

作业，让好、中、差的学生在不同层次的作业上得到相应的知识，在原有的基础上有不同的收获，事半功倍。

如何让学生高质量地完成课后拓展作业，是语文教学中教师需要解决的难题。而"一对一"数字化环境下小学语文阅读教学就能很好地解决这一难题。执教《大自然的语言》，最后布置作业："去发现大自然还有哪些语言？"学生根据自己的独特理解，结合课堂所学的，走进大自然、感受大自然，并用数字平台反馈了他们的发现。这样就对课堂学习的新知进行了巩固和拓展，学生及时反馈给教师，对大自然无限热爱的情感也得到了升华。"一对一"数字化环境下设计的作业还加强了家、校、生三方的互动交流：语文的阅读学习中不单单要尊重学生的个性差异，还需要让学生学习其他同学的优点，反观自己的缺点。数字平台可以打破这个界限，平台提供的评价功能能让教师看到学生的作品，还能让家长、其他学生参与评价，实现三方的互动交流。

在"一对一"数字化环境下实施教学也要注意下面几个问题：第一，教学手段要符合本班学生的身心发展特点，切莫什么都照搬已有的的标准模式，而不顾学生的实情。第二，教学中要处理好形式和内容的关系，切莫"为动而动"，为了课堂设计很多花哨而并不能打动人、不具有教育意义的环节。新课程标准理念下的语文课堂，特别是在很强调"人文性"的今天，如何让新技术帮助学生走进文本，常常是我们容易忽视的。学生没有真正走进去，品读课文语言，理解文字背后的广大空间，这在语文课堂教学中要引起重视。第三，教学理念必须真正转化为行为，学习新课标、新技术，就要把新课标、新技术的精神贯彻、落实到我们教学中，更好地指导我们的教学，适应时代需求、促进学生的发展。

经过一段时间的探索与尝试，"一对一"数字化环境下小学语文中阅读教学实践实现了课堂的高效，还把探究式学习延伸到课堂之外，学习不再受时间和空间的限制。而且，这种方式创建了个性化学习，使得学生的学习更加积极主动，语文阅读素养也得到了提升，从而真正实现了语文课堂教学的自主与有效。让我们在"一对一"数字化环境下小学生课堂学习的有效性研究上继续探索，争取更好的成绩！

参考文献：

[1] 中华人民共和国教育部.《语文课程标准（2011年版）》[M]. 北京：北京师范大学出版社，2012.

[2] 马红霞. 一对一数字化学习在小学语文教学中的应用研究 [J]. 中国

教育技术装备，2015（16）：140－141.

[3] 陈卓毅. 基于智慧阅读平台的小学语文阅读教学 [J]. 教育信息技术，2018（05）：39－42.

成都市泡桐树小学西区分校 梁霞

"一对一"数字化环境下小学古诗自主学习力的教学探究
——以部编版三年级下册古诗教学为例

摘 要："一对一"数字化环境给学生的学习带来机遇与挑战，学生能够方便快捷地获取丰富的优质学习资源。在这样的背景下，我们如何建构"一对一"数字化环境，生发学生的自主学习力？笔者结合本班学生的学情，以古诗为载体，探究在"一对一"数字化环境下如何生发学生的自主学习力，为学生的终身学习打下基础。

关键词："一对一" 数字化环境 古诗 自主学习力

教育信息化 2.0 时代，教育的过程将不断深度融合信息技术和智能技术。"一对一"数字化环境为学生随时提供学习资源，使"人人皆学、处处能学、时时可学"成为可能。在这样的背景下，学生自主学习力的发展显得尤为必要。笔者结合本班学生的学情，以古诗为载体，探究在"一对一"数字化环境下如何生发学生的自主学习力，为学生的终身学习打下基础。

一、概念界定

（一）"一对一"数字化环境

"一对一"数字化学习特指依托互联网技术，将教学中的若干台计算机及相关的多媒体设备互联，构建成小型的网络教学环境，所有学生拥有一台计算机可以随时进行网络在线学习。

（二）自主学习

广义的自主学习是人们通过多种手段和途径，进行有目的、有选择地学习，从而实现自主发展的社会活动，它包括学校教育、家庭教育、社会教育和个体自主教育。而狭义自主学习是指学生在教师的指导下，通过能动性、创造性的学习活动，实现自主发展的教学活动。

笔者将自主学习定义为学生在学习过程中，获得一定的学习方法，并将所学进行应用，进而能爱上学习，从而使学生有不竭的学习动力、有学习的冲动和愿望。自主学习作为一种能力，不仅使学生在学校教育中受益匪浅，而且为终身学习打下坚实的基础。

二、"一对一"数字化环境下小学语文古诗教学探究

在"一对一"数字化环境下，小学生的古诗自主学习力的教学实践探究。本文以部编版小学三年级的古诗教学为例，具体的教学过程如图7-13所示。

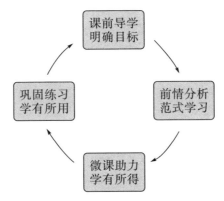

图7-13　"一对一"数字化环境下小学古诗自主学习教学过程

（一）课前导学，目标明确

课前为了明确学习任务，教师前期开展一系列专题性备课。教师将准备好的学习资源包上传至班级学习平台上。针对小学三年级的学生，课堂上教师和学生提前沟通，课后家长配合，与学生共同阅读文本，根据资源包开展课前自主学习。学生在学习过程中将遇到的问题上传至平台，教师、学生进行相互交流。通过这个学习过程，学生将整体把握学习内容，明确学习的任务，为后续的学习做好准备。学习任务单见表7-3。

表7-3　第一周学习计划

日期/内容	古诗	认字+读课文	写字（自主选择）
（周一）	《绝句》背诵	《绝句》生字认读	根据语文书、字帖，学写《绝句》生字
（周二）	《惠崇春江晚景》背诵	《惠崇春江晚景》生字认读	根据语文书、字帖，学写《惠崇春江晚景》生字

日期/内容	古诗	认字+读课文	写字（自主选择）
（周三）	《三衢道中》背诵	《三衢道中》生字认读	根据语文书、字帖，学写《三衢道中》生字
周末	复习本周三首古诗	早读时间，朗读古诗三遍	复习本周学写的生字（以听写的形式）

通过"学习计划＋资源包"统一推送的形式，学生可以初步了解本周的学习计划及内容。同时，教师可以通过班级学习平台掌握学生的学习情况。从学生前期的学情出发，调整后面的古诗学习方案。

（二）前情分析，范式学习

1. 文本分析

古诗有以下的特点：

（1）古诗是中国传统文化的经典。

（2）古诗形式简单明了，朗朗上口，易于小学生朗读，保持兴趣。

（3）在使用统编教材的基础上，学生已经具备一些学习古诗的经验。

列举如下：

三年级下册课文中要求学习的诗歌：

《绝句》《惠崇春江晚景》《三衢道中》《忆江南》《元日》《清明》《九月九日忆山东兄弟》《滁州西涧》《大林寺桃花》。

这些古诗选自统编本三年级下册语文教材，符合当前学生的基础。而且古诗以主题分类组诗编排。如《绝句》《惠崇春江晚景》《三衢道中》同为春景类古诗，而《元日》《清明》《九月九日忆山东兄弟》同为传统节日类古诗。

2. 学情分析

通过第一学段和三年级上学期的学习，学生对古诗的学习要求已有一定的了解，学生从二年级上学期开始，就有借助插图了解诗句意思的能力和结合诗句的意思想象画面的学习训练。因此，结合诗句的意思，想象画面，说说诗中描绘的景象，虽然有难度，但是教师适当地进行引导，学生学起来就轻松多了。

3. 学习范式，激发动力

"一对一"数字化环境下小学语文古诗课堂教学中，教师通过精讲《三衢道中》，再引导学生用同样的范式学习写景类的课内古诗《绝句》与《惠崇春江晚景》。教师可以在平台发布相关网站或资料，让学生自主搜索类似古诗自主学习，这样能有效地丰富学生的知识，开阔其视野。

学完这类古诗后，学生可以获得这类古诗的学习范式过程。

（1）识诗人，解诗题。

（2）读古诗，正字音。

（3）找景物，说特点。

（4）借注释，想画面。

（5）品诗句，读韵味。

为了让学生的学习有动力，教师可以在教学过程中创设激发学生自主创作的环节，进而爱上古诗。如在教学《九月九日忆山东兄弟》时，可课内引导学生回忆传统节日的习俗：

重阳节	九月初九	插茱萸	登高处
春节	正月初一	贴春联	拜新年
元宵节	正月十五	看花灯	猜灯谜
端午节	五月初五	包粽子	赛龙舟

这些美好的节日都是万家团圆的日子，诗人何止是重阳节想家呢？教师引导学生巧替换，作嵌入诗，同时将自己的姓名写在诗人的位置（如图 7-14 所示）。创设这一环节在降低难度的前提下激发了学生的创作兴趣，可以突破让学生了解传统节日习俗的教学难点。

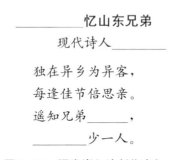

＿＿＿＿忆山东兄弟

现代诗人＿＿＿＿

独在异乡为异客，
每逢佳节倍思亲。
遥知兄弟＿＿＿＿，
＿＿＿＿少一人。

图 7-14　课堂嵌入诗创作支架

学生在课堂上的创作热情极高，课下主动搜集更多传统节日的古诗开展学习。这样，教师引导学生在学习过程中学习方法，实现课内学习方法，及时应用迁移。同时借助大数据平台，学生可以在课外探索更多这类古诗的学习方法，进而推动课外的同类文体学习，能够举一反三，即学有所法，生发学生不竭的学习动力。

（三）微课助力，学有所得

教学本身就是在一定的教育目的规范下，由教师的教与学生的学共同组成的一种教育活动。在传统教学过程中，教师可以通过课堂讲授等方式解决学生在学习过程中遇到的重难点问题。现在，"一对一"数字化环境下，教师以古诗为载体，培养学生的自主学力，可通过学习平台，推送微课辅助学生的学习。

微课的特点是简短、有趣，使学生在较短的时间内能突破理解诗意等瓶颈问题。学生使用微课，基础的认读写生字词、再次巩固理解古诗等问题都能迎刃而解。

从严格意义上来讲，借助微课的学习就是在教师引导下的学习。一般可以根据学生的需要，安排在课前预习以解决简单的生字词问题；可以安排在课中，以突破一些重难点问题；也可以安排在课后，加深巩固学生的课堂所学。不同学情的学生根据自身的情况灵活选择，是一种有意义的学习。在这个过程中，学生有获得感、成就感，能进一步促使他们学习。

（四）巩固练习，学有所用

作业布置是学生及时巩固所学必需的一个环节。学生完成拓展练习如何能保质保量，这是教师迫切需要解决的问题。利用"一对一"数字化环境，可以将之化难为简。

例如，教师引导学生学习《古诗三首》时，使用学习平台推送作业单："学完三首诗，我们已经感受到浓浓的春意，孩子们为自己喜欢的古诗画一幅画，请同学们欣赏。"学生根据自己的独特理解，发挥想象，绘画出自己心目中的古诗场景。绘画之后，学生可以在学习平台上相互分享。学生利用手机的录像、拍照功能，把自己的学习成果上传到平台。

平台上将滚动显示学生们的作品，教师和全班学生也能即时看到上传的作品，同时激励同学之间相互点评。这样，学习反馈更加同步实时，以此提高效率，从而达到师生互动、生生互动的良好效果。这样学生对学习的新知进行了巩固和拓展，对春天的喜爱得到了升华。

三、结语

"一对一"数字化环境下，小学语文古诗教学实践经过一段时间的探索和尝试，把学生的自主学习延伸到课堂之外。通过课前导学，明确学习目标；对学情及古诗特点的分析，引导学生进行范式学习；为了让学生实现真正的自主学习，教师借助微课，让学生从微课中学习古诗；教师通过作业布置等形式，发布在线练习，及时巩固学生所学，也同步实现多方评价反馈。

学生的个性化学习，使学习不再受时间和空间的限制，让学生的学习积极性更高。通过这样的学习方式，提升学生语文古诗学习的素养，实现学生高效自主的学习。

参考文献：

［1］中华人民共和国教育部.《语文课程标准（2011 年版）》［M］. 北京：北京师范大学出版社，2012.

［2］祝智庭，胡海明，顾小清. 全球人人电脑运动与学习革命新浪潮［J］. 中国电化教育，2007（07）：1－4.

［3］王月霞. 一对一数字化环境下小学数学探究性学习的转变［J］. 教育信息技术，2014（03）：42－44.

［4］马红霞. 一对一数字化学习在小学语文教学中的应用研究［J］. 中国教育技术装备，2015（16）：140－141.

［5］江柳嫦. "一对一"数字化环境下小学语文中高年级阅读教学实践——以统编版三年级下册阅读课堂教学为例［J］. 教育信息技术. 2019（12）：20－23.

成都市泡桐树小学西区分校李栓栓

"一对一"数字化应用于小学语文作业

"一对一"数字化应用于小学语文教学模式，是结合数字化环境，利用多媒体、网络技术、无线移动通信设备等，针对学生的自身特点、学习能力、情感态度，开展适合个性化的学习。

一个班级的几十个学生会存在认知水平的差异，如何让不同的学生在自己原有的认知水平基础上有所提升，可以借助"一对一"数字化环境。作业，通常来说，就是教师把课堂中教授的知识，通过作业的形式布置下去，学生通过完成作业，达到巩固和消化知识的目的。"一对一"数字化为语文作业个性化和有效性，提供了有效实施途径和方法。

"一对一"数字化小学语文课堂教学，大致可以分为课前、课中、课后、课外四个板块。电子书包、教学资源 App，能让教师、学生、家长都活跃于整个教学活动中。

一、课前作业

课前作业是语文教学环节中必不可少的部分。通过它，可以了解学生自主学习的情况，了解学生的学习难点，有助于教师有针对性的教学，提高课堂效率。"一对一"数字化课前作业能够客观、准确、及时地帮助教师。

例如，语文低段教学重点是识字。部编版教材的识字和写字量都非常大，对于一部分学生来说比较困难。课前，熟悉字形和字音尤为重要。我们通过电子书包，发送识字动画、书写微课等视频，用学生喜闻乐见的方式，促使学生主动识字。同时，根据预习资源包，发送课前测小题单，及时掌握学生预习情况，课堂教学中就有目的、有针对地进行识字教学。

再如，在中高段语文教学中，更注重学生的情感认知。课前预习可以通过平板电脑查阅相关主题内容，培养提取关键信息的能力。了解文本背后的故事，才能和作者共情，习得情感认知的语文素养。教学《飞夺泸定桥》时，布置预习作业就要求学生们看电子书包中相关的电影资料，上课前用自己的话讲讲电影内容。从而创设情境，有情绪带入，才能深入了解文本。这样的作业，落到实处，为课堂效率的提高做好了准备。

二、课中作业

传统的课中作业一般以书面形式为主，教师要么校对答案，要么统一批改，无法展示且用时较长。在"一对一"数字化环境下，每一个学生都能在线及时提交作业，并且第一时间得到反馈信息。同时，给每个学生都提供了展示的机会。教师也能根据作业情况，及时调整教学进度。在学习《古诗三首》时，当了解了古诗意思后，我发送题单，请孩子们打开题单，完成解释字意专项练习，并上传。学生上传后，每一道题的完成情况，一目了然。我就针对正确率比较低的题再进行讲解。学生也马上知道自己知识没掌握好，就会有针对性地听同学老师讲解，进一步巩固所学知识，当堂课的问题当堂解决。

三、课后作业

布置语文家庭作业也是门技术活。课后作业，是对课堂知识的巩固，传统课后作业多以抄写、做题为主。而小学阶段的孩子，大多都拥有好奇心理，满足其兴趣所需，他们做事就会很乐意，很轻松。"一对一"数字化作业，可以让作业形式多样化，可以利用社交App、视频软件等完成。让学生觉得不是老师要我去做，而是我自己要去完成。例如，给爸爸妈妈做采访，发微信朋友圈，录微课视频当小老师。这种作业不仅巩固了课堂所学知识，还让学生主动参与其中，培养了其创造性思维能力。语文家庭作业的趣味性，是让学生自信快乐的有力保证，趣味性的作业是不会成为学生的负担的。

四、课外作业

语文内容涵盖广，知识点众多，生活中无时无刻不在学习语文。语文学习单靠一本教材是远远不够的。家庭作业中，利用"一对一"数字化环境，布置阅读类作业，达到阅读目标。阅读书目分两类，一类是保底阅读，是教材中提到的必读书目。另一类是拓展阅读，会根据每个单元主题或者某篇课文进行，与课堂教学相结合。比如，在讲《带刺的朋友》时，我把整个文本其余的四个篇章通过电子书包，发送给孩子们。孩子阅读电子文本，扫清生字障碍，直接勾画词语，结合本期学到的语文策略方法，课后运用多种方法理解词语，截图发布，分享自己的阅读所得。这样，孩子既了解了课文以外的有趣文字，又巩固了课堂的学习方法。又如，三年级上期的预测单元。本单元的语文要素是通过故事内容和生活常识预测，并有自己的依据。结合单元主题，我在超星阅读平台，选择了三本情节开放、曲折又出乎人意料的电子绘本《神奇的画》《爷爷的肉丸子汤》《假如你吃了无花果》推荐给孩子们。同时在超星阅读平台发布阅读题单，推动他们阅读进程。在超星阅读平台写自己的读后感，还能发布给大家看，他们的阅读体验是很愉快的，课外阅读作业也完成得高效有质量。

"一对一"数字化语文作业相对于传统作业更具有及时反馈性。电子书包等学习平台，能够及时做作业，及时反馈，针对易错题和薄弱板块会提示巩固练习，从而达到及时纠错、巩固提升的效果。例如，语文学习中，多音字数量多，如何正确选用是个难点。通过设计不同的语境，要求学生选择正确的读音，进行专项训练。客观性试题，系统能够自动批改，能够直观准确地反映出问题。学生可以根据批改结果，第一时间反思，"我怎么错了？错在哪里？"反思是为了达成二次巩固的目的。同时，老师也可以根据学生做题情况调整第二天的教学内容，重点讲解易错的多音字。

"一对一"数字化语文作业相对于传统作业让教师的教学做到有的放矢。超星阅读平台，可以看到孩子们对文本理解的多样表达，也能梳理出孩子的阅读爱好。这样，在推荐文本的时候，更能根据孩子的阅读习惯进行选择，从而让孩子爱上阅读。超星阅读平台，支持教师在线编辑阅读题目，对题目分级设置，从易到难，兼顾不同阅读能力的学生。也可以结合班情、学情，有针对性地进行作业提示。这样，学生在老师的引导下，自主学习、反思。

"一对一"数字化语文作业相对于传统作业更有互动性。同学们可以用平板电脑与同组同学分享自己的想法，可以在平板电脑也可以在交互式互动电子白板上，向同学和老师展示。互动内容也是多样性的，可以是视频、图像等。同时，互动对象可以不局限于教室，能够超出空间的限制。这样获得的信息量更多、更广。本次新冠肺炎疫情，居家学习以线上学习方式为主。通过 QQ 群、钉钉等资源平台，学生和老师教学互动，不仅师生双边交流，还可以实现多边交流，增强了合作学习的效果。

"一对一"数字化应用于小学语文教学模式重点体现在对后一个"一"的个性关注。"一对一"数字化语文作业，不是学生在设备上完成作业，而是一种新的学习方式。这种学习方式，促使学生主动学习，主动反思。"一对一"数字化应用于语文作业，不是为了减轻教师批改作业的负担，而是要求教师在课前、课中、课后、课外各个教学环节中，都以学生为中心，因材施教，有的放矢地进行设计。

参考文献：

［1］王燕. 依托"一对一数字化"移动平台引领学生数学作业个性化［J］. 浙江教育技术，2013（01）：41－46.

［2］聂明富. 一对一数字化小学语文课堂教学模式初探［J］. 中国教育技术装备，2014（19）：8－9.

［3］彭介润，高航. 一对一数字化学习：促进学生学习方式变革［J］. 发明与创新（教育信息化），2014（05）：4－9.

成都市泡桐树小学西区分校　赵　湘

电子书包在小学低段口语交际的应用与研究

摘　要：《语文课程标准》明确提出了口语交际的总目标：使学生"具有日常口语交际的基本能力，在各种交际活动中，学会倾听、表达与交际，初步学会文明地进行人际沟通和社会交往，发展合作精神"。[①] 相比传统语文课堂，优学派课堂运用多种方式来激发学生讲故事和听故事的欲望，让每一个学生都参与到课堂中，学生在实践中感知本课实际要求，在实践中提高口头表达能力和

---

① 刘永康，语文教育学［M］. 北京：高等教育出版社，2005. 8.

想象能力。

关键词： 电子书包　口语交际　看图讲故事

前　言

随着教育改革的不断深入，课堂已逐渐转变为教育信息化，对教育的发展有重要的影响。教育信息化的核心概念，即推动信息技术与教育教学过程的全面深度融合，强调要把信息技术作为促进学习者自主学习的工具。[①] "优学派"应用于课堂，是教育信息化促进课堂教学改革的具体体现，它让小学低段语文课堂形式更加多样，让小学生的学习充满兴趣。

优学派电子书包是一种具有阅读电子课本、管理学习资源、记录个人学档、创建学习空间等功能，具有支持各种有效学习方式的个人学具和交互式学具，具有信息处理能力和无线通信功能的个人便携式学习终端。[②] 学生每人一台平板电脑，每一位学生在独立思考中培养语文自主学习能力，充分展现学生的潜能。

下面以口语交际——《看图讲故事》一课为例，谈谈优学派电子书包在语文课堂中的教学设计与反思。

一、基于电子书包口语交际教学的特点

二年级的学生倾听习惯还有待提高，不少学生只会听老师讲课，不太会听同学发言，本课教学可以有效弥补这一点。二年级的学生虽具备一定的口头表达能力，但仍存在紧张退缩、声音小的情况，讲故事也缺乏生动连贯性。

本堂课口语交际的要求是"按顺序讲清图意。认真听，知道别人讲的是哪幅图的内容"。课堂通过引导学生看图，了解每幅图的内容，能够借助漫画，清楚完整地讲述故事，猜测故事的结尾。学生还可以通过合作表演，在故事情境中练习交际，做到吐字清晰、语句连贯，进一步提升学生"听"和"说"的能力。

二年级学生基本能看懂图画内容，但对于图画中的细节容易忽视。因此，在教学过程中，教师不但要指导学生细致观察每一格漫画，看清图上人物的动作，还要想象人物之间的对话，再有顺序地讲述故事。这有助于发展学生细致观察、有序表达的能力。

---

① 陈昌群，一对一数字化环境下小学语文个性化教学研究 [D]. 成都：四川师范大学，2017. 03.
② 伊梅，石静，罗军. 电子书包教学让语文课堂精彩纷呈——以中学语文《人生寓言》为例 [J]. 中国现代教育装备，2016（04）：59-61.

在使用优学派电子书包的语文课堂上，教师可以通过优学派系统给学生发布课堂任务，学生在接收到老师的任务后开始完成并上传提交，教师能快速了解班上每一位学生作业完成的进度，并查看学生的完成情况。例如，教师利用优学派的截图发送拍照、分组发图等功能，学生在平板电脑上收到不同的漫画后，自主学习，便于学生仔细观察。与以往直接一对多的方式相比更灵活，采用"一对一"的教学方式，教师能更高效准确地了解学生在学习过程中的掌握情况。学生将描写拍照发送上传，教师能及时做出反馈和调整，并进行有针对性指导。

二、电子书包让课堂教学环节更丰富

（一）激趣导入，理解《看图讲故事》

课前阅读漫画《父与子》，课件用《父与子》画像图片导入，提高学生学习热情。简要介绍漫画《父与子》，这一环节的设计，从学生感兴趣的话题入手，提高学生课堂专注力与参与度，为课堂做好准备。

（二）引导学生按顺序看图

观察五幅漫画的右上角序号，发现规律。笔者在课堂上引导学生学会观察漫画，懂得按顺序看图。从学生的认知出发，课件出示《鱼儿的来信》这一组漫画，激发学生的好奇心、求知欲以及学习热情。

（三）详细指导第一格漫画

此环节是梯度设计，由扶到放。笔者有意识引导学生描述第一幅图，引导学生仔细观察，图中的时间、地点、人物、事件，并观察人物的动作和神态。运用直观式教学，引导学生仔细观察，有助于发展学生细致观察、有序表达的能力。学生能够合理想象，看懂图意，想象人物之间的对话。利用平板电脑分组发图技术，随机给学生发送五幅图中的一幅图，自主观察，讲清图意。一人讲一幅图，把这五幅漫画连起来讲一个完整的故事。其他孩子为评委，点评他们讲的故事怎么样。

（四）发挥想象，续编故事

"想一想这个故事结束了吗？后来发生了什么？"课件出示漫画留白，开放学生的想象力。最后揭示原图，尊重原创。创意补白，语言描写。学生先思考、表达，笔者再拿出提前发的"信"，学生把鱼儿写给爸爸的信补充完整，利用平板电脑拍照技术上传，进行班级分享。意在让学生对漫画阅读产生兴趣，并激发孩子的创作欲望，让孩子积极思考并表达。

（五）教学流程图（如图 7-15 所示）

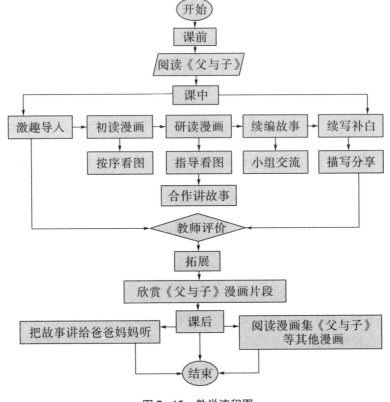

图 7-15　教学流程图

三、电子书包环境下学生的自主学习

（一）构建语文课堂新体验

对于语文学科而言，在本次口语交际——看图讲故事教学中，学生的"看"和"说"运用了新技术，如分组发图观察，展开想象表达等，为学生打开了智慧之门，让学生可以通过亲身经历、主动参与、自主选择、合作分享来获取知识，提高表达能力。

（二）提高学生课堂参与度

在课堂学习过程中，利用优学派电子书包学习环境展开学习，突破了传统课堂教师讲学生听的被动接收学习方式，并向自主探究和协作互动式的学习方式转变。自主学习很好地满足了学生个性化学习的需求，激发了学生主动学习的欲望，使学生获得更加自由、开放、灵动的学习体验，体现了以学生为中心的理念。

（三）学生成为真正的主体

在优学派电子书包课堂中，每个学生手中都有一套自己的平板电脑，学生可根据教师上课内容进行自主学习，教师的角色也由原来的主导者变成了引导者，这样的学习方式有效地提高了学生的学习兴趣和学习效率，拓展了学生的思维空间。

四、教学反思与改进

本堂课的教学目标是学生能够读懂多幅图组成的漫画故事，能想象故事的结尾，能按顺序把故事讲清楚、讲完整。在课堂教学环节中，利用小组合作交流，促使学生人人参与、积极表达、倾听、应对。笔者认为，教师评价要有针对性、指导性和激励性。不管是学生的合理推理，还是出乎意料的推理，都要给予一定的肯定。对于不太合理的想象，要给予指导和建议。

新技术要增强语文课的学习趣味性，有效融入情境式、体验式教学中，增设语文学科的功能，让学生在平板电脑上趣味、有效学习。

成都市泡桐树小学西区分校　李婷

例谈"一对一"数字环境下小学高段
语文课堂的翻转

摘　要：本文以《唱脸谱》一课为例，分别从教材分析、学情分析、教学目标的设定、教学目标的达成几个方面深入解读小学高段语文课堂如何借助"一对一"数字环境实现课堂的翻转。特别是在教学目标的达成方面依托教学内容对"课前导学——课中促学——课后延学"的智慧课堂范式进行了深入的阐述，呈现了一次成功的翻转课堂尝试。

关键词："一对一"数字环境　小学高段语文　翻转课堂

翻转课堂（Flipped Classroom：颠倒教室），从字面意思来看是对传统的课堂（教室）教学的改革，传统课堂按照内容依顺序教学，教师课堂讲授，学生回家练习。翻转课堂则是将教学重难点在课前以微课或其他形式呈现，然后再回到课堂中进行师生、生生面对面的分享、交流学习成果与心得，以实现教学目标为目的的一种教学形态，主要倡导：①先学后教、自主学习的理念。②

注重课堂互动、交往、合作与探究的理念。③关注学习主体体验，教学为学习主体服务的理念。

本文将以《唱脸谱》一课为例，谈谈小学高段语文课堂如何借助"一对一"数字环境实现课堂的翻转。

一、教材分析

《唱脸谱》是北师大版小学语文五年级上册第四单元"韵味"的一篇主体课文。它是歌曲《唱脸谱》的歌词，作者是著名的作词家阎肃先生。《唱脸谱》是一首戏歌，是近年来流传最广，颇有影响的一首佳作，活灵活现地展现了丰富多彩的脸谱文化，并巧妙地将地道的老北京方言自然地融化在旋律中，充满了京腔京韵。

京剧作为中国最著名的剧种，被世人称为"国粹"，而京剧脸谱更是被称为"国粹中之国粹"，素以精巧的构图，绚丽的色彩，细腻的线条见长，有浓厚的民族特色。前辈大师们通过勾、揉、抹的手法，创造出众多性格鲜明、瑰丽多姿的艺术形象，在漫长的岁月中，逐渐演变为固定的脸谱，借以表现人物的品貌、身份、性格等特征，其历史价值、文化价值、艺术价值为人们广泛称道。

本文通过活泼生动的艺术形式，将脸谱文化呈现给学生，编入"韵味"单元，旨在通过学习增强学生的民族意识和爱国主义情操。

二、学情分析

（一）学生身心发展特点

五年级学生进入小学学习的最后阶段，已经形成了一定的独立学习能力，并且随着主体意识的觉醒，自我意识、自我主张、自我控制能力均进一步加强，已经具备了自主进行课前预习和课后复习的能力。而且，大部分学生在具备一定学习独立性的同时还有了相对较强的质疑能力与问题解决能力。因此，传统的"一把抓""满堂灌"的教学方式已经落后于学生的能力发展了。基于此，教师可以充分利用翻转课堂培养学生的独立学习能力，发展其学习潜能。

（二）信息时代学习方式的改变

信息化时代，技术改变了人们相互联系的方式，各种信息在网络间串联，世界联结成了一个大舞台。作为信息时代的原住民，身在校园的孩子们大部分已经逐步掌握了利用信息技术来获取信息（知识）的能力，网络的自由与开放，给了孩子们更多的自由想象空间，也给孩子们的学习方式与发展前景带来了更多的可能性。

（三）学习基础

当今社会，大部分孩子对流行文化更为了解与喜爱，对于传统文化知之甚少，接触也少，京剧作为国粹，部分孩子有一些了解，但仅仅停留在听过的层面，对于京剧艺术的知识了解较少，因此，需要在课前让学生搜集京剧以及课文涉及的人物的相关资料，开阔学生视野，激发学生的兴趣。

三、教学目标设定

（一）基于教材与学情特点设定以下教学目标

（1）借助电子书包查找资料，初步了解京剧脸谱特点、课文中出现的人物及其故事。

（2）独立识字学词，认字两个，写字十一个。

（3）初步了解京剧中不同脸谱与人物性格的关系，感受丰富多彩的脸谱文化。

（4）结合听、唱歌曲，品一品《唱脸谱》的韵味，体会其表达的特点及效果，获得审美体验，激发对京剧这一国粹以及对戏曲音乐的热爱。

（二）教学重难点

（1）借助电子书包查找资料，初步了解京剧脸谱特点、课文中出现的人物及其故事。

（2）初步了解京剧中不同脸谱与人物性格的关系，感受丰富多彩的脸谱文化。

（3）品味京剧的韵味，获得审美体验，激发对京剧这一国粹以及对戏曲音乐的热爱。

四、教学目标达成

在传统教学过程中，通常包括"知识传授"和"知识内化"两个阶段，知识传授通过教师的"课中"讲授来完成，知识内化则通过学生"课后"的作业、练习或实践来完成。"翻转课堂"对学生的学习过程进行了重构，这种变化是颠覆性的，知识传授部分是"课前"观看视频或导学案来完成的，知识内化则是在"课中"经讨论、交流来完成的，在"课后"学生则以完成更高层次的"知识探究"为主。

因此，在教学设计上，我将重点放在"重建学习流程，重新分配课堂时间"上，尽最大可能将"预习时间"扩充，认真考虑如何利用课堂中的时间，抓重点、设主问来实现"课堂时间、学习效果"的有效性，从而达到课堂的反转。

（一）课前

预习是学生整个学习流程的前奏，是学生自读自悟、自思自化的过程。课前，将突破教学重难点所需的资源——微课《四击头》及四击头代表作品《大宅门》投放至学生的学习平台，同时，在班级空间投放探究性话题"孩子们，你知道吗？京剧是中国最著名的剧种，被世人称为'国粹'，而京剧脸谱又被称为'国粹中的国粹'，素以精巧的构图、绚丽的色彩、细腻的线条见长，有浓厚的民族特色。让我们一起打开京剧万花筒，走进瑰丽的艺术世界，将你了解的知识发送到班级空间和同学们一起讨论，互相学习吧！"引导学生利用平板电脑上网功能搜索京剧脸谱的相关资料并上传分享丰富课前储备，同时伴以课前导学单了解基础知识的掌握情况，结合后台反馈的数据，动态生成教学目标，最大意义地实现课程标准所倡导的教学理念——以学定教。

从学生的课前预习情况反馈来看，部分学生对课文中脸谱颜色与不同人物的对照还有一定的困难，这恰好也是本课的教学重难点。同时，可以看出学生对"愣"字的读音掌握得还不够准确，因此，在教学过程中将进一步关注这两个方面。根据导学情况也可以看出教学目标的制定方向是准确的。

（二）课中

课中，学生在教师的带领下，依托教师以学定教形成的教学设计，多元互动的教学组织方式以及基于数据的过程性评价，更为自主与专注地展开学习活动。

1. 京剧片段导入

用京剧片段《铡美案》的欣赏导入，激发学生的学习兴趣，接着介绍京剧的基本知识，导入新课。在课前，很多孩子在查找资料的过程中，有了关于京剧、关于脸谱的一些积累，因此，这个板块基本在老师的引导下由学生完成了京剧及脸谱的相关知识的分享，课堂氛围活跃、热烈。

2. 初读课文，解决疑问

在初读课文时，请孩子们提出自己的疑问，在质疑的基础上解决"亮相""四击头""鸳鸯瓦"等必需的知识。解决的途径是引导学生结合预习材料的查找对全班同学进行讲解与补充，将课堂交给学生，尊重其学习的主体地位，促进其表达欲望与表达能力的发展，教师成了导学者、陪伴者。

3. 再读课文，探索脸谱奥秘

课文读通读顺后，把重点放在教学重难点"初步了解京剧中不同脸谱与人物性格的关系，感受丰富多彩的脸谱文化"上。脸谱的颜色与角色的人物性格、命运或品质有关，课文列举的众多人物都可以从他们的脸谱上联想他们的性格和有关的故事传说。在此环节的处理中，再次调动学生的课前储备，引导学生讲述脸谱带出的历史故事：窦尔敦盗御马、关公战长沙、魔鬼斗夜叉。引导学生结合历史故事感知脸谱人物的形象和性格，比如暴躁的张飞叫喳喳、李天王托宝塔，从而再对应到脸谱的颜色上。学生因为在课前预习做足了功课，在这一环节的表达中，绘声绘色，教师成了聆听者，课堂主体再一次有了翻转。在充分表达的同时适时引导多种形式的朗读，感受文章音韵美的同时进一步巩固脸谱颜色与人物性格、命运或品质的关联，为接下来的学习打好基础。

有了积累、表达、完善的基础，借助互动题板对学生获得的知识进行当堂的检验，取得了很好的效果。

4. 全面拓展，激发兴趣

在读一读、讲一讲、唱一唱的学习中，学生基本已经了解脸谱文化的常识，在此基础上，引导学生结合自己课前查找的脸谱，讲述他的故事及脸谱的色彩和图案各代表什么，再一次引发了分享表达的高潮。

除了国粹，我们的地方戏剧也充满了特色，老师将不同地方戏的集锦借助平台推送给孩子观看，在体会不同戏种的不同韵味的同时，激发学生对戏曲艺术的兴趣，感受戏曲艺术的韵味及魅力，这一环节拓宽了课堂宽度与深度的同时，也深受孩子们的喜爱。

（三）课后

在课后拓展上，依然锁定电子书包的资源查询与共享功能，进一步推介相关的戏剧材料，丰富孩子的认知，拓展孩子的学习视野。如：四击头曲目欣赏《大宅门》，让孩子在京腔京韵中去进一步认知四击头的特点；川剧变脸欣赏则是让孩子将欣赏的眼光从国粹转移到地方戏曲、本土文化上来，感受戏剧韵味，提升艺术欣赏能力的同时，培养民族自豪感、家乡自豪感，最重要的是让学生产生学习的兴趣、探索的欲望，走进戏曲的世界去探寻，实现学习能动性的翻转。

《唱脸谱》一课的教学是对课堂翻转的一次尝试，这样内涵丰富、外延宽广的教学素材，在"一对一"数字化环境下，极好地交还了学生的学习主动权，老师成为课堂的导学者、倾听者、助推者，强大的资料查找分享功能为学生打造了良好的课前储备空间，互动功能则深化了教学重难点的落实，资源推送为孩子拓展了课堂的边界，是一次十分愉快的教学体验。

参考文献：

[1] 郭文良，和学新. 翻转课堂：背景、理念与特征 [J]. 教育理论与实践，2015（11）：3－6.

[2] 周理刚. 小学生信息素养的认识与培养 [J]. 教育，2014（27）：32.

成都市泡桐树小学西区分校　刘杜娟

"一对一"数字化学习方式下小学数学概念教学策略研究

摘　要：随着信息化技术的不断发展，"一对一"数字化学习方式通过网络平台，极大地整合了教育资源，实现学生个性化学习，受到越来越多教师和学生的好评。在概念教学中概念的形成往往是学习的难点，其运用是学习的重点。因此，笔者结合"一对一"数字化学习方式具有的生动形象，能将抽象概念具体化，及时反馈学生学习情况等优势，提出了在该种学习方式下概念课的教学策略，为小学生更好地进行自主学习做参考。

关键字："一对一"数字化学习　小学数学　概念课　自主学习

随着信息化时代的到来，我国教育迎来新的改革，教学方式在不断进行优化。其中"一对一"数字化学习打破了传统讲授式教学的模式，利用更加丰富、更多元的教学资料进行教学，实现了教学个性化，满足不同学习层次学生的学习需求，能便于教师关注到不同学生的不同学习情况，也进一步促使学生进行自主学习。而在数学学习中，概念是学生学习的基础，概念课作为小学数学教学过程中的重要部分，是学生进行深入学习的基石。因此，利用电子书包进行概念课"一对一"数字化教学，可以实现教学的高效化，让概念课更加生动，便于学生理解和掌握。

一、"一对一"数字化教学在小学概念教学中的优势

（一）生动形象，将抽象概念具体化

概念课一直以来是数学教学中的一个重要板块，可如何上好概念课却常常

让老师感到头疼。传统课堂上概念课存着在重练习、轻概念的弊端，在学生学习概念的过程中，教师往往没有重视数学概念形成的过程，而是把数学概念直接作为名词介绍给学生，或者采用少量的例子进行引入，直接将数学概念教授给学生。小学生正处于形象思维阶段，若没有经历概念的建构过程，在后续的运用中，学生往往会出现对概念理解模糊的情况，进而在运用概念时显得生搬硬套。而运用"一对一"数字化教学，教师可以利用现代信息化技术提供大量的生活实例及数学模型，让概念学习变得简单化，充满趣味性，学生在享受概念学习的过程，唤起了学生对知识的思考，进而改变数学概念学习生硬无趣的观点。

（二）信息及时反馈，形成全员参与型课堂

在传统课堂中，教师提问往往只能由学生举手回答，能够被老师点到站起来展示自己想法的学生只是班级中的少数，其他同学在倾听他人发言时是否进行思考，思考是否正确，思维过程是怎样的，老师并不能及时了解，这就不利于教师掌握全部学生的学习情况，进而针对这些情况对教学内容和方式进行调整。而利用"一对一"数字化教学，教师可以通过手中的平板电脑发送问题到学生的平板电脑上，学生进行在线作答，再通过网络及时将解题过程及答案上传，教师可以及时查看学生的作答情况，并且根据学生作答情况进行集中评讲，评讲结束之后，有错的学生进行再一次订正，及时纠错，也就避免了传统教学中学生少数参与的情况，让学生可以真正参与到课堂互动中。

二、"一对一"数字化学习方式下概念课的教学策略

（一）进行前测，摸清学生概念学习的起点

《义务教育数学课程标准（2011）》中提出"学生的数学学习内容应当是现实的、有意义的、富有挑战的，数学教学活动必须建立在学生的认知发展水平和已有的知识经验之上"。在教学中，学生并不是一张白纸，而是带着已有的生活经验进入课堂，教师应该充分尊重学生的已有经验，在此基础上对教学过程进行调整。而运用"一对一"数字化的教学方式，教师可以在对学生进行前测，了解不同学生的不同学习起点，并且根据学生能力的差异，设计课堂提问及师生、生生之间的课堂互动。

如在北师大版二年级下册学习"认识直角"一课时，学生已经有了日常生活经验，并且对直角已经有了一定的认识，教师在课前通过网络给学生发送不同角的图片，让学生在电子书包上选出其中特殊的角，并说出特殊在哪里。教

师收集到信息，发现学生可以通过直观感受认识到直角与其他类型的角的差异。并且请学生拍照上传生活中这样的角有哪些。课堂中，教师就可以将学生收集到的图片进行展示，让学生可以直观认识到什么是直角。

（二）创设情境，提高学生概念学习的兴趣

数学概念往往给人留下一种生硬刻板的印象，没有具体生动的实例支撑就会让学生理解起来感到困难。情境教学往往能让学生产生更强的求知欲，吸引学生的注意力。"一对一"数字化教学就具有丰富的表现力，教师可以利用网络为学生创设出与教学目标相应的学习情境，学生在自己的平板电脑上进行动手操作，在实践中思考，进而将抽象的数学概念具体化，提高学生概念学习兴趣。

例如，在北师大版二年级上册学习"平均分"这一数学概念时，教师在课前利用网络给学生创设小猴子分香蕉的具体情境，要求学生在电子书包上进行将四根香蕉分给两只小猴的操作。教师利用电子投屏的展示功能选择学生的不同划分方法，提出哪一种方法最公平。从而引出要"分得一样多"的话题，也就得到了"平均分"的数学概念。

（三）及时反馈，了解学生概念掌握情况

与传统课堂上教师布置了练习任务后，巡视学生作答情况时存在的问题不同，网络教学平台具有及时性和全面性，当学生在电子设备上进行作答之后，教师能够通过后台数据及时了解全班学生练习题目的作答情况，进而了解学生对概念的掌握和运用情况，有针对性地对学生理解薄弱的地方进行指导。

例如，在学习了平均分的概念之后，教师发送判断题目"有十个苹果，分给两个人，每人一定分得五个苹果"，学生在线作答，平台可以立刻做出班级学生作答的正确率统计。根据学生作答情况，可知学生在分物活动对于平均分还不是很熟悉，因此，在之后的教学中遇到平均分的两种情况都需要进行强调。

（四）分层练习，加深学生对数学概念的认识

由于学生之间对概念的理解和运用能力存在差异，因此在课后教师利用电子设备给学生发送多个阶段的练习，学生根据自己对概念的掌握情况进行分层练习，避免了传统教育中"一刀切"的状况，更符合学生的个性发展，为学生的学习提供了适合自己的资料信息，促使学生进行自主学习，明确自己在概念学习中存在的疑问。此外，教师还可以通过网络给学生传送有关数学概念的趣味小故事或相关绘本，增加学生的数学阅读能力，加深对数学概念的理解。

三、结语

"一对一"数字化教学极大地发挥了学生的主观能动性，让学生在课堂中从"要我学"转变为"我要学"，借助现代信息技术能够整合学习资料，及时反馈学生的掌握情况创造出更加个性化、更加高效的课堂。课堂学习氛围更活跃，有利于学生真正理解和掌握数学概念，学生的数学思维得到更好的锻炼。"一对一"数字化教学让每一个学生参与到课堂中来，真正让学生成为课堂教学的主体。

参考文献：

[1] 曹骏. "一对一"数字化学习方式下的小学数学复习课的分析［J］. 中小学数字化教学，2017，（02）：34-36.

[2] 史鹏越，黄洛颖. 一对一数字化学习在中小学教与学中的应用模式研究［J］. 中小学电教. 2014，（Z2）：78-81.

[3] 胡霞. 电子白板环境下小学数学概念教学的策略研究［J］. 课程教育研究，2012（10）：79.

[4] 张亮，毛志秀. 一对一数字化学习在小学数学复习课堂中的应用［J］. 新课程教学（电子版）. 2018（04）：109-110.

成都市泡桐树小学西区分校　陈雨朵

小学高段数学关键能力培养之课堂案例

摘　要：数学关键能力是基于数学核心素养而提出的，数学核心素养指的是具有数学基本特征、能适应学生终身发展需要的思维品质与关键能力。数学关键能力主要包括数学抽象与表征特征、数学猜想与推理能力、数学理解与运算能力、数学收集与处理能力、数学直观与想象能力、问题分析与解决能力等。本文将从课前、课中、课后几方面举例谈谈小学高段数学关键能力培养的一些做法。

关键词：小学高段　数学关键能力　培养　课堂

通过查阅资料可知，数学关键能力是基于数学核心素养而提出的，数学核心素养是指具有数学基本特征、能适应学生终身发展需要的思维品质与关键能力。数学关键能力主要包括数学抽象与表征特征、数学猜想与推理能力、数学理解与运算能力、数学收集与处理能力、数学直观与想象能力、问题分析与解决能力等。在培养小学生的数学关键能力时，需要以数学基本思想为指引，以数学核心内容为载体，以数学理性思维培养为旨趣，以数学基本活动为途径，以数学核心素养培养为目标。下面，我举例谈谈小学高段数学关键能力培养的一些具体做法。

一、课前预习，培养学生的数学阅读、理解和自学能力

古人说"凡事预则立，不预则废"，意思是说做任何事情，都要先有充分的准备，才能成功。培养学生课前预习的习惯，就是让学生对学习内容有一个心理的认知和准备过程，通过一读二想三算四验五问五个步骤，让学生对将要学习的新内容，做初步了解：知道要学什么、已经懂了什么、还有哪些不清楚和明白、新知识与已学知识有什么联系、它新在哪里、由此联想到什么新的问题，等等。这样，学生在上课时才信心十足，有话可说，主动要说，教师也能根据学生的认知起点，有效地利用课堂时间，有针对性地解决学生预习中遇到的困惑和问题。

例如，我每上新课的前一天，都要把预习作为一项作业布置给学生：如预习书 P2"精打细算"。每期开学第一课就要讲预习的要求和方法，并带着学生在课堂上一步一步地预习，做示范，步骤如下：一读，读教材主题图的图上信息和文字信息，并串联成一句或一段完整有序的话，从而培养学生从情境中提取数学信息和加深数学理解的能力。二想，想一想根据这些信息你能提出哪些相关的数学问题，并想想解题思路，培养学生根据信息提出不同数学问题的能力。三算，列式计算教材中提出的问题和自己提出的问题，想一想还有别的不同的方法吗？培养学生数学理解和运算能力。四验，检查和验证你的方法对不对，错在哪里，可以参照教材或其他方法检验。五问，通过预习，提出一个或两个不懂或不理解的问题，或由此课联想到的新的数学问题，并写在书上，第二天上课要说出你的问题。这样长期坚持，学生数学的自学能力有了很大的提高。

二、课中提问，讨论解决，培养学生分析、推理、解决问题的能力

课堂是学生学习的主阵地，是获取知识和培养能力的重要环节，我们要把课堂时间和享受课堂的权利还给学生，让学生在课堂中积极、主动、快乐地学习，从提出问题到想办法解决问题，再到全班交流辨析，以问题解决为主线，

从中培养学生多方面的数学关键能力。

　　小学高段通常可以这样做：学生通过课前预习，已经大概知道今天要学什么了，于是可以开门见山地出示课题（PPT出示）。如，今天我们学习"精打细算"，通过预习，你有什么不懂或不明白的问题，说出来我们一起来解决。学生会主动举手说出自己预习中遇到或想到的问题，学生边说老师边选择性板书（有相同或包含关系的归为一类）。如"精打细算"这一课学生提出了以下问题：①有小数的除法可不可以运用商不变的规律把被除数和除数都变成整数再除？②我的做法与淘气、笑笑都不一样，不知对不对？（生边说边走上讲台写了出来：1150÷50=23）③小数除法与整数除法有什么不同？有什么相同？④小数除法可不可以先不看小数点，按整数除法来算，最后再点上小数点？⑤遇到不够除怎么办？⑥竖式中为什么不打小数点？⑦小数除法的算法和算理是什么？⑧小数除法竖式每一步的意思有点不懂。⑨智慧老人说商的小数点要和被除数的小数点对齐，这是为什么呢，我不明白。通过预习，学生提出了这么多精彩的数学问题，教师一定要及时表扬和点评，让学生尝到预习的"甜头"。

　　接着，让学生四人小组讨论解决以上问题，由于课堂时间有限，可以分类、分组解决，时间5~8分钟。教师也参与其中，听听学生的想法，适时给点建议。如，上面这一课中，有个小组在解决"有小数的除法可不可以运用商不变的规律把被除数和除数都变成整数再除"时，其中一个学生说，我觉得可以，只要被除数和除数同时扩大相同的倍数（0除外），商应该不变。马上另一个学生反驳道，那是在整数范围内（商不变），小数范围内不一定吧，接着另一个学生说，我就是把被除数和除数同时扩大10倍来算的，结果与淘气笑笑的不一样，你们看，我是这样算的：11.5÷5=？ →1150÷50=23，我得23，淘气笑笑得的是2.3，怎么会不一样呢？第一位学生迫不及待地说，你把被除数扩大了100倍，除数只扩大了10倍，当然商就不对了，刚才那位学生拍拍自己脑袋，恍然大悟地说，哦，我明白了！（他们都笑了，停了一会儿）一直没发言的女生腼腆地说，小数除法的竖式怎么算，我不会，比如，这道题11.5÷5把被除数和除数同时扩大10倍变成115÷50，她边说边在本子上写起竖式来，商2还余15怎么办？（这就是难点）优生边说：添0再除呗，边拿着笔在女生本子上接着写竖式，还说：记住打小数点，商的小数点一定要和被除数的小数点对齐。我在旁边马上追问了一句，为什么要添0继续除，为什么商的小数点一定要和被除数的小数点对齐，再想一想，讨论讨论。这样，学生在与同伴的讨论、交流、辨析中，数学理解更清楚、更深入，举例验证，推理能力，分析和解决问题的能力得到了锻炼和培养。

　　然后，学生讨论差不多了，再按问题由易到难的顺序一个一个进行全班交流，汇报（有时也可以先解决主要问题，其他问题也就迎刃而解了）。在交流汇报时，可以要求学生围绕"如何解决问题的，在解决问题中遇到了什么困难，又是怎么办的，有什么新的发现，还有什么不理解和不明白的，要提醒同学们注意什么"等主题来进行。在这个过程中，教师扮演着组织者、点评嘉宾、质疑者、主裁判等角色，可以及时追问，可以提出反驳例子，可以适时板书重点内容和方法，可以在学生生成的基础上进行理论上的总结，起到画龙点睛的作用，也可以表扬和点评做得好的方面。总之，由于课堂时间有限，教师要重点引导学生解决本节课的重难点问题，以此带动其他问题的解决。这样，让学生在与同学和老师的讨论、交流、辨析中，逐步解决自己提出的问题和同学提出的问题，对数学问题有更深入的思考和交流。学会与人合作，学会抓数学本质，学会举例验证，学会知其然还要知其所以然，从而增长数学知识和培养解决数学关键问题的能力。

三、课堂精练，培养学生的应用意识和数学运算能力

　　课堂上，学生学完新知，要了解学生掌握的情况，就需要少而精的练习一两道题，了解全班情况，及时发现学生的问题，及时讲解，同时也培养学生的应用意识和数学运算能力。

　　如，学完"精打细算"这一课的新知后，我安排了教材上的两道练习题，选这两道题的目的是，了解学生对"除数是整数的小数除法"的意义的理解，算法和算理的掌握情况，以及能否用竖式进行正确计算。题目如下（如图 7－16所示）：

1.

星星文具店　买了2支，一共13.6元。

阳光文具店　买了3支，一共19.5元。

　　（1）星星文具店的钢笔每支多少元？，阳光文具店的钢笔每支多少元？说说你是怎么算的。

　　（2）用竖式算一算，结合情境说一说竖式中每一步的意思。

　　（3）说一说，哪个文具店的钢笔便宜？每支钢笔便宜多少元？

2.用竖式算一算，并说一说竖式中每一步的意思。

$$20.4÷4 \qquad 96.6÷42 \qquad 55.8÷31$$

图 7－16　学生练习题目

先让学生独立完成，教师巡视查看，了解不同层次学生的掌握情况和存在的问题，同时还可以请几个学生到黑板上去做，让同学之间互相学习，及时发现自己或同学的问题。做完再集体订正，订正过程中，学生容易出错的题，可以让学生说说同学错在哪里，是什么原因错的，应该怎么做，以后要注意什么，等等。这样，通过一两道题的课堂精练，既能及时了解学生掌握新知的情况，又达到了巩固练习的目的，同时又培养了学生的应用意识、纠错能力和运算能力。

四、回头看，培养学生及时总结学习方法和经验的能力

回头看，是每节课必不可少的环节，可以是课中某个目标达成的回头看，也可以是课尾全课总结的回头看，它能培养学生及时回顾、总结解决问题的方法和经验，为后续学习积累方法和经验，是很重要的一个环节，教师必须引导学生及时进行回头看。

如在教学"平行四边形的面积"这节课时，某教师就组织了两次回头看，一次是在推导出平行四边形的面积公式后，教师引导学生进行了回头看，教师边指着板书边说，我们回过头来看一看，想一想，我们是怎样推导出平行四边形的面积公式的（稍作停顿），谁来说一说。生说，我们先把平行四边形通过割补转化成长方形，因为长方形的面积公式我们已经学过，又因为平行四边形的面积等于长方形的面积，平行四边形的底相当于长方形的长，平行四边形的高相当于长方形的宽，长方形的面积＝长×宽，所以，平行四边形的面积＝底×高。教师接着又说，原来我们可以把新知识转化为学过的知识来解决，发现它们之间的关系（师指着图比画，引导学生对比观察），然后逐步推导出平行四边形的面积公式。第二次回头看，是在全课结束时，屏幕打出两个大大的"获/惑"，教师说，通过今天的学习，你有什么收获或困惑？生说，通过今天的学习，我知道了平行四边形的面积为什么要底乘高，我还学会了把新知识转化为学过的知识来解决，我还明白了平行四边形拉成长方形，周长不变，面积要变，我还知道用排除法可以找到正确答案，我的困惑是三角形的面积可以转化成什么图形来求？这样，及时引导学生回头看，总结解决问题的思路、方法和策略，积累学习经验，为后续学习打好基础。

五、课后拓展，培养学生敢于挑战，勇于创新的能力

课后拓展是课堂教学内容的延伸，是学生学习活动的延续，是学生学习方式的转换，是学生学习环境的拓展，它能培养学生学习数学的兴趣，培养学生

勇于创新的能力。课后拓展可以根据所学内容的不同，布置不同的课后拓展作业。

第一种，深化知识运用的拓展。可以在课后布置一两道拓展性的题，让学生用多种方法解答，第二天中午请学生当小老师来给全班同学讲解，再由学生评价谁讲得好，谁的方法既简便又好懂，谁还要注意什么，等等。教师再给予精神和物质上的奖励。这样长期坚持，既培养了学生挑战难题的勇气和精神，又鼓励学生跳一跳摘到果子的成功做法，也培养了学生的表达和讲解能力。

第二种，设计、创新方面的拓展。如，在学完圆的认识后，让学生利用所学知识设计一些相关的美丽图案，并涂上颜色，再挑选一些做得好的作品在班上交流、展示，并在班级外墙展览，这样不仅巩固了所学知识，还激发了学生的创新意识，也让学生获得了成功的喜悦，进一步激发了学生学习数学的兴趣。

第三种，归纳、总结、提升式的拓展。学完一个单元，可以布置学生围绕本单元的知识点和学习方法，办一张高质量的思维导图（也可以电脑打印），以此沟通知识间的联系，构建知识结构图，培养学生的归纳、整理和建构能力。

第四种，调查研究式的拓展。如，在学习了分数和百分数后，可以让学生课后去收集一些生活中出现的分数和百分数，再分类整理，看看什么情况下人们常用分数，什么情况下人们常用百分数，什么用得更多，为什么，你还有什么新的发现。

第五种，实践式的拓展。如，在学习了反弹高度后，可以让学生课后进一步做实验，研究不同球类的反弹高度与下落高度的关系，进而发现反弹高度会受哪些因素的影响，以表格和文字描述的方式呈现。

这样，课后拓展打破了内容、时间和空间的限制，多元化的课后拓展让不同学生有不同的发展，极大地提高了学生学习数学的兴趣，激发了学生的探究热情，培养了学生多方面的数学能力。总之，关于数学关键能力的培养，以上是本人的一些常规做法，有待做得更细更好，还需不断学习、提升和创新。

成都市泡桐树小学西区分校　张彩霞

"一对一"数字化学习方式在小学高段数学
教学中的尝试与思考

随着现代社会的发展，我们早已身处网络化的信息社会。日新月异的科技带给人们的除了生活的快节奏，还有学习方式的多样化，这一切都促使着教育的革新和发展。为了更好地培养适应性人才，满足未来社会的需要，我尝试在"一对一"数字化环境下开展了小学数学教学。在此过程中，这种新的教学方式不断地给我带来惊喜与收获。

一、"一对一"数字化环境充分凸显以学生成长为本

1. "一对一"数字化环境改变了教师教育观念，坚持以学生为本、以学定教、先学后教，让教师的观念随着教学行为的转变而变化。

通常，上课前一天，教师通过电子书包发送课前导学单给学生，学生在家按照导学单的提示进行课前自学，学完根据自己的理解画出本课的思维导图，并完成1~3道前测题，再提交上传给老师，老师运用电子书包的作业系统，分析学生自学情况，了解学情，再根据学情，设计课堂教学重难点和研究主题。这样有针对性的教学，避免了盲目照本宣科，既解决了学生真正不懂不会的问题，又可以把更多的课堂时间还给学生，让学生在课堂上充分交流、讨论、展示，达成共识，促进了学生之间的思维碰撞和发展，让学生学会有深度的学习。

例如，我们在教学"神奇的莫比乌斯带"这一课时，上课前一天，就让学生预习教材，上网查资料：了解什么是神奇的莫比乌斯带，怎样制作神奇的莫比乌斯带，然后录制"制作莫比乌斯带的过程"的小视频，上传到课前作业端。如图7-17所示。

图7-17　学生上传的小视频

教师就可以在教师端观看到每个学生的制作情况，选择一两位做得好的（既有讲解又有示范操作的）微课小视频，在第二天上课时播放给全班同学看，让学生学习制作莫比乌斯带的正确方法和步骤，以及录制小视频时应注意什么，下次就会做得更好。因为小视频是班上同学制作的，学生看得认真学得也快，就不用老师再重复讲怎么制作莫比乌斯带了，既节约了课堂时间又更清楚直观，可以把更多的时间用到后面的创作上。这样，利用来源于学生的资源，同伴之间互相学习和欣赏，比传统的老师边讲边示范，学生在下面跟着操作，更有意义和价值，学生也体会到了制作微课小视频的方法和技巧。

2. "一对一"数字化学习方式成为学生喜欢的一种学习方式，激发了学生的学习兴趣和好奇心。

"一对一"数字化环境，让每个学生拥有一套数字化设备，享受平台资源，并在教师的指导下，进行有效学习。简单地说，"一对一"数字化环境，即每位教师和学生都拥有一部自己的、可移动的、通过无线联网的信息与交流技术设备来进行教与学的活动。它有以下几个明显的特征：①学习是以学生为中心的，学习是个性化的，能满足个体需要的；②学习是以问题或主题为中心的；③学习过程是进行通讯交流的，学习者之间是协商的、合作的；④学习是具有创造性和再生性的；⑤打破学习地点的局限，学习是可以随时随地的。

学校给我们班上的每个学生配了一台平板电脑（即优学派电子书包），学生可以在校或带回家学习使用。这个班教室也安装了无线网络，教师可以根据需要随时上平板电脑课。通过两学期的尝试，这个班的孩子很喜欢上平板电脑课，天天盼着上平板电脑课，积极性很高，上课发言积极，课堂气氛活跃，笑声不断，提交作业一个比一个快，课堂交流更是热烈、积极。记得有一次，本来准备好上平板电脑课的，由于突然断网了，我就说：由于断网了，今天的平板电脑课暂停，请同学们把平板电脑收起来。顿时，孩子们就不高兴了，极不情愿地收起平板电脑，心想，凭什么又不让我们玩平板电脑呢，唔……可见，孩子们多么喜欢用平板电脑上课啊！总之，在平板电脑课上，孩子身心愉悦，学习主动性很强。

二、"一对一"数字化学习变革了课堂教学行为，提升了课堂教学效率

1. "一对一"数字化学习方式使课堂反馈更及时、准确、全面，数据有存储，分析更精准。在平板电脑课上，教师通过电子书包，把一个个学习任务发送给每一位学生，在规定时间内，学生在平板电脑上完成并提交，或在书上或本子上完成，再拍照上传。此时，教师能及时看到每位学生的完成情况及速度，及时进行个别指导。学生完成后也能欣赏和评价其他同学的作品，起到互相学习的作用。学生提交完后，教师通过电子书包的随机对比或随机抽取功能，随机抽取部分学生的课堂提交作业，在大屏幕上展示，对比，讲评，全班学生展开交流、讨论，发表自己的见解。教师可以这样设问：你看懂这位同学是怎么想的吗？上来讲讲。你能说说这位同学的问题出在哪里吗？你能帮他改一改吗？你还有不同的想法（或方法）吗？你觉得应该怎样做？你觉得谁的做法更好，为什么？……通过这样的现场交流、讨论，学生对问题的思考更深入、更全面、更清楚了，启迪了学生智慧，培养了学生分析问题的能力，同时也警示学生书写要规范，否则别人无法看懂。课堂也生成了很多学生资源，有的可以现场分享讨论，有的可以课后调出来进一步研究学生的想法。即使由于课堂时间有限，没有看到全班每个同学的做法，课后也可以从电子书包里调出来慢慢看，进行有针对性的个别辅导。

例如，我在教学完《数的认识》后，由于课堂上只看到了部分同学的课堂作业，为了了解全班情况，我进行了如下操作：首先从后台找出这一课的课堂作业，了解学生的答题情况（如图7-18、7-19、7-20所示），再进一步查看答错的题型和具体的人员，再进行班级讲评和个别辅导，最后把错题发送给学生再做一遍，并分析错因。这样，在大数据的背景下，有针对性帮助和指导学生，效果更好。如图7-21所示。

7.1.1 数的认识[课堂教学] [第4课时]   ☆收藏

上课时间：05-04(周三) 10:45 上课时长：7分59秒

学生姓名 ÷	批改状态 ▾	练习用时 ÷	练习正确率 ÷	评语 ÷	表扬次数 ÷
张欣怡	已发送	3分32秒	94.1%		
邹思辰	已发送	2分42秒	94.1%		
蒋程至	已发送	3分38秒	82.4%		

图 7-18　班级数据反馈一

序号	学生姓名 ÷	批改状态 ▾	练习用时 ÷	练习正确率 ÷	评语 ÷	表扬次数 ÷
6	萨春桦	已发送	2分53秒	88.2%		
7	王意萌	已发送	2分10秒	94.1%		
8	杨振凯	已发送	2分51秒	94.1%		
9	张瀚峰	已发送	2分钟	88.2%		
10	陈奕蓉	已发送	3分30秒	58.8%		
11	胡晓月	已发送	3分7秒	41.2%		
12	刘沈林	已发送	2分3秒	88.2%		
13	罗湘妤	已发送	1分48秒	94.1%		
14	唐锦周	已发送	3分37秒	70.6%		
15	王振宇	已发送	2分19秒	94.1%		
16	蓝可欣	已发送	2分13秒	94.1%		

图 7-19　班级数据反馈二

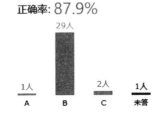

正确率：87.9%

批量写本题批改意见

单选题

下面各数中最大的数是(＿＿＿＿)。

○ A. 0.517

⊙ B. 0.517517…

○ C. 51.7%

图 7-20　班级数据反馈三

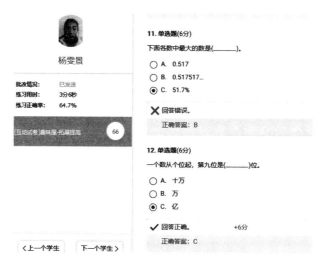

图7-21 学生个体分析

这样，借助大数据的统计分析，能更精准地找到某个学生的某个错点，并对她的问题进行剖析，录音讲解，再发送给她并改错，真正做到了"一对一"、点对点的问题梳理和解决，也节约了大量批改作业的时间，提升了教学效率。

2. 实现了作业多元化、个性化及趣味性。电子书包未来班级的学生，可以用多种方式完成教师布置的课前课后作业，如拍照上传、录音录像上传、上网查资料上传、设置连接上传、自制微课或小视频上传、平板电脑互动作业上传等，学生可以根据需要，选择自己喜欢或擅长的方式来完成作业并提交，体现了作业的个性化、多元化，这和传统纸质作业明显不同，更能培养学生的多方面能力和学习的兴趣和乐趣。同时，教师可以从电子书包的教师端，了解每个学生完成作业所用时间，进行及时调整和个别指导，实现了远程监督和作业过程化管理。收到作业后，教师可以挑选学生做得好的各类作业，放入班级空间，同学互相学习和评价；也可以在课堂进行展示、交流、评价，及时表扬做得好的同学，树立榜样，激励其他同学向他学习，下次做得更好。

3. 促进了学生空间几何观念的发展。因为学生的平板电脑可以实现画图、拖动、重组、旋转、拼接、割补和录屏等功能，极大地方便了学生操作，学生可以借助平板电脑的这些功能，进一步对图形进行剖析和研究，发展了学生的空间想象力和数学思维。如我在教学《图形的运动》时，安排了如下活动，活动一，如图7-22所示：

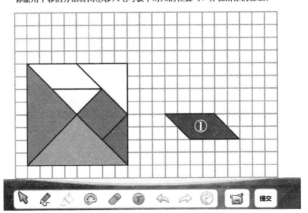

图 7-22　学生操作一

活动二，如图 7-23 所示：

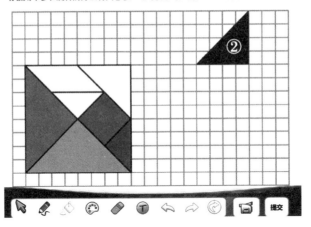

图 7-23　学生操作二

　　这两个活动是分开进行的，首先，把任务发送给学生，让学生们先想一想，说一说，怎样把图①平移到七巧板中对应位置，怎样把图②移动到七巧板中对应位置。然后，在平板电脑上操作验证，边拖动图形边说图形是怎样运动得到的（平移、旋转、轴对称），并录制这个过程再提交。（说明：图①，图②是可以任意拖动的）。学生提交完后，抽取几名有代表性的录屏回放给全班同学看，边看边想，他的做法对吗？和我的哪里不一样？怎样做更简洁？对比几种不同的运动方式，哪种更简便，更优化。最后学生总结得出：图形运动，能平移得到的就不用旋转，因为平移更简洁直观，但要注意平移的格数、别数错了；图形方向不一致的可以做旋转或轴对称，方向一致了再平移……这样，学生先想一想，说一说，再在平板电脑上操作验证，并把操作的过程录制下来，可以自己放给自己看，自我修正，也可以抽取有代表性的放给全班同学看，再现了学生的操作过程和数学思维，发展了学生的空间想象力，也学习了多种不同的方法，并对比出更优化的方法。而且学生口、手、脑相结合，又有对同伴作品的欣赏和点评，理解更深刻，更形象，掌握更好。个人觉得这个录屏功能太好了，可以清楚地看到学生进行图形运动的全过程，再现了学生的思维过程，能及时发现学生存在的问题，这是传统教学达不到的。

三、"一对一"数字化教学带来的思考

在教学实践中，运用平板电脑进行"一对一"数字化教学有很多优点，但过程中发现的问题也引发了我的思考：

（1）怎样让学生自主管理好平板电脑的使用？因为，我发现班上有的学生自控力不强，趁老师不注意，就想把平板电脑拿出来玩一玩，这样会影响学生的视力和学习，家长也有这方面的烦恼和担忧，怎样解决这个问题，有待进一步探讨和研究。

（2）怎样在有限的课堂时间内完成教学任务？由于课堂时间有限，每个学生完成学习任务的时间又不一致，等待全班学生提交课堂作业的时间太长，或学生交流评价太多，导致当堂完不成教学任务，需追加 1 到 2 课时才能完成教学任务，怎样解决这个问题呢？

（3）怎样让学生运用平板电脑对数学进行深入的学习和小专题研究？因为到了小学高段，有的学生各方面能力都较强，如何引导和激发他们充分运用平板电脑，对数学问题进行深入的学习和研究，探索数学领域里的奥秘，有待学习、实践和探究。

参考文献：

1. 朱永新. 未来学校：重新定义教育［M］. 北京：中信出版社，2016.
2. 靳玉乐. 自主学习［M］. 成都：四川教育出版社，2005.

成都市泡桐树小学西区分校　张彩霞

在"一对一"电子书包互动题板中探索
学生解题的信息处理环节

摘　要：1948 年，数学家香农在题为"通讯的数学理论"的论文中指出："信息是用来消除随机不定性的东西。"信息与我们的日常生活和工作密不可分，获取信息并对它进行加工处理，使之有用并能发布出去的过程，称为信息处理。本文尝试从信息处理的角度，以四年级上册的习题为例，分享一些在"一对一"电子书包的互动题板使用中发展学生数学思维的教学发现。

关键词：思维　信息

在学生直面的题目信息中，最初收集到的信息不可避免地呈现出原始化、表面化、或孤立凌乱、或似是而非的现象，比如题目中最先引起注意的数字信息、被学习者部分抓取熟悉断章取义以及分别能理解但合起来不能理解的情况。学习者需要对这些信息进行有效的处理，达到分类、有序、建立联系，才能进一步利用。在信息加工的过程中，提取意义、转化形式、排列组合、比较判断，可以创造出新的信息，使原有的信息具有更高的使用价值。

在实践中使用"一对一"电子书包进行教学，学生可以把自己的初步思考、再次思考甚至深度思考的过程呈现在互动题板上，这常常让我想到计算机的工作过程——可以用"输入、处理、输出"六个字概括为三个主要环节，那么学生的数学思维在解题过程中是否也有这样的主要环节呢？如果有，那我们就可以针对每个环节的主要功能，发展学生的核心能力，从而提高数学解题能力，发展数学思维水平。

经过对四年级上期部分思维拓展题的教学反思，本人认为数学思维在解题过程中总是包含"记录直接信息""计算间接信息"和"推理隐藏信息"三个主要环节，加上"整合表达信息"，对应传统认为的答题步骤"读题审题、列式计算、检验作答"。下面就选取一些学生习题中遇到的困难、错误、困惑问题，探索这几个环节如何有效发展学生的数学思维。

一、记录直接信息，达到数学直观，提升获取信息的能力

学生的大部分困难是因为"不读题""读不懂题"，大部分错误是来自"没仔细读题""没读懂题"，大部分困惑是源于"误解题意""不理解题意"。

老师通常会采用养成良好学习习惯的教学策略，培养学生逐字逐词指读题目，反复几遍朗读题目，勾画圈点标注题目。这些良好习惯，首先能起到"不遗漏信息"的作用。学生由于遗漏题目信息而造成的错误数量相当庞大，可以看出儿童此时的思维水平受到"获取信息能力不足"的局限。研究"记录直接信息"的环节，可以有效改善"遗漏信息"的现象，提高儿童"获取信息的能力"。

另一方面，到了小学中年级，十岁左右的儿童不仅具有一定的思维发展基础，而且还能初步反思自己的认知活动。从元认知的角度看，很有必要引导学生对解题过程本身所涉及的思维策略进行学习。研究"记录直接信息"的环节，可以促进学生对思维活动本身的觉察，提高思维可视化的能力。

（一）图、文、符号三者转换，熟悉同一思维对象的不同表达形式

以一道多位数习题为例（如图 7-24 所示）：

思维拓展练

> 12. 乐乐家的电话号码是一个八位数，已知百万位上是6，万位上是7，任意相邻三个数位上的数字之和都是18。你知道乐乐家的电话号码是多少吗？

千万位	百万位	十万位	万位	千位	百位	十位	个位

图 7-24 利用互动题板记录学生获取和记录信息的过程

在这个互动题板上，老师预先在纯文本的习题之后呈现出"数位顺序表"，这既是对本课重点知识的再现，也是对学生思维可视化具体方法的一个启发。

思考一段时间后，不少同学开始遇到阻碍，想要提问、交流、学习，我们结束练习提交互动题板，用以交流展示汇报当前的思维进展。首先发现第一步是比较一致的：把"百万位上是 6，万位上是 7"直接填写进数位顺序表。题目中有直接文字依据，我们把这一步就称为"记录直接信息"。

第二步也有很多同学能够发现："相邻三个数位上的数字之和都是 18"，那么"6"和"7"中间的"十万位"就呼之欲出。这里，新信息出现了，是经过已知关系计算得出的，需要列式表达。像这样依据题意已知关系，可以列式计算出新信息的环节，我们称为"计算间接信息"。

接下来便是推进思考的关键步骤了，第三步首先需要填入算出的信息！填

入后再读题目,搜索有没有什么题意是刚才忽略掉了或者还没派上用场的?于是锁定"任意"这个信息,任意相邻三个数,可以从已知的相邻两个数联系到旁边的那一位!也就是从十万位、万位可以推出千位,从百万位、十万位可以推出千万位,再继续可以从万位、千位推出百位,等等。

以上第二、三步,都必须建立在同一个前提下,那就是每一次推算出新信息,都应及时记录在数位顺序表中,使自己思维活动的成果能够与已知信息建立关系。记录直接信息,记录思维过程中的新信息,才能使进一步的思考、计算以及发现规律等活动顺利进行下去。

(二)主动使用数学模型,熟悉不同思维对象的数学直观形式

在上一例中,有的同学直接使用表格模型(数位顺序表)就完成了这一系列的思维活动,而另一些同学还相应写出了减法算式,呈现出计算的过程。当我们明确方法后,再次截屏一份只记录了直接信息的材料,发送为互动题板进行思维展示,孩子们有了更多地发挥:有的想请出计数器来移多补少,有的发现了一串数的规律,也有的写出每一个减法算式从而发现减数和差的变化规律……而对于一开始就思考得很顺利的那部分同学,引导他们思考"这样的问题只能解决八位数吗?""这个规律能不能延续、扩展?""你能利用这样的关系创作另一个拓展题吗?试着口头出一道。"这些问题。

互动题板促进学生主动使用数学模型,熟悉一个思维对象的各种数学直观形式。下面是互动题板呈现数学直观的另一例(如图7-25所示):

思维拓展练

8.一个数,用"四舍五入"法省略亿位后面的尾数约等于10亿,这个数最大是多少?最小是多少?

十亿位	亿位	千万位	百万位	十万位	万位	千位	百位	十位	个位

图7-25 利用互动题板推动学生数形结合的数学表达

发送互动题板让学生记录直接信息10亿,在理解"四舍五入"的时候很多学生始终有这个困惑:"是舍去哪一位上的十?""其他位上的数考不考虑?"这些困惑正是学习近似值中的难点,而且常常是一道题中明白了,换一道题又

困惑。解决这个疑惑，不仅需要对计数单位深刻理解，抓住四舍五入"到哪一位"这个信息，而且还需要培养一定的数学直观意识，才能超越一般方法的记忆——应用思维模式。

从文字信息"省略亿位后面的尾数"可以知道，这个近似值是精确到亿的，换句话说，1亿1亿地数，在数轴模型中可以直观表示出相邻的9亿、10亿和11亿，目标范围一定在这个区间内，不可能超出图示的范围。此时再截屏发送题板，学生在图中标出这个数可能的范围，呈现出了思考的过程和结果。

展示交流汇报中大家发现，第一步确定计数单位，第二步折中取半，第三步考虑四舍五入，进一步拨开了困惑的迷雾：为什么只需要看相邻低位上的数而其他位上的数不需要考虑。同样对于一开始思考就很顺利的同学，引导他们延续思考："这样的问题还能变成四舍五入到哪一位？""换一个数试一试，出一道这样的题目给大家练习"。

通过互动题板的二次截屏发送，推进学生对信息的记录、创造和挖掘获取，有利于发展学生的数学理解和数学表达。

（三）重视问题整体的记录，避免片面化、部分化的主观挑拣和盲目筛选

有的时候学生长期学习过程中习得的一些"经验"反而会产生负迁移，对数学思维产生干扰和影响。一个具体的表现就是片面抓取信息，只关注表面的、熟悉的信息，产生断章取义式的联想，从而误解题意或误导自己的思考方向。

以一个教材上的问题为例：（如图7-26所示）。

5. 下面是小博士文具店9月1日至7日每天的营业额。（单位：元）

日期	1	2	3	4	5	6	7
营业额	293	285	292	297	302	316	312

(1) 估一估，这7天的总营业额大约是多少元？

(2) 照这样，请推算这个文具店9月的总营业额大约是多少元。

图7-26 北师大版数学四年级教材截图

在实际教学中，这个问题显得比较直白、简单，不太需要数学直观或思维工具的参与，大多数学生都能完整解答。如果关注同类型的问题在课后独立完成的情况，我们也能从学生的数学表达中发现信息获取中的偏差：

比如（2）小题，"照这样"是理解为"每天大约 300 元"还是"每周大约2100 元"？"9 月"是理解为"30 天"还是"大约四周"？这些文字背后的信息之间，有着如下的对应关系（见表 7-4）：

表 7-4　"照这样"

	"照这样"	"9 月"	总营业额
按天为单位：	每天大约 300 元	30 天	9000 元
按周为单位：	每周大约 2100 元	大约 4 周	8400 元

而断章取义式的表面化信息获取则可能是：用上一题获取的信息"300 元"或计算出的"2100 元"直接与文字中的数字"9"进行计算。

二、计算间接信息，建立信息联系，提高推理信息的能力

在观察学生解题时我们发现，实际上完全不会、无法下笔的情况极为少见，往往是能够大致做出一步或算到一半，或者相反刚开始完全摸不着头脑，一旦有提示或讲解，不用讲完也能积极地做出后半部分。这样的情况，一方面是因为题目本身处于学习者的"最近发展区"，内容一定与所学所掌握的知识有关，难度比基础有所提高但不会离学习者的现有水平太远。另一方面，从思维层次的角度切分这些"拓展题"，它们通常具有"题目信息多一点""建立联系多一步"或者"一个信息多次用""认知联系远一点"等特点。

当学生未发展出足够"记录直接信息"能力的时候，就会出现"一提示就会，一讲解就懂"的现象，解决问题比较依赖与人对话交流合作。而当学生具备足够的记录直接信息能力后，一些当前已经熟练掌握的数量关系，会第一时间促发学生的"列式计算行为"。对大多数学生而言，计算这项活动是最为自然最为直观的数学活动。

然而，很多孩子面对自己计算出的结果，无法识别这个新信息的属性：是什么、有什么用、如何用，陷入"手捧金碗无米炊"的思维困境中无法自拔，还会因为本来就多的信息又添新丁而倍感迷茫混乱。

如果仅仅停留于算出结果，就会出现"会一步""会一半"的现象，反映出学习者无法确定下一步的思维活动，学习者会采用放弃的对策。因此，"计算间接信息"的环节本身，其实属于我们基础知识基本技能层面解决得比较好的部分，这里仅作为完整思维过程中的必要环节，不做详细的对策研究。接下来，聚焦研究学生"思路卡顿"的现象，可以有效续航思维活动，提高儿童"推理信息的能力"。

三、推理隐藏信息，构造信息拼图，提高创造信息的能力

说到"推理"，很多学生都特别感兴趣。他们喜欢阅读含有推理元素的故事，喜欢寻找杂志中留下的智力问题，虽然面对推理问题常常猜测也常常猜不中，但丝毫不影响孩子们对"推理"这个词的喜爱。而数学解题中的推理环节，与以上所说的推理既有相同之处、相似过程，也有不同的具体内容。这些推理的相同之处，都是掌握了一部分的线索（也就是已知信息），利用线索之间的关系（也就是确定对应关系）以及线索与其他认知结构之间的联系，补充出缺失的信息，从而完善信息之间一一对应的直接联系。由此可见，已知信息、确定的对应关系以及相关的认知结构这三点，是一切推理能够进行的必要条件。由前文可知，如果学生未具备相当的获取信息的能力，遗漏了信息，又或者不清楚确定的对应关系，不会整理信息，那么再浅显的推理也无法进行。

另一方面，仅仅对题目给定的信息进行足够的处理，而缺乏对"已知信息与其他认知结构的联系"这方面能力的研究，依然会出现计算出间接信息后"思路卡顿"的现象。正如儿童阅读推理故事、挑战智力问题时通常会依赖"解密卡""小提示"一样，数学解题中依赖家长、老师或同学提示、讲解、帮助从而完成目标，是当前学生多多少少存在的主要解题途径。在这种以"提示讲解""同类建模"为主要策略来解决"思路卡顿问题"的单一学习方式下，就必定需要"见过这类题型"。显然，这一学习策略在"没见过的问题"上产生的效果与"见过数次的问题"上产生的效果，大相径庭。

因此，改善学生推理、解题过程中"思路卡顿"的现状，提升学生在"没见过的问题"中所具有的信息处理能力，需要变"想要提示"为"会找提示"，变"向人提问"为"向文字找含义"。

与推理故事、智力问题相比而言，数学解题更容易实现这一转变。推理故事、智力问题所联系的其他认知结构非常广阔，可以说包罗万象没有边界，如果缺失所需的认知结构，不知道就是不知道，"未知信息"只能从初次接触中开启了解之门，并不能起到建立联系、发展思维能力的作用。而数学解题所联系的其他认知结构范围有限，可以依据自己所学过所掌握的领域进行联想、搜索，所需的认知结构一定是已知的、只是暂时没有被想到的"失联信息"。可以说，每一次进行这样的搜索、唤醒，都是一次思维发展、一次思维自信的强化。

（一）依托数量关系，建立系统化模型，进行直接推理

系统化的思维，就是把本质属性相同的东西，分成一定的类别并归纳到一

定的类别系统中去的过程。我们的现实教学活动中,分类、列图表都属于系统化的思维活动,掌握数量关系也是系统化的思维,可以通过列表格来直观呈现思维过程。

以列表整理信息为例:(如图7-27所示)

思维拓展练

3. 甲、乙两队学生分别从相距18千米的两地同时出发,相向而行。一位老师骑自行车以每时15千米的速度在两队间不停地往返联络。甲队每时行5千米,乙队每时行4千米,两队相遇时,骑自行车的同学共行多少千米?

	速 度	时 间	路 程
甲 队			
乙 队			
相向行			
骑 车			

图7-27　利用互动题材整理信息促进深层思考

第一步,记录直接信息:将文中提及的路程与速度信息一一对应记录到表格中。表格首先起到对已有信息进行分类的作用,其次起到系统化的作用,利用确定的已知数量关系进行符号运算,而不仅仅是解决具体的中间问题。

第二步,计算间接信息:已知路程与速度,可以填出"相向行"的速度以及前三项时间,分别是"甲行完全程""乙行完全程""相向行完全程"。其中前两项不符合本题情境,舍去。此时的疑惑在于:以上信息与骑车人有何关系?学生的思路卡顿通常在这里,无法聚焦到问题的本质去进行联系。

第三步,推理隐藏信息:回到数量关系的表格系统中,骑车人的速度已知,需要推理的是他的时间与甲乙是什么关系?或者他的路程与甲乙是什么关系?返回到原题文本中再搜索信息:"在两队间不停地往返联络",意思是"甲乙行,他就行,甲乙相遇他就停",无法判断路程关系,但可以推理出"行的时间相等"!将上一步计算出的相遇时间复制入表格第四行,形成了已知速度与时间的数量关系,路程的计算呼之欲出。

(二)对照原始信息,筛查信息遗漏,进行认知联想

联想作为一种有效的思维方式,主要体现为"相似联想""接近联想""对比联想""因果联想"等。

以求角度问题为例:(如图7-28所示)

❓ 题目

把一张长方形纸如图那样折起来，其中∠1＝30°，你知道∠2等于多少度吗？

图7-28 求角度问题

第一步，记录直接信息：将30°标入图中。此时疑惑已经出现：只有唯一的信息，缺乏相关信息，缺乏有效系统化数量关系。联想思维在这里起到有效的作用：与计算角的大小有关的最基本信息包括直角90°、平角180°、周角360°，观察这里的图形特点，能够找到"平角180°"这个相关信息。

第二步，计算间接信息：将联想发现的180°标入图中，可以利用总量与部分量的关系，作减法计算，算得150°这个新信息。疑惑再次出现：∠2明显比150°小，它的左边还有一部分未知，还有什么信息能与他们建立联系呢？

第三步，推理隐藏信息：返回到原题文本中再搜索信息："如图那样折起来"，意思是"原来∠2在左侧虚线部分，现在折到右侧实线部分"。虽然没有直接数量信息，但是有明确的数量关系：左右两部分是相等的。结合上一步计算出的结果，得出"150°是相等的两部分，其中一部分是∠2"这样典型的数量关系，用平均分来计算。

（三）锁定解答目标，倒推信息找点，填补信息拼图

如果说从直接信息、间接信息出发进而建立联系的一系列朝向目标的思维活动是正向的、聚合的，那么从目标相关的联系一步步倒推来梳理所需信息，则是逆向而且具有发散特征的思维活动。

以另一个教材上的问题为例：（如图7-29所示）

8. (1) 商店从工厂批发了80台录音机，每台140元，商店要付给工厂多少元？

(2) 商店在卖出70台录音机后，开始降价销售。如果这批录音机全部售出，你认为商店是赚钱还是赔本？与同伴进行交流。

图7-29 北师大版数学四年级教材截图

当第一小题顺利地直接解决后，第二小题的问题开启了众多的疑惑："什么是赚钱？是不是就是一共卖了多少元？""什么是赔本？是不是降价销售少卖了多少元？"因为，利用文中直接信息，我们可以在数量关系的表格系统里算出不少项目，见表7-5：

表 7-5 根据数量关系计算

单价	数量	总价	意义
140 元	80 台	11200 元	?
160 元	70 台	11200 元	?
138 元	（80-70）台	1380 元	
（160-140）元	70 台	1400 元	?
（140-138）元	（80-70）台	20 元	
（160-138）元	（80-70）台	220 元	?
160 元	80 台	12800 元	

以上都是学生在"计算间接信息"时有可能会得出的信息。此时，我们必须从解答目标"赚钱"的数学本质上理清这些计算的意义，从而建立有效的联系。

第一行表示"成本"，当卖出的收入与成本相等时，称为"回本"，不赚不赔；当卖出的收入大于成本时，比成本多的部分称为"赚了多少"；反之，当卖出的收入小于成本时，比成本少的部分称为"赔了多少"。无论赚了还是赔了，"一共能卖多少元"都称为"收入"。

从这个目标回头梳理，表中第二、三行表示"降价前的收入与降价后的收入"，收入之和大于成本，超出部分是赚了多少元；表中第四、五行表示"降价前赚了多少与降价后赔了多少"，赚的比赔的多的部分是赚了多少元；表中第六、七行表示"降价后减少收入与原价卖完的收入"，两者之差是实际收入，还需要对比成本得出目标结论。

由此可见，如果在已经理解了"赚钱与赔本"和"收入与成本"的关系后，从目标相关的联系一步步倒推来梳理所需信息，将会比上述的讨论清晰和简洁很多。

四、回归列式解答，完善信息表达，提高传达信息的能力

如果说"记录直接信息""计算间接信息""推理隐藏信息"的一系列思维

过程犹如抽丝剥茧，层层深入，那么最终呈现出的答题过程，则要深入浅出、平易近人得多。在小学低段，学生已对"读题、列式、计算、作答"这几个解题步骤非常熟练，甚至可以说在某些学生的行为中表现得有如机械化流程。然而，这也造成了一小部分儿童出于不理解，把一些解题环节看作无意义的规定，出现机械模仿的错误、忘记漏写的错误、个性要强的表达等现象。

从信息处理的角度来看，每一个信息表达都包含了处理过程中的创新和表达传递过程中的规范。与获取信息能力相对应，传达信息同样需要达到不遗漏的信息表达能力。每一个数学解题的书面表达，都应体现逻辑有序、依据可查、结论可证、可读性强的信息重组特点。在此不再具体举例，仅以下列要点作为本文的总结：

1. 直接信息在先，间接信息突出，体现逻辑有序。

2. 强调隐藏信息，符号化推理过程，明确推理依据。

3. 解读计算结果，有意识进行判定，培养检验习惯。

最后，在书写工整带来的视觉美、态度美里面，可读性强的信息特点还包括所表达的信息对象唯一确定、完整无缺、思维过程可视化程度高。笔者将在新一年的"一对一"数字化教学中，继续进行案例的探索发现。

参考文献：

1. 杨飞，陈荣. 数学解题泄天机［M］. 哈尔滨：哈尔滨工业大学出版社，2016.

2. （美）德福林. 数学的语言：化无形为可见［M］. 桂林：广西师范大学出版社，2013.

3. 毕鸿燕，彭聃龄，于海霞. 儿童的直接推理能力及策略的发展［J］. 心理学报，2004（05）：558－562.

4. 刘孟兰. 提高小学生数学合情推理能力的策略［J］. 课程教育研究，2014（30）：64.

成都市泡桐树小学西区分校　钟　玲

网络学习三步走，计算能力巧提高

计算教学是小学数学教学中一个很重要的内容，纯粹的计算贯穿了整个小学数学的学习，同时它又和图形、几何统计、概率综合、实践等息息相关。数学计算能力是一项基本的数学能力，也是数学核心素养的基本组成部分，同时计算又是培养学生多种数学能力的基础，计算能力有助于提高学生思维的灵活性、敏捷性，进而有助于思维能力的培养。然而，在疫情期间网络学习是主要的学习方式，如何精准把控孩子们的学习状况，让孩子们在整体认知的同时实现数学思维的生长呢？接下来谈谈我们是如何利用在线资源与网络学习空间的融会贯通三步走发展学生的计算能力的。

一、"学"——网络空间学新课

我们知道学习知识的最佳途径是由学生自己去发现，在自我知识建构的过程中获得深刻理解，同时更易于掌握其中的规律、性质和联系，计算学习的关键在于对算理的理解。四川省教育厅为孩子们准备了云教电视课堂，清楚到位地将"计算"中每个知识点、重难点进行一一讲解，但我发现孩子们如果仅仅用"看"和"听"的方式很难真正理解算理，不能对计算能力的提高形成有力的支撑。根据孩子的年龄和认知特点，为了让孩子更深刻地学懂，我们将新世纪小学数学网的北师大版数学微课作为补充通过优学派网络学习空间来推送（如图 7-30 所示），让孩子们在微课的指导下进行操作，在动手的过程中去深刻理解和感悟算理。通过两种优质资源的配合教学下，孩子们对计算的算理理解透彻，计算过程中的逻辑思维得到了发展。

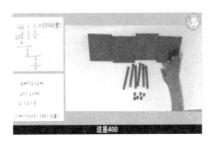
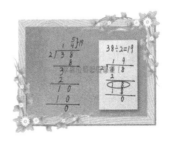
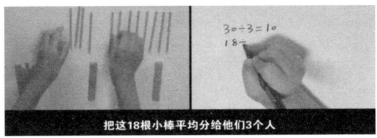

图 7-30　微课资源学习

二、"做"——网络空间做作业

"光说不练假把式",居家学习是否落实需要从学生对学习任务的完成情况来看。为了准确掌握学生的学习情况,每天课后学生都需要完成教材相应的练习,并及时通过优学派网络学习平台将作业提交给老师(如图 7-31 所示)。这时候我们发现:虽然居家学习素材资源是一样的,但孩子们个体差异却较大。

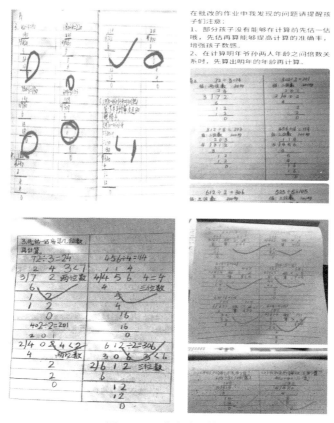

图 7-31 学生作业批改

正因为充分利用网络空间,教师可以对作业情况逐一反馈并对学生进行有针对性的指导,学生渐渐对自己出现的问题不仅知其然并知其所以然。在这个过程中,我们可以看到孩子们的计算能力在不断提高、数学思维在点滴生长。

三、"测"——网络空间测错题

在"学"和"做"之后,孩子们是否已经理解算理并且能够准确计算呢?为了能够更准确地掌握孩子计算是否过关,我选择利用网络学习空间,整理归纳学生作业中错误率较高的内容作为再生资源，进行"测"（如图7-32所示）。

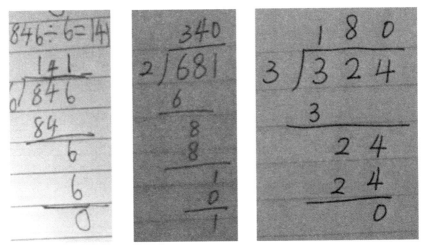

图7-32 典型错误梳理

通过测试，借助优学派网络学习空间的及时反馈，我可以很快掌握孩子们的准确率（如图7-33所示），了解孩子们的计算速度，而出错的孩子则能够在空间自动收纳的错题本中反复练习攻克难题，从而做到人人过关（如图7-34所示）。

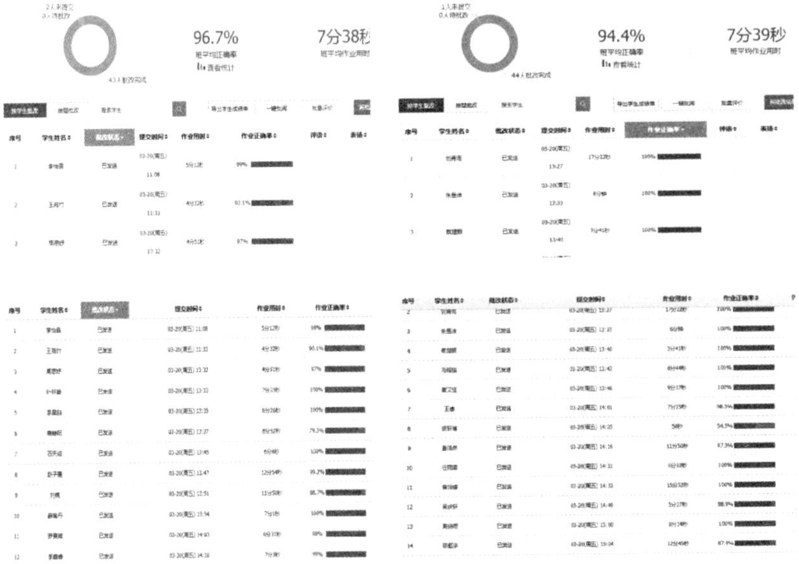

图7-33 学生测试用时及正确率统计

图 7—34 错题本难关攻克

通过"学""做""测",我不仅能够精准定位孩子在计算方面的难点问题，还能够将这些错误归类梳理，为返校后的查漏补缺提供有价值的教学素材（如图 7—35 所示）。

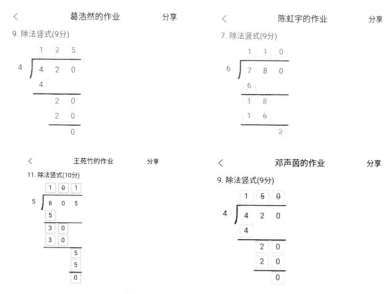

图 7—35 查漏补缺素材梳理

在网络学习空间里，我们对计算的学习探究还在继续，在后续的学习中，我会更充分地运用网络空间，引导孩子反思错例，及时将错例进行比较、辨析，在关注计算的正确率和计算技能过关的同时，我们还要更多地关注孩子们的运算思维，让他们的计算思维更加灵动。

参考文献：

[1] 中华人民共和国教育部. 义务教育数学课程标准（2011 年版）［S］. 北京：北京师范大学出版社. 2012.

[2] 林超宁. 小学计算数学教学方案［J］. 小学教学参考. 2015（09）：47.

[3] 郭宝珠. 提高小学计算教学实效性策略［J］. 数学学习与研究. 2012（04）：79－90.

[4] 李振，周东岱，钟绍春，等. 基于云计算的个性化网络学习空间研究［J］. 现代教育技术，2016，26（11）：114－120.

成都市泡桐树小学西区分校　陈丹、代阳兰

电子书包环境下的小学英语个性化学习探究

摘　要：电子书包提供大量的教学资源，也有课堂实时监控、互动题板、作业上传、空间互评等一系列功能支持小学英语的个性化学习。本文通过自身的电子书包小学英语课堂教学实践，总结出电子书包支持小学英语个性化学习的功能为：开展个性化学情诊断、组织个性化学习活动、进行个性化指导、形成个性化作品、实施个性化评价。

关键词：电子书包　小学英语　个性化学习

一、引言

《教育信息化十年发展规划（2011—2020 年）》指出"全民教育、优质教育、个性化学习已成为信息时代教育发展的重要特征"，并提出要"充分发挥现代信息技术独特优势，创新教学方式与教育模式，提升学生自主学习能力"。

个性化学习尊重个体的差异性，满足个性的学习需求，如学习策略、资源等，已经成为教育的发展趋势之一。而目前，我国基础教育大多还是以共性教学、大班教学为主，统一的教学方式，统一的教学内容，统一的教学进度，甚至统一的作业及评价，不利于发挥学生的主动性，不利于学生的个性化发展。

在这种情况下，电子书包应运而生。祝智庭教授提出，个性化、移动性是新一轮电子书包的关键所在。"无论课堂内外，学生都可以获得一个有趣而强有力的个性化学习空间；当与同伴一起时，又转变为一个和谐且高效的协同学习空间。"可见，通过电子书包我们可以构建个性化的学习空间，为学生的个性化学习服务。笔者试图通过自身的教学实践，探究电子书包环境下的小学英语个性化学习。

二、概念界定

（一）电子书包

电子书包的发展大致经历了萌芽、发展、成熟三个阶段。2008 年前，对电子书包的研究大多停留在以产品为核心的硬件研发与试用阶段；2009 年后，其产业链各部分逐渐整合、完善，电子书包软件（教学内容）逐步丰富、多元；在试点的过程中，电子书包软件试图与传统课堂进行融合，改变传统的学习方式。

国内第一个区域性的"教育部电子书包试点项目"负责人仇勇平副院长认为："电子书包是一个以学生为主体、个人电子终端和网络学习资源为载体的，贯穿于预习、上课、作业、辅导、评测等各个环节，覆盖课前、课中、课后的数字化环境，是学与教的系统平台。"

（二）个性化学习

个性化学习是针对传统教育提出的发展学生个性的教育思想，最早是由美国著名教育心理学家布鲁姆提出的，是指教育者根据学习者的个性特征实施教育活动，充分发挥学习者的主动性，在促进学习者全面自由协调发展的基础上促进学习者个性的发展。

个性化学习充分考虑了学习者的个性差异，从学习者自身的兴趣与需求出发，使学习者的能力与个性获得最大发展。电子书包提供的数字化环境能够使教师方便了解每位学生的学习水平，进而推送个性化的学习内容，提供个性化的指导，学生选择适合自己的学习方式，也可自定步调进行学习。

三、电子书包支持下的小学英语个性化学习

笔者在自身的电子书包小学英语课堂教学实践中发现电子书包能有力地支持学生的个性化学习。电子书包的课堂监控功能、自动评分统计等功能能精确反馈学生的参与、理解和掌握情况，便于教师提供"私人定制式"的帮助；句子发音练习等软件以及视频、音频等丰富的学习资源能满足学生个性化学习的

需求；个人学习档案更是为学生提供了个性化的学习空间。

笔者通过自身的教学实践，总结出电子书包支持的小学英语个性化学习的功能为：开展个性化学情诊断、组织个性化学习活动、进行个性化指导、形成个性化作品、实施个性化评价。

（一）开展个性化学情诊断

人民教育出版社（一起）小学英语二年级下册 Unit 5　In the park 的第二课时，教师布置课前导学，通过听力题、图文匹配题检测学生对于第一课时单词的掌握情况。在大数据的支持下，电子书包对学生课前学习行为进行分析，提供学情诊断，并反馈每位学生的学习情况。教师能够了解所有学生对于单词的掌握情况，也能了解单个学生的知识漏点，发现学生的个性差异，总结学习问题，便于及时调整教学。

（二）组织个性化学习活动

在传统英语课堂中，学生接受相同的学习内容，对话讨论的 topic 也大致相同，学生的语言输出也差异不大。Unit 5　In the park 第二课时，学生需要在情境中运用 There is a ＿＿＿ on the ＿＿＿.　There are ＿＿＿ in the park.　主功能句。传统课堂很难创造丰富的情境，但电子书包的互动题板功能给予了很大的方便。教师引导学生在互动题板上任意选择公园景物，设计自己喜欢的公园，并和同伴用主功能句讨论。提供的公园景物是多样的，学生的选择是个性化的，设计成的公园情境是丰富的、个性化的。在丰富的情境中，学生可以根据自己的喜好、自己的知识水平进行个性化的语言表达。如 The rabbit is under the tree.　The butterflies are on the flowers.　The boy is on the horse.

同时学生还可查看其他同学设计的公园，并用主功能句描述。这在无形中扩大了学生的语言素材，给予了学生更多个性化的选择。

（三）进行个性化指导

Unit 5　In the park 第二课时，在学生学习、理解、听读能初步运用主功能句后，教师通过在电子书包平台设计 "Finish the blanks according to the picture" 让学生进一步巩固所学词汇、句型。

题目为：

There is a boy on the ＿＿＿.

There is a boat on the ＿＿＿.

＿＿＿ a lake in the park.

There is a ＿＿＿ under the tree.

_____ birds in the park.

They are all in the _____.

如在传统课堂上，老师需要为每位学生准备题单，并且师生比是 1∶N，老师大多数情况下只能和部分学生进行互动，很多学生无法得到老师对自己学习绩效的及时反馈和个性化指导。而电子书包支持下的课堂可以实时跟踪学生的答题进度，并实时查看已完成同学的正确情况。这就为教师对学生的个性化指导提供有力依据，教师可以针对性地对未完成同学进行提醒，对有错误的同学进行精准地辅导，提高了每位学生的学习效率。

同时，在学习过程中，电子书包会为每位学生形成学习记录档案袋，会把学习者容易出错或混淆的知识记录下来，并自动生成强化练习，学生可以根据自己的情况进行补救学习或拓展学习。另，电子书包的"句子发音练习"等互动教学软件能为学习的句子朗读评分，个性化地指导每位学生的英语语音。学生也可以上传自己的录音作品，教师可以便捷地了解每位学生对英语知识的掌握情况，并提供"一对一"的评价和指导。

（四）形成个性化作品

在学生学完 Seasons 单元，熟练掌握 spring，summer，autumn，winter 等单词，熟练运用 What's your favorite season? It's spring. 的功能句后，布置以下个性化作业，给予学生充分的自主选择：

Express your love to seasons with drawing，singing，reading or photos. 任选以下一种方式表达你对季节（春夏秋冬）的喜爱。

①唱关于季节的英文歌（课本歌或推荐歌曲）【录音】；

②朗读关于季节的文章（课本）或绘本（I am a bunny）【录音】；

③欣赏春天的美景并拍照上传【拍照】。

④做一张 seasons 主题的英文小报拍照上传【拍照】；

借助电子书包，学生可以个性化地选择作品呈现方式，如图片、音频、视频等，电子书包使得以上尊重学生个体差异的活动成为可能，学生可以根据自己的喜好、特长来完成作业，展示自己最优秀的一面，形成个性化的作品。有同学是通过唱英文歌来表达对春夏秋冬的爱，部分同学选择用相机和文字记录春天的美：I like spring. It's warm. I can fly a kite in spring. 也有同学选择做图文并茂的主题小报，学有余力的孩子会选择多种方式进行表达。

（五）实施个性化评价

1. 评价主体多元化

传统课堂，对学生的评价主要来自教师，教师很难对每位学生有针对性地进行个性化的评价。在电子书包课堂中，教师可根据答题情况、互动情况给予不同学生不同维度的评价。如在答题进行时，教师通过"表扬已完成"给予答题速度快的孩子正面的评价，通过"积极认真"表扬学习过程中态度端正、认真的孩子，同时也能表扬正确率很高的孩子。通过个性化的表扬，增强学生的学习自信心。

除了教师评价，不可或缺的是同伴互评。传统课堂的同伴互评只能局限于少数几位同伴之内，并且同伴是固定的。电子书包课堂为所有孩子提供了协同学习的空间，每位孩子可以收到班上任意一位同学的评价，所有的评价对于这位孩子来说都是有针对性的、个性化的，更能促进孩子的反思与成长。

2. 评价项目综合化

传统课堂的评价项目包括测试成绩、英语单词句子语音、故事表演、复述课文、课堂练习等检测，这只能局限于少数学生身上，无法落实于每位学习者。电子书包下的小学英语学习者可将朗读的单词、句子、故事，演唱的歌曲、复述的课文录音上传至班级空间，教师和学生都可以为之评价，指出优点并提出有针对性的建议。此举对低段英语学习非常重要，有利于学习者形成良好的语音语调与语言节奏。电子书包更能实时监测到每位学习者的课堂练习及测试的情况，给予有针对性的评价。

四、结语

电子书包的使用尊重学习者个体差异，在大数据、云平台的支持下，创建独立的学习空间，给予学习者特别的学习体验，营造多元化的学习环境，见证学习者的个性化成长。笔者在以后的教学实践中，还将继续探索电子书包支持下的小学英语个性化学习。

参考文献：

[1] 中华人民共和国教育部. 教育部关于印发《教育信息化十年发展规划（2011—2020 年）》的通知［EB/OL］. http：//www. moe. gov. cn/srcsite/A16/s3342/201203/t20120313_133322.html，2012.

[2] 吴洪艳. 个性化学习理念与翻转课堂教学模式的融合［J］. 现代教育技术，2015（08）：46−52.

[3] 阮滢. 新技术手段给力学习方式的变革——华东师范大学祝智庭教授谈"电子书包"［J］. 中小学信息技术教育，2011（02）：9−11.

[4] 仇勇平. 电子书包：建设数字化课程环境［J］. 上海教育，2011

（22）：40－41.

　　［5］邓晖，徐梅林. 网络学习环境之个性化属性调查及启示［J］. 现代教育技术，2003（01）：49－54.

　　［6］乜勇，姜婷婷. 基于电子书包的个性化学习空间的探索［J］. 现代教育技术，2013（03）：87－90.

　　［7］张玲. 电子书包支持英语阅读课中的个性化自主学习［J］. 中国现代教育装备，2018（06）：14－15.

　　［8］张红梅. 基于电子书包的英语个性化教学模式应用研究——以French Women Don't Get Fat 为例［J］. 现代职业教育，2018（02）：6－7.

　　［9］石静. 我国电子书包研究的热点追踪与趋势分析［J］. 中国现代教育装备，2017（20）：26－30.

成都市泡桐树小学西区分校　戴志容

此文章获得 2019 青羊区"现代课堂云策略"典型先进经验成果评选一等奖

信息技术环境下的小学英语单元复习课教学实践
——以人教新起点 3 年级上册 Unit 5　Clothes 为例

　　摘　要： 小学英语复习课不只是对所学语言知识的重复操练，而应引导学生进行有意义的语言实践提升及用语言的能力。随着"互联网＋"时代的到来，教师应整合新技术资源创设高质有效、个性与活力的英语复习课堂。本文结合教学案例，探讨小学英语单元复习课上如何立足教学实际，综合运用交互式电子白板和电子书包两类信息技术创设有序、有意义的教学活动，激发学生英语学习兴趣，拓展思维，提升学生的综合语言运用能力。

　　关键词： 交互式电子白板　电子书包　复习课　语言运用能力

一、引言

　　《义务教育英语新课程标准》指出，"基础教育阶段英语课程的任务是：激发和培养学生学习英语的兴趣，使学生树立自信心，并要形成一定的综合语言运用能力"。要培养学生综合语言运用能力，复习课起着至关重要的作用。高质有效的小学复习课不只是通过操练复习学生所学语言知识，最重要的是激发学生的学习兴趣，并调动学生的思维引导学生综合运用语言，让学生在复习语言的过程中运用语言，产出语言的过程中提升语言的交流和表达能力。

《义务教育英语新课程标准》也明确指出，"教师要充分利用现代教育技术，开发英语教学资源，拓宽学生学习渠道，改进学生学习方式，提高教学效果。"结合小学低龄儿童特有的心理和生理特点，在人教新起点 3 上 Unit 5 Clothes 复习课教学中，教师适时选用 SMART 交互式电子白板和诺亚优学派电子书包技术创设有序、有意义的教学活动，在激发学生学习英语兴趣的同时，拓展学生英语思维，提升学生的综合语言运用能力。

二、运用诺亚电子书包开展课前测活动关注学情

运用移动终端诺亚电子书包的"一对一"数字化环境创设课前测学习活动，帮助教师真实了解学生分层学情，指引课堂教学活动设计和开展。英语大班复习教学中，学生的英语发展能力各不相同，要设计有效的学习活动激发学生学习兴趣，前提是教师必须真正把握学生的学情，然后结合学生的年龄特点和学生容易接受的学习方式，创设能激发学生参与兴趣的活动，这样才能增加学生的情感认同，让学生感受到英语学习带来的乐趣，促使学生以积极的心态参与学习。

我校从 2014 年引进诺亚舟电子书包开展课堂教育信息化的教学创新。诺亚舟电子书包是移动终端类教学设备，在教学中对学生注意力与学习动机有极大刺激，并能迅速对学生的学习反馈进行统计和分析，因此教师"可以根据学生的认知水平设置不同的教学目标，利用课堂上人手一机的优势，让每一个学生都积极地参与整个教学的过程之中，实现师生、生生、人机之间'一对一'、完全个性化的教学互动，每个学生都能够得到更多被关注的机会"，从而带给课堂全新的教学模式。

准备人教新起点 3 上 Unit 5　Clothes 复习课教学活动前，教师结合该年龄段学生的学习特点，创设游戏类课前测活动，在课前通过诺亚舟电子书包发送到学生的课前学习板块。

Unit 5 的主题是衣物。教师在课前通过平板电脑发送学生虎口拔牙和单词汉堡两个词汇类小游戏，一方面，旨在凭借课前测活动帮助和督促学生复习和巩固与话题相关的语言词汇（如图 7-36 所示）。

图 7-36 电子书包的虎口拔牙游戏

配乐欢快的听词、拼词闯关游戏激发学生的参与兴趣，学生完成积极性非常高，每个学生的参与才能确保教师全面了解学情。

另一方面，根据诺亚舟电子书包的即时数据反馈，教师能关注到学生个体对相关语言词汇的掌握情况，这为教师设计和调整课堂复习活动提供了指导（如图 7-37 所示）。

[虎口拔牙]虎口拔牙[clothes, cap, scarf...]
总分值 100分   完成时间1分钟   得分 83.2分

题目内容	答题结果
clothes	×
cap	√
scarf	√
vest	√
gloves	√
jeans	√

[虎口拔牙]虎口拔牙[clothes, cap, scarf...]
总分值 100分   完成时间1分钟   得分

题目内容	答题结果
clothes	√
cap	√
scarf	×
vest	√
gloves	√
jeans	×

图 7-37 虎口拔牙游戏的数据反馈

根据数据反馈的结果，教师才真正知学生所难，想学生所想，创设适合各层次学生的、层次递进、内涵丰富、目的明确的复习活动，满足学生的学习需求才能真正激发所有学生参与课堂的兴趣，才能让激发学生学习英语的兴趣这一目标落到实处。

三、综合运用信息技术开展情景下的应用实践类活动激发学习兴趣

英语新课标的情感态度标准中对英语初学者要求能"体会到英语学习的乐趣"，而激发学生的学习兴趣是实现"使学生形成初步的综合语言运用能力"这一英语教学总目标的关键。教师立足学情，发挥信息技术的优势创设情景下的应用实践类语言活动，引导学生在快乐地使用语言的过程中夯实所学语言知识，同时也适当拓展话题下的相关语言知识，满足各层次学生群体的学习诉求，激发学生的学习热情和自信心。

在人教版新起点 3 上 Unit 5　Clothes 复习课上，教师立足教材对话创设动态发展的情节贯穿整节复习课，引导学生进入各个情景开展形式丰富的应用实践类活动。

（一）运用诺亚舟电子书包开展游戏体验活动

为引导学生参与游戏体验活动，教师巧用教材内学生熟悉的单元对话情景过渡到诺亚舟电子书包互动页面创设的换装游戏体验情景（如图 7-38 所示）。

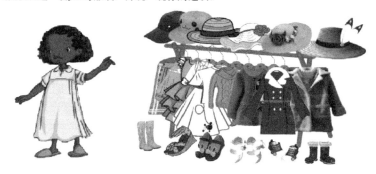

图 7-38　诺亚舟电子书包上的换装游戏

教师首先引导学生在教材对话情景中分角色扮演 Ann 和 Ann's mother 复习本单元核心句型。

接着点击自制课件，诺亚舟电子书包教师教学平台上弹出 Andy。教师请

所有学生扮演 Andy，猜猜 Andy 过来说了什么。"What does Andy say? Guess please."

随后，教师点击出现 Andy 的对话提示（如图 7—39 所示）。

图 7—39 基于教材对话的拓展提示

最后，教师提出对话中 Ann 的困惑，请学生为 Ann 提供自己的意见（如图 7—40 所示）。

图 7—40 基于教材对话的拓展情节

此时，情节发展自然过渡到换装游戏情景。换装游戏凭借诺亚舟电子书包的互动页面功能制作完成，教师可以将该游戏页面发送给学生，学生在平板电脑上拖动衣架上的服装给 Ann 换装，同时说一说自己的建议。

正是因为每个学生都可以根据自己的喜好拖动平板电脑上的服装给 Ann 换装，极大激发了学生开口给出建议的热情和信心，学生都快乐地动手和动口参与到游戏中。

活动结束，学生将自己完成的换装页面发送给教师，根据换装图片的直观反馈，教师能够立即获知学生的不同想法，随后教师在相同的想法内只选择一到两名学生在班级陈述自己的建议，同时在教学平台上依次呈现该图片（如图7−41所示）。如此，有相同想法的各个学生也能再次通过语言输入回顾自己的练习。由于反馈页面是学生的课堂生成，所以学生们都踊跃表达自己的建议，而其他听建议的同学也非常乐意倾听别人的建议。

图 7−41　学生换装游戏反馈页面

换装体验游戏融入情节发展中，充分发挥了平板电脑的"一对一"数字化环境和即时数据反馈的优势，增加了语言练习的趣味性，帮助学生快乐地实践语言。

（二）运用 SMART 互动电子白板开展情景下的游戏类活动

为了进一步激发学生用语言的兴趣，教师尊重儿童活泼好动的年龄特点，结合续编的情节发展运用 SMART 交互式电子白板创设游戏活动增强复习课的趣味性，引导学生在复习语言的过程中真正动起来，做到动脑和动口提升语言表达能力。

SMART 交互式电子白板作为一种新型的现代化多媒体办公教学设备，在教学应用中，"对学生注意力与动机的影响是交互式电子白板的显著优势之一"，从而带给课堂一种全新的教学模式。

Unit 5 Clothes 复习课上换装游戏活动开始后，教师引导学生跟随情节发展来到 Ann 参加的 party，在 Ann 的聚会上一起玩小丑带来的游戏（如图7－42所示）。

图 7－42 引导学生过渡到聚会情景

教师运用 SMART 互动电子白板自带游戏模板创设三个层次的游戏。

第一个游戏是一个形似骰子的蓝色正方体，六面各有六张提示图片，点击骰子就会旋转，停止像想骰子一样呈现其中一面，点击者扮演小丑提问"What should I wear today?"而其他学生则需要根据图示提示做出判断，并运用"You should wear..."提供建议（如图 7－43 所示）。教师通过和学生师生互动引导学生参与游戏，接着邀请学生上前扮演小丑，开展生生互动的游戏活动。

图 7-43　骰子的六面图文

第二个游戏是一个中间指针可以转动的圆盘,点击指针转动,指针停止指向对应的提示情景图片或词条(如图 7-44 所示)。该游戏的提示图相比第一个游戏范围更广泛,也出现了提示性语言。以目的一致,但形式各异的游戏持续激发学生参与活动的兴趣,也推动了学生在游戏中进阶语言。

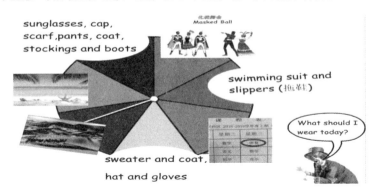

图 7-44　转盘游戏

第三个游戏是小丑的魔法青蛙,点击青蛙,蛙嘴里会弹出相关服饰建议词条(如图 7-45 所示)。教师点击并选择不同小组,横排和纵列等不同分类的学生根据呈现内容回答。该游戏运用 SMART 互动电子白板的动画效果继续通过游戏促成学生输入和输出语言。

图 7-45　魔法青蛙游戏

三个层次递进的 SMART 电子白板游戏由图片过渡到文本，以不同的游戏模式带来刺激，轻松激发不同层次的学生的学习兴趣。学生自信快乐地用英语做游戏，在游戏过程中真实感受到实践语言的乐趣，帮助所有学生夯实语言，也增加学生对学习英语的情感认同，为后续的拓展活动打下坚实的基础。

四、运用诺亚舟电子书包创设迁移创新类活动拓展学生思维

复习课上运用诺亚舟电子书包创设迁移创新类活动，能有效拓展学生思维，促成学生综合运用所学话题相关语言，提升学生的语言运用能力。拓展活动形式丰富多样，但重点是"如果语言内容能够不断更新，即使语言结构非常简单，学生也愿意倾听，并乐于参与交流"。另一个重点是拓展活动要有效调动学生思维，让学生积极主动参与产出语言。语言与思维相辅相成，语言是思维的外显，脱离思维的语言毫无意义，没有思维更严重的是导致无法正常组织语言，更无法表达。相反，活跃的思维能提升小学生尝试表达的热情，促成学生综合运用语言。

人教版新起点 3 上 Unit 5 Clothes 复习课上，教师立足教材，合理运用诺亚舟电子书包创设阅读后回信的教学活动拓展学生思维，促使学生活用语言。

在语言实践类活动后，教师运用 Andy 这一条线继续无缝衔接情节发展，教师运用自制课件直接出示 Andy 在电脑前阅读来信 e-mail 的图片过渡情节发展。

T：Look please! When Ann is at the party，what does Andy do？

Ss：...

教师提示学生，Andy 在读他收到的一封电邮。

接着，教师点击出现邮件全文，请学生大声朗读邮件来信。

随后，教师请学生根据 Joy 给 Andy 的来信请求回信。教师提供回信的结构支架，请学生填空给出自己的建议。需要学生填写的词条部分也是本课复习的重点，通过之前的学习活动学生已经夯实该部分语言知识（见三部分）。但回信中学生却不能随意填写，必须根据来信中提供的信息进行填写，这就需要学生对所需要信息进行了解和判断。

此时，教师利用电子书包给学生提供学习支架，学生在给出自己建议前可以进入电子书包的班级空间，点击进入教师课前上传的一系列与 Australia 和 Sydney 相关的阅读资源包进行查阅，查阅了解澳大利亚悉尼的天气、文化和相关景点等信息后，学生才能根据自己的理解，结合本单元语言知识完成回信的填空。

"一对一"数字化环境下阅读和填空结合的迁移创新类活动充分启发学生

思维,在思维碰撞中学生体会到成就感,感受快乐,都非常踊跃参与到活动中,语言和表达已不是负担,而是学生们分享想法的途径。

完成填空后,学生将回信拍照提交,教师组织学生进行阅读分享活动,此时语言运用的对错不再仅仅局限于拼写或发音的正确与否,而是运用语言表达的逻辑是否清楚。如节选的三篇作品中,学生们通过回信用语言表达了自己不同的想法,语言承载了学生思维的火花,反之也正是思维的外显促使学生不自觉运用语言。

分享活动后,教师继续将学生习作分享到班级空间,运用电子书包"一对一"数字化学习环境打破课堂时空的局限性,鼓励学生课后继续在班级空间这一平台上互相阅读,评分并提出自己的修改意见,利用学生课堂生成拓展课后阅读,继续提升学生的思维能力和综合语言运用能力(如图7-46所示)。

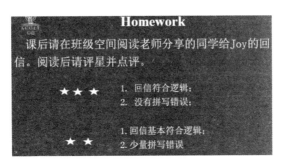

图7-46 课后学习任务

该迁移拓展活动借电子书包最大化拓展学生的学习途径,让不同学习层次的学生在自己最大能力范围内输入和输出语言,学生相关英语思维能力,语言知识的实践性和应用性同时得到高度统一。

五、小结

信息技术和学科整合只有立足于课堂才能提升和优化学科教与学。在人教版新起点3上Unit 5 Clothes单元复习课上,教师立足学科特色,充分发挥电子书包和交互电子白板的技术优势创设效率与效果兼具的教学活动。以此激发学生的学习兴趣,充分拓展学生思维,促成学生综合运用语言,真正达到复习语言的目的和意义,也进一步迈开信息技术与英语学科课堂整合的教学实践研究。

参考文献:

［1］中华人民共和国教育部. 义务教育英语课程标准（2011 年版）［S］. 北京：北京师范大学出版社，2012.

［2］朱晓芳. "一对一数字化学习"在小学英语 教学中的实践探索 —— 以《敏特英语 天天学》Lesson 16 为例［J］. 数字教育，2015．1（04）：76 －81.

［3］王陆. 交互式电子白板与教学创新从入门到精通［M］. 北京：高等教育出版社，2009.

［4］凌应强. 探究小学生英语表达能力的内涵［J］. 中小学外语教学（小学篇），2008，31（06）：5－9.

成都市泡桐树小学西区分校　周虹汝

"一对一"数字化环境助推小学英语课堂自主学习

摘　要：随着信息技术与教育融合的加速发展，教师不可能将所有知识传授给学习者，因而学习者自主学习能力愈发凸显。文章分析目前小学英语课堂的自主学习现状，充分利用"一对一"数字化环境的优势，从"创设有趣的导学""开展任务型研究""扩大思维的共享"和"设计个性化拓展"几方面入手，结合案例展开探讨"一对一"数字化环境助推小学英语课堂自主学习。

关键词："一对一"数字化学习　小学英语　自主学习

一、问题提出

国家主席习近平在国际教育信息大会上强调，因信息技术的发展，推动教育变革和创新，构建网络化、数字化、个性化、终身化的教育体系，建设"人人皆学、处处能学、时时可学"的学习型社会，培养大批创新人才，是人类共同面临的重大课题。在当今网络信息传播迅速，知识量大爆炸的时代，自主学习能力尤为重要，教育的任务必然要由使学生学到知识转成培养学生的自主学习能力。只有拥有自主学习能力的人，才能迎接日新月异的挑战，适应科学技术飞速发展的形式，永保竞争力，不被淘汰。

然而，受传统教学模式的影响，大多数学生在课前的自主学习意识淡薄，在课中的自主学习环境欠缺，在课后的自主学习能力欠缺。如今，"一对一"数字化学习使得多媒体教学内容进入常态化教学过程，让传统的单一学习环境逐渐转变为课堂网络、社会全空间学习环境，让单一的课本逐步转变为网络化、数字化和多媒体化学习资源。学生的数字化学习设备上可集成教学内容并相互连接，形成"一对一"数字化学习的学习共同体，学习档案和学习资源共享，记录孩子们的学习成长过程，这为培养学生的自主学习能力提供了各种可能。

二、概念界定

（一）"一对一"数字化学习

"一对一"数字化学习是指每人拥有一件数字化学习设备，并能够运用这一设备所提供的平台与资源，进行有效学习的理念、技术与方法（陈德怀等，2006）。在我国，"一对一"数字化学习项目通常称为电子书包。

（二）自主学习

自主学习与传统的被动学习和接受学习相对应，它以学生作为学习的主体，充分重视学生的主观能动性，通过学生积极主动地分析、探索、实践、质疑、创造、合作等方法来实现学习目标。它既是一种学习活动，也是一种学习能力。

三、小学英语课堂自主学习现状

小学英语课堂多以教师讲授、学生接受的方式为主，虽然自主学习受到广泛关注，有的教师也在培养学生自主学习能力，获得一定的成效，但问题依然存在。

（一）自主学习意识淡薄

传统的英语课堂过多强调单词、短语、句子等知识的识记，给学生的印象就是死记硬背知识点，英语学习没有真正融入学生的生活。学生对枯燥生硬的英语学习没有兴趣，或兴趣不高，自然不愿自主学习，不愿自主提前预习。

（二）自主学习环境欠缺

由于考试的反拨作用，大多数的小学英语课堂依然充斥着语言知识的直接灌输和语言技能的机械操练的现象，教师竭尽全力让每堂课知识满满，却忽视了真正意义上的学习活动的发生，学生在整个课堂中处于被动接受的状态，没有时间思考，更不能自主学习。

（三）自主学习能力欠缺

课后自主学习是与遗忘斗争的有力武器。然而学生对于枯燥的千篇一律的课后作业大多是完成了事，且太难或太简单的课后作业都不能促使孩子们自主学习。长此以往，学生不会自主完成额外的课后拓展，更谈不上课后自主深入学习。

四、"一对一"数字化环境促进小学英语课堂自主学习的途径

(一) 创设有趣的导学

《义务教育英语课程标准》提出，要合理利用和开发课程资源，给学生提供丰富的贴近实际生活、贴近时代、内容健康的课程资源；要积极利用音像、网络信息等丰富的教学资源，拓展学习和运用英语的渠道。在传统的英语课堂前，教师只是单纯的备课，备重难点，学生缺少英语学习的快乐体验，让英语学习仅为英语学习。而在"一对一"数字化环境下，教师重视学情分析，容易抓住学生的兴趣爱好，与所授内容紧密融合，创设生动有趣的课前导学，让学生还未上课就已经对所学课文满满期待，大大提高学生课前自主学习的热情。

1. 视频吸引

视频包括儿歌、微课、电影片段、名人演讲等。通过播放与教学内容紧密相关的视频，学生在视觉与听觉的双重刺激下，更能轻松理解教学内容，更能激发他们对教学内容的求知欲，大大提升学习兴趣，促进学生自主学习。如，在教授人教版小学英语（一起）四年级（上）Unit 3 Transportation 的时候，单元主题意在帮助学生通过学习不同的交通方式，能够在日常生活中根据不同地点的具体情况，选择适合的交通方式。因此，教师将与交通工具有关的儿歌 Transportation Song，提前发送给学生预热，朗朗上口的动画儿歌化解了课文词汇学习的枯燥，大大吸引了学生的学习热情，学生愿意去听唱，这有助于培养学生的自主学习能力。

2. 互动探讨

教师利用"一对一"数字化学习平台，查看学生的历史学习情况，整体把握学生的学习和认知水平，再通过信息化教学平台推送相应的互动题，学生完成并相互讨论。开放式的互动题目，会大大激起学生的参与兴趣，让学生主动参与探讨。以人教版小学英语（一起）四年级（上）Unit 5 Safety 第一课时为例，在课前，通过互动题板调动孩子们关于在校安全规则的已知 What actions are not safe at school?（如图 7-47 所示）这将课文内容与学生实际生活相联系，孩子们觉得书上的学习内容就是自己的生活，纷纷愿意表达自己的观点，也愿意了解其他同学上学的方式，整个过程都会积极主动参与到讨论中来，无形中促进学生在课前愉快地进行自主学习，学生以画作答，如图 7-48 所示。

图 7-47　儿歌导入

图 7-48　以画作答

（二）开展任务型研究

任务型教学法强调学生要在真实情景的任务驱动下，在探究完成任务或解决问题的过程中进行学习活动，从而自然地习得语言。在"一对一"数字化环境下，学生更能有利地根据自己的学习情况和学习步骤，从简到难，循序渐进地完成任务，扎扎实实地掌握每一堂课的内容，用自己的速度和方式自主地学习。

1. 自主听读

通常的英语课堂，教师为了完成教学目标，会以同一步奏统领课堂进度。

但这对于英语课堂中重要的听说课来说，学生的听力能力完全不一样，这样一刀切的教学方式会挫败很多学生学习的热情，打击学生的学习自信心。例如，以人教版小学英语（一起）四年级（上）Unit 3 Transportation 第一课时为例，PartA 部分通过具体的人物 Weiwei 的日常生活完整呈现本课的核心词汇，此部分是以短文人物自述的方式呈现，需要反复多听几遍才能完整呈现所有的核心词汇。而在"一对一"数字化环境下，学生可以根据自己的听力水平来决定听的次数，遇到不会的难点，可以反复听，从会读词汇，到认读句子，到流利读短文，真正做到按自己的步骤来学习。从战胜一个个小任务到攻克一个个大任务，学生的自主学习能力在不断提升。

2. 自主创作

教师在课堂中给出任务后，学生可以通过查找和收集与任务相关的资源和信息，进行自主创编对话，改编儿歌，续编故事结尾等大胆发挥自己的想象力和创造力。比如人教版小学英语（一起）二年级（上）Unit 5 In the park 第二课，学习句型 There is a/are... in the park. 的表达方式，教师可通过"一对一"数字化环境，给出设计你心中的公园的互动任务，引导学生通过拖动选图片，通过选择课外的图片，用复制克隆的方式来选物体数量，或通过自己手画的方式来设计自己心中的完美公园。在同一任务的驱动下，"一对一"数字化环境有效地帮助每一位学生进行精彩的自主创作（如图 7-49 所示），并且每一位同学的思考方式都可以被记录下来，这大大增加了学生自主学习的成就感。

图 7-49 个性设计

（三）扩大成果的共享

在"一对一"数字化环境下，优质的教学资源和学生个性化的学习成果都可以突破时间、空间的限制，得到最大限度的相互分享。学生按自己的需求自主搜集自己想学的资源，这种有效的学习方式和美好的学习体验，会让教育实现"质"的飞跃。

1. 自主查看

"一对一"数字化环境打破时间和空间的局限，实现真实世界和虚拟世界的融合，极大程度地拓宽学习资源，支持学生以自主搜索、自主学习的方式获得自己想学的知识。此外，学生还可以自主查看同学们、同龄人的学习成果，共同交流讨论，发表自己的观念和想法，与"志同道合"的同学一起自主学习，共同成长。

2. 自主展示

学生在线完成任务后，提交给老师，完成情况会自动反馈到教师端，学生端也会实时收到教师的评价与反馈。上传的学习成果同学间可以相互分享，相互评价，相互点赞，这会大大激发学生自主高效完成任务，并积极主动地展示分享自己的学习成果。

（四）设计个性化拓展

"一对一"数字化环境为实现个性化学习和因材施教提供了新的技术手段。学生学习行为数据和成长档案为教师提供个性化特点的学生信息，便于教师精准掌握学生的个性化学习需求，更好地开展差异化辅导，真正实现个性化拓展。

1. 自主练习

信息技术环境下的数据挖掘技术能让教师更好地进行布置作业。比如：有的需要重点掌握核心单词，有的需要灵活操练核心句型，有的需要熟读所有的课文，有的需要进行课文的改编。分层个性化的任务会帮助不同的学生根据自己的实际情况选择适合自己的练习进行学习，难度匹配的任务会让学生更乐于挑战自主练习。

2. 自主拓展

教师根据学生的课堂学习情况记录，有针对性地开展个性化辅导，为学生推送个性化的资源，帮助学生达到自己的最近发展区。个性化的拓展会让学生觉得自己是独一无二的，增强学生的主体性，促进学生积极投入课后自主学习。

电子书包环境下的小学英语自主学习能够将课前、课中、课后的自主学习有效地连接，极大地提高了教学的效率和语言教学的效果，同时对学生的听说能力和创作力的培养有着显著的促进作用。

五、结语

随着信息技术与教学的融合不断加强，各种各样的信息资源拓展了小学英语学习的渠道，但也对学生自己的自主学习能力提出了更高的要求。教师更要充分利用"一对一"数字化环境的优势，精心筛选网络优质资源创设有趣的导学，吸引学生自主预习；并积极开展以学生自己速度学习的任务型研究，鼓励学生自主参与教学活动；再充分利用随时随地的网络空间优势扩大学生的成果共享，激励学生自主分享；最后基于学情数据记录和分析，用心设计每一个学生个性化的专属拓展，促进学生爱上自主学习。这样通过"一对一"数字化环境精心筛选的导、研、共、拓多种高效活动，更能全面强化小学生对英语学习的理解，助推学生在信息化环境下形成自主学习能力。

参考文献：

［1］新华网. 习近平致信祝贺国际教育信息化大会开幕［DB/OL］. http：//www. xinhuanet. com/politics/2015 － 05/23/c ＿ 1115383960. htm，2015.

［2］张梦池，杨敏. 论小学生自主学习能力的意涵及其结构［J］. 科教导刊（下旬），2016（36）：145－192.

［3］中华人民共和国教育部. 义务教育英语课程标准（2011 版）［S］. 北京：北京师范大学出版社，2012.

成都市泡桐树小学西区分校　杨三斯

爱上探究　精益求精
——基于"一对一"数字化的小学科学探究式教学模式设计

摘　要：小学是孩子们打下知识基础的重要阶段，也是他们萌发科学意识的关键时期，因此小学科学作为孩子们的科学启蒙课，理应受到全面的重视。随着电子信息时代的快速发展，教师们也应顺应时代发展潮流，有效利用科技发展的福利，将新的信息技术和电子设备整合到日常教学中。本文结合教学案例，探索在小学科学课程中如何根据课堂实际情况，灵活利用电子书包"一对一"数字化学习的优势，成功实现探究式教学模式的开展。

关键词：小学科学　电子书包　一对一　探究式教学

一、课题背景

（一）教育信息化的时代背景

中国已经进入特色社会主义新时代，教育也要紧随历史步伐，在遇到突发事件例如新型冠状病毒或者地震等灾害阻碍我们上课的时候，为了让学生"停课不停学"，我们小学科学课堂也可以根据自身学科特点将信息技术融于教学中，它对于变革教育具有巨大潜力。

（二）新课标的目标与要求

新课标要求以学生为中心。在传统教学中，一名教师对多名学生进行授课，基本都是一对多的常规课堂模式。教师只能根据同学们的平均学习水平控制教学进程，这种教学模式很容易忽略或压抑学生的个体差异性，从而导致学生得不到更好的发展。看似教师在教学，学生在学习，但学生能否真正理解，能否达到学以致用的教学效果，就很难评判了。而运用"一对一"数字化学习，可以给学生提供相应的学习设备，让学生不仅可以根据自己的情况进行学习，还能及时收到教师的反馈与指导，从而达到因材施教及一对一指导的目的，以提高学生的综合学习能力。

（三）探究式教学的应用现状与问题

在小学科学中，学生通过探究式学习，可以掌握科学的方法，体验探究的喜悦。探究过程能够培养学生观察、思考、操作以及交流等多方面的能力。但由于传统课堂的束缚，教师不敢放手让学生进行实验探究，既怕课堂时间不充分，又怕课堂失控，还怕出现危险，从而出现不敢放手，教师代劳的情况。这种教学仍然是以教师为中心，没有真正调动学生的主动性，学生失去了很好的培养探究能力的机会。

（四）电子书包在教学中的发展与应用

互联网的发展为平板电脑、智能手机等支持"一对一"数字化学习的工具提供了基础条件。同时移动学习设备价格的不断下降，让移动学习设备在学校的普及成为可能。

现今国内很多小学，例如本学校（泡小西区分校）就在全校师生的共同努力下积极地去探索如何将"一对一"数字化学习运用于具体的教学活动中。

二、基于"一对一"数字化的小学科学探究式教学模式

（一）电子书包的概述——让探究式教学真正意义上的展开

电子书包作为一款致力于提高教育信息化、提高家校配合效率的产品，目前主要针对小学阶段的教育。电子书包不但有传统家校沟通功能，还能为师生提供更加丰富的信息技术环境，如数字化教育资源、学生成长史等。这些功能让它成为孩子们学习和生活的信息助手，变成一个真正意义上的"数字化书包"。让学生在不断实践过程中掌握电子书包的操作技术。每次科学课，进行分阶段有目的性的练习：

（1）学会优学派电子书包的基本操作——会正确开关机、设置账号、网上答题等。

（2）课外学生利用优学派电子书包自主阅读相关资料，培养学生的学习兴趣，扩大学生知识面。

（3）课堂中师生之间积极互动，及时反馈，促进每一位学生的自我发展。

（4）课后及时进行巩固复习，促进学生夯实基础。

（二）交互系统设计

课前学生与电子教材进行人机交互。为了加深对图文内容的理解，学生可以点击相应的动画视频等媒体资源（如图7－50所示）。对于教材中的习题讲解，教师点击答案按钮即可显示正确答案和讲解，同时附加的读书笔记可以实现实时记录的功能。

图7－50 学生使用平板

电子书包让教师摆脱了传统课堂的束缚，解决了学生学习差异带来的教学问题。教师可以在较短的时间内了解学生的学习情况，以便及时调整教学进度，同时给予个别学生特殊指导。学生的学习过程由被动接受老师的讲授变成了小组合作学习。同时系统可以统计每个学生的情况并及时汇总，如学生对某个知识点的掌握情况。如果想要解决这些问题，在传统课堂则需要占用较多时间进行统计。但如果使用电子书包进行学习，学生只需在自己的平板电脑上提交问题，教师就可以根据平板电脑显示快速分析结果。这样既能提高课堂效率，又能调动学生的积极性。

（三）管理系统设计

教师主要通过"课堂互动""课后作业""在线交流"等部分对学生进行管理。

"课堂互动"中学生以小组方式交流讨论，提交讨论结果。这部分内容的最大优势是可以在课堂上快速统计出学生对知识的掌握情况，教师可以根据学生的需求进行讲解，而不再是教条式完成教学内容。（如图7—51所示）

图7—51　平板资源库

"课后作业"完成的情况可以反映学生掌握知识层次的情况，教师再根据统计结果，在下次课堂互动环节对学生进行指导。（如图7—52所示）

图 7-52 互动课堂

"在线交流"不但实现了教师对学生学习情况的管理，同时也可以及时发现学生的心理问题，进行疏导，使学生身心得到健康发展。（如图 7-53 所示）

图 7-53 在线交流

三、基于电子书包的小学科学探究式教学的案例

（一）以小学科学课《声音的传播》一课为例来介绍电子书包的教学应用情况

1. 教材分析

《声音的传播》选自教科版小学科学四年级上册第三单元《声音》的第五课，属于物质科学领域下"声音"部分声音传播方面的内容。本节课是在学生已经学习了发声物体在振动、音高由频率决定、音量由振幅决定的基础上去探究声音传播的特点。

2. 学情分析

（1）学生年龄特点分析

四年级的学生正处于具体思维向抽象思维形成的阶段，学习积极性高，实验兴趣浓厚，基本具有动手操作的能力，但是基础知识薄弱，科学探究习惯尚未养成。

（2）学生前概念认识分析

学生在日常生活中已经对声音有了初步的认识，但是仍不知道声音的路线图、传播过程以及原理，通过本节课学生能够形象直观地通过"看见声波"等实验知道声音传播过程的知识，并且解释生活中"伏地听音"等一些与声音有关的常见现象。

3. 教学设计思路

本节课的设计采用探究性实验的教学理念，整节课围绕声音的传播来展开，一步一步带领同学进入声音的世界，根据本节课的特点，进行了以下处理见表7-6：

表7-6　探究实验

激光话筒引入	自主提出问题，筛选要研究的问题	猜想假设	设计方案	实验验证	得出结论	应用拓展	课堂小结
用自制魔力激光话筒进行引入，观察墙上跳动的红点	1. 红点为什么随着我的声音进行跳动？ 2. 声音是以什么形式进行传播的？	针对问题，学生进行猜想	1. 发现声波 2. 看见声波	学生进行实验	声音以波的形式传播	观看动画，解释"伏地听音"原理	交流总结，布置作业

4. 教学目标

（1）科学知识目标

理解到声音是以波的形式通过各种物质进行传播，声波遇到物体使物体振动。

（2）科学探究目标

善于提出问题，并能进行问题筛选分析。能够正确地进行"看见声波"实验，知道声音在不同物体中传播效果不同。

（3）科学态度目标

打破学生对声波形状的模糊概念，培养学生探究出真知的科学精神。

（4）科学技术、社会环境目标

了解声音的传播在生活中的应用，意识到古人智慧以及科学技术的应用对现代社会的发展有着深远的影响。

5．教学重点

声音路径图的绘制，振动快声波波动大，振动慢波动小。

6．教学难点

利用教具"声音显形器"观察声波的形状。

7．教具媒体应用

为了较好地突出本节的教学重点，并巧妙地突破难点，完成本节课的教学任务，本课应用电子书包多媒体教学系统辅助教学。

8．"明"教法，"会"学法

依据《科学课程标准》，本课在教学中更注重过程。教师在教学中作为专题学习的引导者，借助信息资源创设情境，利用电子书包提供交流探究的平台。让学生在电子书包的虚拟空间中进行探究式的、发现式的学习，通过"提出问题—合作探究—协作查找—交流发布"的递进活动，提高学生的科学素养和信息素养。

9．教学环节设计（见表7-7）

表7-7　教学环节设计

教学过程	教学内容	教师活动	学生活动	教学目的
自制教具，利用魔力激光话筒进行引入	利用自制的"魔力激光话筒"进行引入。为什么红点会随着我的声音跳动呢？就让我们带着问题开启今天的"声之旅"。关于声音你们还有哪些不知道的或想了解的问题呢？小组同学讨论，并把问题写在电子书包的答疑区内。这么多的问题我们不可能一起都解决，科学研究也要从基础开始了解，哪个问题是最基础的？同学们可以利用电子书包的统计软件，从大家提出的31个问题中进行选择	引导学生思考，写板书标题。自制教具：	学生将问题发布到电子书包的答疑区中。学生写完问题后，由于课堂时间有限，不可能对学生的问题进行一一作答，只能选取大家最想知道、最基础的问题进行探究，学生可以利用电子书包的统计软件，在大家提出的问题中进行选择	在电子书包的答疑区中，学生可任意写入自己急于解决的问题，为学生的沟通交流提供便利。同时通过统计软件，可统计出学生最想知道的也是最基础的问题，将其作为探究问题，这种设计极大地凸显了学生的主体地位
引出声波的概念	小组实验，得出结论：发声音叉接触水面，水面产生涟漪。运用类比法，把水波类比成声波。得出结论：声波像水波一样一个接一个传递，声音以波的形式传播 提出问题：波是什么样的形式呢？	总结并回顾知识点，提出问题，小组实验。影像演示实验过程	回顾知识点，小组分组实验并观察	根据类比法，学生初步了解声波像水波一样，从熟悉的事物入手，方便后面的学习理解

305

教学过程	教学内容	教师活动	学生活动	教学目的
实验探究"看见声波"	1. 准备器材 准备若干 A4 白纸、上下有孔的易拉罐两个、马克笔两支、剪刀、双面胶、透明胶等工具 2. 提出问题，画出猜想 猜想声波的图像，画在实验单上 3. 领取器材，进行实验 (1) 实验步骤： 利用视频播放实验操作步骤以及实验仪器使用的方法 (2) 实验注意事项： 开启电源键时应该注意用电安全，不能玩耍电池；波动红色琴弦时应观察俯视图 4. 得出结论 声音以波的形式进行传播，声波呈现波浪形，振动快，波动大；振动慢，波动小	实验前，利用交互式平板电脑讲述实验过程，注意事项 实验时，老师利用电子书包的直播功能将学生的实验过程在电子白板上展示出来，观察同学实验情况 实验后，同学展示实验结果，在电子书包上互相交流讨论，得出实验结论。	记录实验记录单，交流讨论声波的波动规律。利用电子书包的互评讨论功能进行评价交流	根据人眼视觉暂留原理，易拉罐的黑白条纹像闪光灯一样，振动的琴弦在一个个局部被"冻结"，又在视网膜上叠加形成新的状态，就好像出现了波纹 实验目的：根据此实验，学生对声波有了直观的感受，化抽象为具体，更好理解

教学过程	教学内容	教师活动	学生活动	教学目的
播放视频"伏地听音"	播放历史故事引入：古人在打仗时，采用"伏地听音"的办法来判断敌军距离	引导学生思考	联系生活经验回答问题	这个环节设计的主要目的是让学生能在已有问题、经验和现有信息的基础上，通过简单的思维加工，作出自己的解释或结论。能用自己擅长的方式表达探究结果，进行交流，并参与评议，能够对别人研究的结论提出质疑

（二）教学效果分析

电子书包里有许多关于"声音"专题的学习平台。教师可以根据教学内容，从多个角度入手，对知识点进行有机整合，形成专题知识库，让学生能从整体来认识事物。电子书包资源平台不仅为学生提供了完备的知识，还能为学生创造自主学习和协作学习的互动环境，使学生的学习方式进一步改革。电子书包不仅成为家校共享的平台，还为学生的课外学习添上更瑰丽的一笔。

四、结束语

探究式教学十分注重学生多元化发展，并极力提高学生的科学素养和信息素养，培养学生的创新精神和实践能力。若没有信息技术作为有力支撑，必将影响探究效率。在电子书包支撑的探究式教学中，学生可置身其中，真正能够看得见、摸得着"问题"，学生感受到了自由、开放的教学环境，并且拥有有力的探究工具和丰富的资源。师生角色进行反转，在教学中教师成为配角，扮演情境创设者、促进者、组织者、帮助者，学生成了课堂的主宰。电子书包可支撑个性化学习，并可实施公平教学，注重个体差异，极大地凸显了学生的主体地位。电子书包为学生的课外学习和家校共育增添了生机。基于电子书包的探究式教学希望能够为以后各学科开展探究式教学提供一定理论和实践依据，并为信息技术与课程高效整合提供重要的应用契机。

参考文献：

[1] 王俊霞. 思维导图式科学探究教学——以苏教版《声音的传播》一课

为例 [J]. 科教文汇（中旬刊），2016，362（09）：105－106.

[2] 徐红彩. 数字化教学资源的设计与开发 [J]. 开放教育研究，2002（6）：41－43.

[3] 李玉顺，焦辰菲，马沁妍，等. 一对一教学应用、推进策略与阶段模型研究 [J]. 中国电化教育，2015（2）：78－83.

[4] 刘繁华，于会娟，谭芳. 电子书包及其教育应用研究 [J]. 电化教育研究，2013，34（1）：73－76＋85.

[5] 章怡，牟智佳. 电子书包中的教育大数据及其应用 [J]. 科技与出版，2014（05）：117－120.

[6] 祝智庭，郁晓华. 电子书包系统及其功能建模 [J]. 电化教育研究，2011，（04），24－27，34.

成都市泡桐树小学西区分校　时晓菲　李晓凤

"一对一"数字化教学在小学体育课中的运用策略与反思

摘　要："一对一"数字化教学是基于互联网背景下的云教学与课堂教学的融合，其目的是促进教学相长，转变教学活动的主体，变学生的被动学习为主动学习。本文分析了"一对一"数字化教学在体育课堂中运用的优势和存在的问题，并对实施过程中的问题进行了反思，再提出"一对一"数字化教学在体育课中的运用策略。

关键词："一对一"数字化　小学体育　运用策略

互联网技术的进步推动着教育技术的更新。学校通过网络课程、微课、视频、翻转课堂、电子书包等"一对一"数字化教学为学生提供全方位、多元化的教学资源。各科教师将"一对一"数字化教学用于课堂教学，这样不仅可以提高课堂教学效率，而且为学生自主学习提供了强有力的保障。

在传统体育课堂教学中，教学活动的主体是老师，而学生在教学活动中，经常处于被动状态。这样一来，学生很难在课堂中发挥自己观察、思维和创造等综合能力。然而将"一对一"数字化教学手段运用到小学体育课堂中，能够弥补传统教学模式中的缺陷，丰富学生体育学科知识、提高学生运动技能、发展学生体育素养。

一、"一对一"数字化教学的概念及特征

英特尔中国区企业解决方案部教育行业经理贾晓明这样解释:"所谓'一对一'数字化环境,就是教学过程中有着非常丰富的说话内容,课堂以学生为主体,所有的老师接受着专业培训,学校有着很好的网络环境和非常棒的平台,以及组合完善的数字化环境",这个数字化环境是由五个方面组成,分别是丰富的数字化内容、具有信息化素养的教师、良好的硬件平台、流畅的网络环境,以及创新的教学模式。在这种环境中,只要有网络存在的地方,学生可以随时使用笔记本电脑学习,可以在教室,也可以在图书馆,甚至在路边——学习无所不在。

数字化的教学方式既能促使教师提高信息化处理的能力,又能提高学生的自主学习的能力。教师掌握先进的信息化技术并将教学内容和信息化技术结合在一起,在互联网中将各种教学内容融合在一起,让各种理论性知识、抽象性知识有更加直观的体验,最终拓展时间和空间的教学维度。笔者在实际应用中发现,应用"一对一"数字化体育教学,学生参与学习的热情度显著提高、体育技术掌握准确、体育知识的学习也更全面、体育课堂教学质量明显提高。

二、"一对一"数字化教学应用于小学体育课堂的优势

(一)利用"一对一"数字化体育教学,提高学生的学习兴趣

在"一对一"数字化教学的背景下,教学任务、教学活动、教学支持与教学诊断的过程都发生了改变(见表7-8)。

表7-8 "一对一"数字化教学过程中的改变

教学环节	创新变化
教学任务	从接受知识到运用知识
教学活动	从面对面学习到混合式学习
教学支持	从学习资源的依赖到资源与工具的整合
教学诊断	基于经验到基于数据分析

可见,"一对一"数字化教学归根到底是通过网络而进行的一种个性化学习,它把原来的教学设计理念进行了改革,能够强调学生个人兴趣的引领,同时兼顾大多数学生能力的培养。

"一对一"数字化体育教学中，教师们可以利用小学生最喜欢的动画人物形象或者小动物，将学生们带入到丰富多彩的童话世界，进而激发小学生主动积极参与到学习活动中。

（二）学生由被动接受到主动探索

运用"一对一"数字化教学模式以后，学生自己能够利用各种相关教学资源中的视频，运用分解、暂停等数字化形式进行自主学习，学生由被动接受老师的指导、被动学习到主动探索，提高了学生自主学习的能力。

（三）提升了体育教学的维度

"一对一"数字化体育教学活动必须通过网络充分利用多媒体设备、智能终端设备教学，让教师和学生在体育教学中的过程更加灵活多样，提升了体育教学的维度。通过网络而进行的数字化教学活动，让学生的学习过程不再受到时间、空间、气候等其他非教学因素的影响，从而进一步提高了体育锻炼的参与度。

（四）使学生终身受益的个性化发展得到培养

传统体育课堂教学不能同时满足不同学生差异化的要求，且体育运动种类繁多，具有竞技性或者对抗性，以及个体差异及个性化的发展，造成每个人有不同的长处、优势。"一对一"数字化教学活动过程中能根据不同学生对于不同项目、不同深度的学习要求进行调整，使学生学自己想学的项目、练习自己喜欢的项目，很好地弥补常规课堂在差异化教学上的不足之处，从而激发学生的学习和运动兴趣，养成一种自主体育锻炼习惯，使学生终身受益的个性化发展得到培养。

三、"一对一"数字化教学在小学体育课堂应用中存在的问题

（一）体育教学网络资源及体育数字化建设滞后

一方面学校数字化教学硬件配置滞后，而且存在使用频率不高的问题。教室内的数字化教学设备显然只能应用在室内课堂教学中。然而众所周知，体育数字化教学不是全部局限在教室内，如此一来便直接降低了体育教学数字化应用的使用率，限制了"一对一"数字化教学在小学体育课中的使用频率和范围；另一方面是数字化资源的获取问题。"一对一"数字化体育教学，的确能实现体育教学资源的多维度发展，但是在获取数字化资源的同时，还应该注重教学的合理性，数字化教学内容需要满足实际需求且有利于调动学生学习的积极性。

（二）数字化体育教学评价需继续完善

多维度的教学体系是"一对一"数字化教学的特点，对体育教学评价方式的完善是多维度教学的必经之路，就当前情况而言，"一对一"数字化教学质量的评价体系还存在一些问题：一方面"一对一"数字化体育教学评价最终仍然以学生的分数为主，考核形势依然没有改变，学生的体育综合素养无法如实体现；另一方面是教学考核的对象单一。"一对一"数字化教学实现了多维度教学，然而对于学生最后学习效果的考核仍然以分数为主，却没有一种评价方式是对教师的"一对一"教学效果进行考评。

（三）体育数字化教学的实际效果还需要更多的理论数据的支持

现有的"一对一"数字化体育教学模式并不能完全取代传统课堂教育，实际效果还需要更多的理论数据的支持。当前我们可以看到的是，"一对一"数字化教学模式，未来将更多从学生实际角度出发，教学将根据学生的差异化需求和个人能力合理调整学习项目和深度，从而使学生的实际学习需要与教学内容统一起来，让数字化教学更好地服务于教育，调动学生的进取心并培养学生的自主学习习惯。

四、"一对一"数字化教学在小学体育课堂中的运用策略

（一）互联网络链接系统为师生获取更多素材提供了便利

利用"一对一"数字化信息系统，无论是老师还是学生，在任何时间、任何地点都可以在信息平台上讨论、交流、观看各种教学资源，这为师生获取更多素材提供了便利。因此"一对一"数字化体育教学模式，既能为个体化差异的学生提供个性化的知识需求，又能为全体学生提供必学知识的基本保障。

（二）体育数字影像采集与保存系统

针对小学体育教学来讲，课堂教学模式下，教师对于理论知识的讲解，单一而枯燥，很难激发学生的学习热情，因此学生主动学习情绪不高。在采用"一对一"数字化体育教学后，体育教学内容能够更加形象生动地体现出来，有利于学生对理论知识的内化。"一对一"数字化教学中对体育信息的认知，就需要对数据进行采集与保存。把体育这种转瞬即逝的活动转变为可以及时保存的信息，并将这些信息作为之后教学研究的基本素材。

（三）体育数字影像编辑与再现系统

将体育这种转瞬即逝的活动转变为可以及时保存的信息后，再复制到可以

反复编辑制作和呈现的设备上，将体育活动的信息以一种全新的观察视角复现在设备终端。教师可以将学生在体育练习时的动作，用设备记录下来，当学生完成练习以后，播放学生练习过程中的视频，与学生一起评价整个练习的过程，学生就能通过比较形象的认识，对正确的做法有一个深刻的认知。这样无数次的回放为分析和研究提供了有效的技术保障。

（四）"一对一"数字化体育教学形式多种多样

"一对一"数字化教学具有教学形式多样、不受时空限制、能增加课堂互动交流、更容易激发学生的学习兴趣等优点。"一对一"数字化教学，可以很方便地采用录视频的方式把课堂重点难点记录下来，学生随时可以利用课余时间回看、回放、巩固练习；体育教师还可以把教学内容制作成微课视频播放给学生观看，这种模式下能更加直观反映教师的教学目的、形象地展示教学内容，运用"一对一"数字化的情景教学模式，引导学生进行自主体育锻炼。

五、结语

总而言之，"一对一"数字化体育教学不但能培养学生的运动爱好，还能帮助学生建立科学的运动理念，使其能提高自主锻炼的能力，增强自身身体素质。需要注意的是，"一对一"数字化体育教学的改革不是一蹴而就的事情，怎样驾驭数字化新技术，将其运用在体育教学中，亟须进一步学习，与时俱进，顺应时代变革。

参考文献：

[1] 张景远. 刍议数字化教学资源在初中语文课堂教学中的运用 [J]. 学周刊，2019（30）：139.

[2] 张松，赵广红，郑云宵. 基于自主学习的数字化教学研究 [J]. 硅谷，2010（05）：183－183.

[3] 刘莹. 浅谈数字化教学在体育教育中的应用 [J]. 无线互联科技，2015（23）：82－83

[4] 董世彪. 数字化教学场地在高校武术教学中的可行性研究 [J]. 体育科技，2015（04）：156－157

[5] 牛朕. 一对一数字化学习环境下培养中小学生 21 世纪技能的教学活动支架设计 [D]. 上海：上海师范大学，2012（02）.

[6] 苏海滨. 浅谈中职体育教学数字化的推进 [J]. 当代体育科技，2019（26）：65＋67

成都市泡桐树小学西区分校　方涛

空间互联，泡桐成林
——泡小西区未来班级抗疫保学记

2020 年初，一场突如其来的疫情打乱了我们的日常学习生活，也让孩子们本该正常线下学习的时间变成了居家线上学习。在这个特殊时期，泡小西区的老师们以"立德树人、五育并举"为指导思想，以争创居家学习"小达人"活动为学习形式，通过多元有效的在线教学，寓教于乐中与泡泡娃们共克时艰。在这场不一样的居家学习中，未来班级的老师们更是充分发挥网络学习空间个性化、开放性、联通性和适应性等特征，打破泡泡娃们居家学习的信息孤岛，在虚拟班级中与同学、老师多元交流，共同成长。

一起来看看未来班级是怎么做的吧。

一、从"传统课堂"进入"学习空间"

泡泡老师带领孩子们从物理空间的"传统课堂"进入了基于移动互联网和移动学习终端的"学习空间"。孩子们在网络学习空间中上传居家学习的个性化作息时间表，然后相互评价、借鉴和完善。"五育并举"中的体煅、眼操、写字、家政、特长发展、时事新闻等也出现在一张张作息时间表内（如图 7-54，7-55 所示），居家学习的内容和内涵逐步丰富起来。

< 　　　　　　唐一瑞的作业　　　　　分享

1. 问答题(100分)

请根据自身情况制定一张近期生活、学习"作息时间表"，拍照上传并点评。

我做的比较难懂，从内圈早上8.00开始——12:00就从外圈开始。最后到20:00又回到内圈开始睡觉。因为内圈是12小时制、外圈是24小时制,所以理解起来比较麻烦,但蛮好用的——唐一瑞

难度: 暂无

查看详情

图 7-54　个性定制作息时间表

图 7-55　学生点评

二、搭建自主学习支架，开展基于资源的前置学习

泡泡娃的学习过程不再受限于上下课铃声，学校教研组为学生搭建自主学习的支架（如图 7-56 所示），让孩子们可以像爬梯子一样，根据自己能力、进度开展基于资源的前置学习。通过空间课前检测的数据反馈（如图 7-57 所示），教师及时了解学生知识起点，准确定位教学重难点和学生学习的"真问题"。

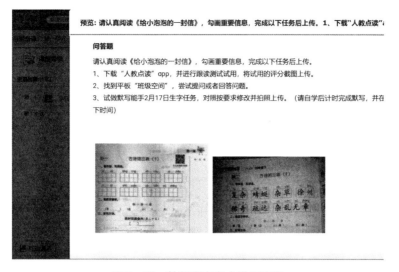

图 7-56　教师发布自主学习支架

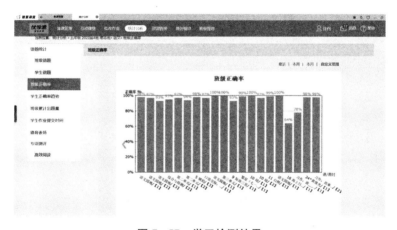

图 7-57　学习检测结果

三、根据真问题，开展真研究

泡泡老师们根据导学定位的"真问题"为学生推送适当的学习资源，支持学生开展自主学习探究活动。网络学习空间的互联互通助力学生在家也能开展个性高效的"基于真问题，开展真探究，确保真收获"的"真学习"（如图7-58，7-59 所示）。

图 7-58　学生制作关于疫情的统计图

图 7-59　学生用思维导图梳理学习成果

四、利用班级空间评估学习效果反馈学习增量

泡泡老师通过网络学习空间实时了解学生的学习情况，再利用班级空间及时指导学生，让他们能够针对教学重难点和个人学习进度完成靶向练习，评估居家学习效果，客观反馈学生学习的增量（如图 7-60，7-61 所示）。班级空

间打破了物理时空的局限，让不同地域、不同时间、不同层次的学生进行分层交流，形成互帮互助的学习氛围。

图 7-60 教师点评学生学习成果

图 7-61 教师分享和回应学生提问

网络学习空间传播正能量，学生将自己参与时政、坚持锻炼、感恩奉献、积极劳动、发展才艺的视频、文字、照片等分享到班级空间（如图 7-62 所示），在相互观摩、相互点评、相互学习的氛围里全面发展，做最好的自己。

图7—62 学生分享居家学习成果

成都市泡桐树小学西区分校 刘恋 张雪辉

第八章 社会对小学生自主学习力的关注及未来趋势

一、已产生的社会效益及影响

本研究成果可以为成都市七十多所"未来学校"乃至于全国的实验学校提供借鉴，可以推广实验。本课题研究成果对我省"智慧教育学校"的建设和发展提供了研究案例和经验。

（一）已产生的社会效益

1. 教师的观念及教学行为发生转变

有别于传统教学中教师占主导地位的课堂，自主学习中教师是教学活动的引导者、组织者，为学生的学习搭脚手架；为学生探究学习过程中提供有帮助的资源或学习材料。教师更多的是在后面推动学生获取知识，学习更多的自主性还给了学生。

蒋老师是一名有十余年教龄的语文老师，但是最近几年，他却感到语文课上得很郁闷：随着学段的升高，学生的课堂参与度反而越来越低，"单向输出"的课堂上缺乏深度的思维碰撞。这一现象促使蒋老师不得不思考这几个问题：学生的学习是不是真正发生了？难道课堂上真正就只是为了传授书本上那一点点知识吗？传统的课堂怎样培养学生的低阶思维和高阶思维？作为面向未来的人，能力、品格、情感的成长是不是更为重要？……为了找到这些问题的答案，蒋老师主动申请成立了泡小西区第一个"未来班级"，开始利用网络学习空间尝试翻转课堂模式。刚开始，他也遭遇了理想与现实的反差：师生教学思维固化、"翻转"的度难以把握、学生提问繁杂、课上不完……后来蒋老师和课题组成员一起研究，确定了从利用网络学习空间获取学生真实问题、确立和突破教学重难点入手，逐步梳理出课堂变革的途径：重组教学流程，将以往的教学环节进行拆分和重组。蒋老师尝试尊重学生在自学过程中所产生的问题，帮助他们梳理这些问题以形成课堂的核心主问；鼓励学生发现问题、从不同的角度去思考问题、个性化地表达自己的思考、在课堂中与他人进行思维碰撞……渐渐地，蒋老师的课堂变了：被动的接受式学习变成了主动的探究式学习；学生有了越来越多个性化的表达；少数人参与变成了全员参与……渐渐地，蒋老师也成了学生学习的陪伴者、学习动力的激发者、情感的呵护者，找回了教学的乐趣。

2. 教师的研究力得以提升

学校教师团队在开展数字化环境下自主学习教学研究后，也先后撰写了多篇案例或论文，近两年约六十篇相关论文在《人民教育》《中国现代教育技术装备》等公开刊物发表或在各级各类评比中获奖。课题专著《搭建有温度的智慧阶梯——某校"未来学校"课堂教学实践》，于2020年1月由四川大学出版社出版。同时，学校在信息化教育方面的国家级获奖有：一等级共有五十余项，二等奖九十余项，三等奖一百二十余项，其中教师基于"一对一"数字化环境下的课例分别获国家级奖项及成果六十余项，省级奖项及成果四十余项，市级奖项及成果四十余项，区级奖项及成果六十余项。

3. 学生的自主学习力有一定的提升，成长更加自信、轻松

学生的学习方式更具选择性。学生可以自拟目标，选择学习内容及学习同伴。小组协作的过程中，学生可以选择不同的解决问题的策略，选择资源等。学习更具自主性和能动性。在这样的课堂中，学生更自信，更乐于表达自己的观点。

例如，三年级的小兰经常因生病需在家休息，如何补上耽搁的课程一直是小兰面对的一个难题。自从小兰所在的班级加入常态化"未来班级"后，小兰对于不受时间、空间限制的泛在式、自主式学习充满了兴趣。有一天小兰又住院了，但这次她不再为课程担心。从医院回家后，小兰打开自己电子书包里的网络学习空间，调出了前一天马老师发布的微课导学视频和今天课堂上使用的所有教学资源。小兰先观看了微课《什么是面积》，按照微课的指导动手制作了一个面积为1平方分米的纸板与家里的各种物体比一比，初步感知了面积这个概念；再结合教材内容，认真学习了马老师本节课关于面积的计算和面积单位的进率的课件，补做了课中测任务；有几道题因为小兰在自学的时候疏忽了某个知识点而出了错，云端平台针对性地推送了三道相关试题给小兰强化巩固；课堂学习完成后，小兰按照课后任务的要求，利用马老师推送的材料和自己在互联网上搜到的资源比较了周长和面积的区别，然后把自己的收获发到了班级学习空间；小兰在班级空间里点评了五名同学的思考，还有两名同学对小兰的分享做出了肯定的点评，小兰别提有多高兴了，等回到学校自己肯定能跟上同学们的进度！

（二）成果的社会影响

1. 学校辐射作用充分发挥

项目改革的实施一直遵循三重原则：重在常态、重在应用、重在研究，学校目前有电子书包一千三百二十台，公用教室四个。全校十九个未来班级的语文、数学、英语学科教师，可以在本班常态使用电子书包进行教学实践，其余五十四个班级各个学科的教师，以每学期至少两节经典课例为基础，在公用教室进行电子书包教学实践。截至 2020 年 9 月 20 日，平台累积的教师备课量已达 1 万节以上，可供全校三千六百余名师生共享（如图 8-1 所示）。

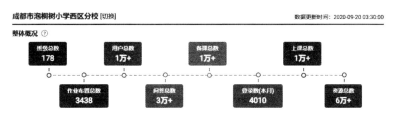

图 8-1　平台使用数据

近年来，学校共计接待一百二十三批次全国各地教育部门、电教馆和学校关于信息化建设的参观访问和交流（如图 8-2 所示）。同时，学校领导及骨干教师也受邀到全国各个城市进行专题讲座和课例交流研讨，提升了区域影响力。例如：2018 年 12 月 7 日，四川教育在线报道"英国教育界专家到泡小西区交流教育信息化工作"（如图 8-3 所示）。

图 8-2　研究经验辐射各地区

图 8-3　中英信息化交流

2020年9月7日，四川文明网报道泡小西区获评网络学习空间应用普及活动优秀学校，文中提道："自2008年建校起，学校就将教育信息化作为学校的办学特色，通过12年的持续性实践研究，教育信息化已经深度融入学校办公、教育教学、质量监测、德育考核、安全管理等学校全面工作领域，培养能够在数字化未来学习、生存并且竞争的人是泡小西区的使命和责任。"

2. 学校品牌效益得到社会广泛认同

借助本课题研究与实施，学校获得了一系列认可，包括：教育部2019年度网络学习空间应用普及优秀学校、教育部科技司"全国中小学校长、骨干教师网络学习空间人人通专项培训"基地学校、教育部基础教育司2017年度全国基础教育信息化应用典型案例学校、2020中央电化教育馆在线教育项目学校、教育部教育信息化实践共同体学校、中央电化教育馆"教育大数据分析研究"项目学校、中央电化教育馆"基于网络学习空间的个性化学习模式研究"项目实验学校、中国教育发展基金会——戴尔"互联创未来"项目城乡协作联盟学校、四川省现代教育技术示范校、四川省教育信息化试点学校、四川省2018年度网络学习空间应用普及优秀学校、成都市现代教育技术示范校、成都市"未来学校"试点单位、成都市数字校园建设应用试点校、成都市"互联网+教师评价"项目学校、成都市"教育同城化"项目学校等。

电子科技大学高等教育研究所杨曦常务副所长曾评价："不断提升教育品质是新时代的教育新常态，成都教育有着一大批坚守初心的探索者，泡小西区学校就是其中的佼佼者。自建校以来，他们就明确了以教育信息化促进教育现代化的发展方针，着力培养师生的信息化素养。在'互联网＋'的时代背景下，泡小西区小学的有识之士精准地紧扣课堂教学变革主题，拓展网络信息空间，通过积极构建'人人通学习型社区'，大力推进'未来学校'建设项目，有机地将学习、生活、学生成长、教师专业发展和家庭教育链接成为非线性立体互通体系，逐步实现新的教育共同体，营造新的教育社区，以不断提升的教育品质满足社区人民日益增长的对教育供给的需求。"

二、未来发展趋势

党的十九大作出中国特色社会主义进入新时代的重大判断，开启了加快教育现代化、建设教育强国的新征程。站在新的历史起点，必须将教育信息化作为教育系统性变革的内生变量，支撑引领教育现代化发展，推动教育理念更新、模式变革、体系重构，使我国教育信息化发展水平走在世界前列。[1]

刘延东副总理在第二次全国教育信息化工作电视电话会议上的讲话中提道：到"十三五"末，教育信息化要实现三大目标：一是基本建成"人人皆学、处处能学、时时可学"、与国家教育现代化发展目标相适应的教育信息化体系；二是基本实现教育信息化对高素质人才培养和教育领域综合改革的支撑作用；三是基本形成具有国际先进水平、信息技术与教育教学融合发展的中国特色发展路子，向世界教育信息化先进水平赶超。[2]

持续推动信息技术与教育深度融合，应促进两个方面水平提高。一是促进教育信息化从融合应用向创新发展的高阶演进，信息技术和智能技术深度融入教育全过程，推动改进教学、优化管理、提升绩效。二是全面提升师生信息素养，推动从技术应用向能力素质拓展，使之具备良好的信息思维，适应信息社会发展的要求，应用信息技术解决教学、学习、生活中问题的能力成为必备的基本素质。

我校"未来学校发展蓝图"包括：构建数字化学习型社区、吸纳终身化学习共同体、融合信息化创新型教学、建设精准化数据分析库、开展个性化社群教育。通过重新定义教学、课程、学习方式、教学组织形式等，培养学生解决问题、沟通合作、理性思维、人文积淀、信息意识、批判质疑、自我管理等核

---

[1]　中华人民共和国教育部. 教育部关于印发《教育信息化 2.0 行动计划》的通知 ［EB/OL］. http://www. moe. gov. cn/srcsite/A16/s3342/201804/t20180425 _ 334188. html,2018.

[2]　中华人民共和国教育部. 教育部关于印发刘延东副总理在第二次全国教育信息化工作电视电话会议上讲话的通知 ［DB/OL］. http://www. cac. gov. cn/2016－01/25/c _ 1117878426. htm, 2016

心素养，为学生的终身发展奠基。

"一对一"数字化环境能顺利开展个性化社群教育，可视化识别、任务驱动、资源共享、打破时空，更能做到因材施教，促进自主学习。未来对于在"一对一"数字化环境下培养小学生自主学习力的研究还可从以下方面入手：小学生自主学习力"1＋5＋15"模型的理论分析、模型中能力划分的边界问题、数字化环境下小学自主学习力培养策略的进一步研究。

总之，未来学校须遵循教育规律和人才成长规律，注重培养支撑终身发展、适应时代要求的关键能力。未来学校要注重信息技术与教育教学的深度融合，用科技赋能教育，实现学习的精准供给。利用新技术重构教育流程，促进教、学、评、管以及家校合作的各个环节，逐步适应每个学生的学习需求，促进学生自主学习。

参考文献

[1] 陈维维. 技术生存视域中的学习力 [M]. 北京：教育科学出版社，2010.

[2] 柯比. 学习力 [M]. 金粒，译. 海口：南方出版社，2005.

[3] 夏雪梅. 以学习为中心的课堂观察 [M]. 北京：教育科学出版社，2012.

[4] 雅斯贝尔斯. 什么是教育 [M]. 邹进译. 北京：生活·读书·新知三联书店，1991.

[5] D·H·乔纳森. 技术支持的思维建模 [M]. 顾小清，等译. 上海：华东师范大学出版社，2008.

[6] E·詹森. 基于脑的学习——教学与训练的新科学 [M]. 梁平译. 上海：华东师范大学出版社，2008.

[7] Judith Haymore Sandholtz 等. 信息技术与学生为中心的课堂 [M]. 宋融冰，译. 北京：中国轻工业出版社，2004.

[8] 戴维·乔纳森，简·豪兰，乔伊·摩尔，罗斯·马尔拉. 学会用技术解决问题——一个建构主义者的视角 [M]. 任友群，等译. 北京：教育科学出版社，2007.

[9] 戴维·H·乔纳森，苏珊·M·兰德. 学习环境的理论基础 [M]. 郑太年，任友群，译. 上海：华东师范大学出版社，2002.

[10] 帕克·罗斯曼. 未来的教与学：构建全球终生学习体系 [M]. 范怡红，译. 北京：中国海洋大学出版社，2007.

[11] 尼葛洛庞帝. 数字化生存 [M]. 胡泳，范海燕，译. 海口：海南出版社，1996.

[12] 鲍希奎，陈迅，张徐建. 课堂教学主动参与模式研究 [M]. 南京：江苏教育出版社，2003.

[13] 陈丽. 信息技术环境下学与教方式变革 [M]. 北京：中央广播电视大学出版社，2011.

［14］何克抗，吴娟．信息技术与课程整合［M］．北京：高等教育出版社，2007.

［15］陈向明．质的研究方法与社会科学研究［M］．北京：教育科学出版社，2000.

［16］范国睿．教育生态学［M］．北京：人民教育出版社，2000.

［17］郭成．课堂教学设计［M］．北京：人民教育出版社，2006.

［18］李晓文，王莹．教学策略［M］．北京：高等教育出版社，2006.

［19］刘电芝．学习策略研究［M］．北京：人民教育出版社，2001.

［20］靳玉乐．自主学习［M］．成都：四川教育出版社，2005.

［21］莉萨·博林．教育心理学：激发自主学习的兴趣［M］．连榕，缪佩君，陈坚等译，北京：机械工业出版社，2018.

［22］毛善新．新课程视域下个性化自主学习策略研究［M］．武汉：华中师范大学出版社，2012.

［23］庞国维．自主学习：学与教的原理和策略［M］．武汉：华中师范大学出版社，2004.

［24］郁晓华．个人学习环境设计视角下自主学习的建模与实现［D］．上海：华东师范大学，2013.

［25］珍妮特·沃斯．自主学习的革命［M］．刘文，译．北京：中国友谊出版公司，2016.

［26］雷钠特·N·凯恩，杰腹里·凯恩．创设联结：教学与人脑［M］．吕林海，译．上海：华东师范大学出版社，2004.

［27］李芒．技术与学习——论信息化学习方式［M］．北京：科学出版社，2007.

［28］中华人民共和国教育部制定．中华人民共和国教育部义务教育语文课程标准（2011年版）［M］．北京：北京师范大学出版社，2011.

［29］国家中长期教育改革和发展规划纲要（2010—2020年）［M］．北京：人民出版社，2010.

［30］中华人民共和国教育部．中共中央、国务院印发《中国教育现代化2035》［EB/OL］．http://www. moe. gov. cn/jyb _ xwfb/s6052/moe _ 838/201902/t20190223 _ 370857. html. 2019－2－23.

［31］中华人民共和国教育部．教育部关于印发《教育信息化十年发展规划（2011—2020年）》的通知［EB/OL］．http://www. moe. gov. cn/srcsite/A16/s3342/201203/t20120313 _ 133322. html，2012.

［32］中华人民共和国教育部. 教育部关于印发《教育信息化 2. 0 行动计划》的通知［EB/OL］. http://www. moe. gov. cn/srcsite/A16/s3342/201804/t20180425 _ 334188. html，2018.

［33］中华人民共和国教育部. 教育部关于印发刘延东副总理在第二次全国教育信息化工作电视电话会议上讲话的通知［DB/OL］. http：//www. cac. gov. cn/2016－01/25/c _ 1117878426. htm，2016.

［34］庞维国. 论学生的自主学习［J］. 华东师范大学学报（教育科学版），2001（02）.

［35］余文森. 论自主、合作、探究学习［J］. 教育研究，2014（11）.

［36］程晓堂. 论自主学习［J］. 学科教育，1999（9）.

［37］肖飞. 学习自主性及如何培养语言学习自主性［J］. 外语界，2002（6）.

［38］何莲珍. 自主学习及其能力的培养［J］. 外语教学与研究，2003：35（4）.

［39］江庆心. 论教师介入学生自主学习的重要性［J］. 外语界，2006（2）.

［40］王艳. 自主学习者对教师角色的期待［J］. 外语界，2007（4）.

［41］祝智庭，贺斌. 智慧教育：教育信息化的新境界［J］. 电化教育研究，2012（12）.

［42］祝智庭. 教育技术前瞻研究报道［J］. 电化教育研究，2012（4）.

［43］Marc Prensky，数字土著 数字移民［J］. 胡智标，王凯编译. 远程教育杂志，2009，17（02）.

［44］张浩，祝智庭. 一对一环境下的学习变革［J］. 远程教育杂志，2008（4）.

［45］何克抗. 灵活学习环境与学习能力发展——对美国《教育传播与技术研究手册》（第四版）的学习与思考之二［J］. 开放教育研究，2017（1）.

［46］周英，石静，刘军. 基于核心素养的智慧课堂探索与实践［J］. 中国现代教育装备，2016（11）.

［47］武法提，牟智佳. 电子书包中基于大数据的学生个性化分析模型构建与实现路径［J］. 中国电化教育，2014（3）.

［48］刘倩楠，陈伟杰. 我国电子书包现状的分析研究［J］. 中国电化教育，2013（12）.

［49］吕晓娟. 基于学生学习力的翻转课堂教学设计［J］. 电化教育研究，

2015 (12).

[50] 胡小勇. 信息化教学中的投入型学习研究 [J]. 中国电化教育，2003 (10).

[51] 李润洲. 学生学习力提升的知识论透视 [J]. 教育科学研究，2015 (11).

[52] 彭希林，周军铁，李苗. 论学习力 [J]. 黑龙江教育（高教研究与评估），2007 (Z1).

[53] 沈书生，杨欢. 构建学习力：教育技术实践新视角 [J]. 电话教育研究，2009 (6).

[54] 张仲明，李红，杜建群. 学习能力理论研究述评 [J]. 西华师范大学学报（哲学社会科学版），2004 (4).

[55] 杜娟，李兆君，郭丽文. 促进深度学习的信息化教学设计的策略研究 [J]. 电化教育研究，2013 (10).

[56] 雷静，赵勇，保罗·康威. 1：1数字学习的现状、挑战及发展趋势 [J]. 中国电化教育，2007 (11).

[57] 刘海鸥，刘旭，姚苏梅，王妍妍. 基于大数据深度画像的个性化学习精准服务研究 [J]. 图书馆学研究，2019 (15).

[58] Avril，Loveless，李阳，等. 创造力、技术与学习研究新进展 [J]. 远程教育杂志，2009，17 (4).

[59] Marcy P. Driscoll，胡平洲. 人是如何学习的——兼谈技术在学习中的作用 [J]. 远程教育杂志，2003 (5).

[60] 徐乐，宋灵青，等. 一对一数字化学习研究现状与挑战 [J]. 中国电化教育，2014 (5).

[61] 杨滨. "一对一"数字化教学改革教育实践效果研究——以成都市戴尔"互联创未来"[J]. 电化教育研究，2015 (5).

[62] L·约翰逊，S·亚当斯贝克尔，M·卡明斯，V·埃斯特拉达，A·弗里曼，H·卢德盖特. 新媒体联盟地平线报告（2013 基础教育版）选摘 [J]. 张特道，白晓晶，季瑞芳，吴莎莎，殷蕾译. 浙江教育技术，2013 (6).

[63] 李云飞，王敏娟，王加俊，谢伟凯，申瑞民，杰森·吴. 移动学习系统及其相关学习模式 [J]. 开放教育研究，2012，18 (01).

[64] 梅鹏飞. 基于数字资源的自主学习策略研究 [D]. 南昌：南昌大学，2019.

[65] 周金林. 高中语文课堂教学中培养自主学习能力的研究 [D]. 南

京：南京师范大学，2007.

［66］李葆萍. 基于平板电脑的"1∶1"数字化环境应用效果调研［J］. 现代远程教育研究，2016（1）.

［67］余胜泉. 推进技术与教育的双向融合——教育信息化十年发展规划［J］. 中国电化教育，2012（5）.

［68］陕昌群. 一对一数字化环境下小学语文个性化教学研究［D］. 成都：四川师范大学. 2017.